ERZÄHLUNGEN

ERZÄHLUNGEN

Anto Krajina

IDEOS

NEW YORK • LONDON • ZURICH • HONG KONG

Published by Ideos Publications Ltd. in Zurich.

For general information on our other products and services please visit: ideospublications.com

All books published by Ideos Publications are also available as e-books.

The CIP Catalogue record for this book is available from the British Library.

ISBN (Paperback): 978-3-9524052-9-1

INHALT

ALBINA

Im wilden, unverständlichen Spiel fliegen sie und flattern, werden plötzlich hinaufgewirbelt, drehen sich im wundervollen Tanz in allen Richtungen und gleiten schon im nächsten Augenblick gemächlich dahin, als hätte es vorher nicht den leisesten Hauch gegeben.

Getragen von den mächtigen, unsichtbaren Flügeln, streben sie leicht und unbeschwert ihrem Ursprung entgegen. Das einzige, was ihnen fehlt, ist das Wissen, dass sie bereits im Ursprung sind, immer am Ziel. Durch dieses ihr Nichtwissen belehren sie den Neugierigen.

Wie allerliebste Ballerinen verschwinden die Töchter der Stille im Meer ihresgleichen, im Meer, das naturgemäss alles verspricht und ein jegliches Versprechen erfüllt, Elend und Verderben, Lebensfreude und höchste Beglückung, ohne sich um die Stunde der Erfüllung zu kümmern. Sie, die unbekümmertsten und verwegensten Kinder der strengsten Ordnung, tragen in ihrer Reinheit alles.

Unter den unzähligen Schönheiten ist auch Albina, zierlich, regelmässig, fein gegliedert. Leicht beschwingt schwebt sie und freut sich, dass sie ist, was sie ist. Sie ist stolz auf ihre Sternform und denkt mit Freuden an jenen Augenblick, als ein grosser und feinfühliger König – der Geliebte war sein Name –, der sich auf der Flucht vor der Ungerechtigkeit befand, sie mitten in der glühenden Wüste als einen aus dem Jenseits kommenden, völlig unerwarteten, gegen das strenge Gesetz der Dinge handelnden Boten der Hoffnung empfing und beschloss, sie zum ewigen Zeichen der Zuversicht für alle zu erheben, die jenseits der Zeit beheimatet sind.

Unzählige weisse Schönheiten hat Albina dahin sinken sehen, denn sie waren plötzlich schwer geworden, zu schwer, um vom eisigen Atem ihres Vaters, des kalten Windes, in die Höhe gehoben zu werden. Nur gelegentlich und jeweils für einen Augenblick, wenn der kalte Odem ihnen gegen die Stirn blies, machten sie einen kurzen Scheinhalt, sanken aber gleich darauf in die Tiefe, die so begehrten freien Höhen aus Liebe zum Gesetz verlassend.

Nie konnte sich Albina des Eindrucks erwehren, ihre Schwestern seien ob deren Schicksals grenzenlos betrübt, fragte sich aber nie, woher die Ungerechtigkeit eigentlich rührte, denn ihr Glück war viel zu gross, um sich über den augenblicklichen Zustand zu ärgern und aufzuregen. Die unversiegbare Quelle ihres unerschütterlichen Glücks war die Erkenntnis, dass alles, was nie ist, immer ist, und dass alles, was kommt und geht, nur eine Aufgabe hat, nämlich diese seltsame Erkenntnis zu bestätigen und dadurch den Menschen zu nähren, mit ihm und durch ihn alles zu unterhalten.

Jeden Hauch ihres eisigen Vaters empfand sie als Aufforderung zum Tanz, nahm ohne auch die geringste Verzögerung die angebotene Hand an und drehte sich im Wirbel des Vaters Seele immer weiter hinauf. Sie gefiel sich selbst so sehr, dass sie jede ihre Bewegung mit noch vielen, nur den Glücklichen vertrauten Schwingungen ausschmückte, somit für deren Glücksgefühl sorgte und selbst von demselben Glücksgefühl lebte.

Sie vergass sich manchmal vollkommen, und es drohte beinahe die Gefahr, dass sie zu schwitzen beginne, aber ihr eisiger Vater kannte aus eigener Erfahrung die Tücke, die der Bewegung innewohnte, und unterstützte seine Tochter jedes Mal mit einem zusätzlichen Hauch seiner eisigen Seele, denn er fand an Albina, seiner Lieblingstochter, besonderes Gefallen, unterhielt sogar geheime Kältevorräte, die nur der Unterhaltung ihrer Form dienen sollten.

„Albina, mein Lieblingskind", sprach er leise zu ihr, „durch deinen lieblichen Tanz, nur durch ihn, merkt man, dass ich bin. Tragen werde ich dich, solange meine Kräfte reichen. Und auch wenn ich der Feuersbrunst meines Bruders weichen muss, auch dann wird dich mein Segen begleiten, ja auch dann, damit du auch im Fliessen an mich denkst", sprach er mit seiner eisigen, jedoch milden Stimme zu seiner bezaubernden Tochter.

Seine aufmunternden Worte beschwingten Albina noch mehr und verliehen ihr neue Kräfte; sie drehte sich und schwebte hinauf und dachte an nichts, sondern fühlte nur, wie eine Hälfte, ja mehr als eine Hälfte des ganzen für die Welt bestimmten Glücks ihr und ihr allein gehörte.

Ihre jetzige Rolle wollte sie genau so gut spielen wie alle anderen Rollen auf ihrem seltsamen Weg, so etwa als sie mit ihren formlosen, durchsichtigen Schwestern in Bächen glitt, in Meereswellen glitzerte oder in den Wolken schwebte.

„Ja, meine Tochter, auch dann werde ich dich nicht verlassen, auch dann nicht", dachte Albinas sanfter Vater nur noch für sich. Sprechen konnte er kaum mehr, denn seine Kräfte schwanden allmählich, und er schonte sich, um die allerliebste seiner Töchter noch etwas weiter tragen und bewundern zu können. Solange sie vor ihm und in ihm tanzte, wusste er, dass er noch lebendig war.

„Bald wird uns mein feuersbrünstiger Zwillingsbruder begegnen", sprach er nur leise zu ihr, „und dann werden wir scheiden müssen. Höre mir daher gut zu, meine Herzensfreude, und vergiss meine Worte nie, denn weise sollst du sein, wie du schön und anmutig bist, und weise wirst du sein, wenn du in deinem Glück nicht zu viel vom Flusse des Vergessens trinkst – höre darum gut zu und tue genau, was ich dir sage".

*

Die Worte des eiskalten Vaters kamen im rechten Augenblick, denn Albina war so glücklich, dass sie beinahe jenen nicht weniger glücklichen Abschnitt ihrer Fahrt vergass, in dem sie sich einst befunden hatte.

Es war damals, als sie mit unendlich vielen Geschwistern so sehr vereinigt war, dass sie niemand hätte voneinander unterscheiden können – ein Leib und eine Seele waren sie alle. Nebeneinander und ineinander glitten sie alle zusammen zwischen den Felsen hindurch, rollten die Fäustlinge, wirbelten auf

Sand und Schlamm, füllten die spielend geformten Körper und schufen die Formen, ohne selbst die Form anzunehmen, verliehen den glänzenden Beeren ihre bewundernswerte Festigkeit, funkelten als Wein der Freude und unterhielten das Leben in all seinen Erscheinungen. Alle ihre Leben vereinigte sie in ihrem jetzigen und träumte sie tanzend, lebte in allem, wie alles in ihr lebte.

*

Sie erinnerte sich an unzählige Begebenheiten und Zustände, in die sie und aus denen sie glitt und floss, so dass es eigentlich weder Zustände noch Begebenheiten waren, sondern lediglich Wogen ihrer Erinnerung. Eine jede Woge erlebte sie als etwas Besonderes, und erst im Nachhinein merkte sie, dass sie alles geträumt hatte.

So hing sie einmal mit unzähligen ihrer Geschwister in einem länglichen, durchsichtigen Etwas, in dem sich das Licht so gern aufhielt, dass es sich darin in all seine Farben spaltete, und sie hatte das Gefühl, in einem Meer von Regenbogen zu baden. Und während sie im Lichterglanz badete, begriff sie nicht, dass sie in einem Eiszapfen war, der von einem Tannenzapfen herabhing. Sie hatte lediglich das Gefühl, sie sei in einem Lichtmeer. Dann geschah es aber, dass sie hinunterglitt, und weg war der Lichtzauber.

*

Nun war sie in einer anderen Woge, die man als das reine Gegenteil zu dem Lichtermeer bezeichnen könnte, denn es gab keine Spur von einer Farbe. Im Nachhinein lernte sie, dass die Woge Finsternis hiess, etwas, was sich zwar erleben, jedoch nicht beschreiben liess. Sie spürte lediglich in der Woge, dass sie sich bewegte, denn sie rieb sich an etwas und schob etwas vor sich her, und zugleich wurde sie von etwas nach vorn geschoben. Was ihr vorausströmte und was ihr nachfolgte, wusste sie nicht. Ebenso im Nachhinein hörte sie allerlei Namen dafür, aber keiner der seltsamen Namen enthielt das, was sie dabei empfand. Das lange Fliessen und Gleiten durch allerlei Röhrchen war für sie etwas Vertrautes, aber wie viele Male sie es erlebt hatte, wusste sie nicht, denn es war ja auch bedeutungslos. Das Gefühl hatte sie aber, dass sie bereits alles, buchstäblich alles erlebt hatte, dass es jedoch ein jedes Mal etwas anders gewesen war, daher jedes Mal frisch und neu, daher einmalig – das immer anders gestaltete Selbe.

Die Fahrt durch allerlei Röhrchen endete in einer Welt aus leuchtend grünen Kammern, in denen das Sonnenlicht der begehrteste Gast war. Um den liebsten und teuersten Gast gebührend zu empfangen, waren alle Kammern der Sonne zugekehrt, und die Wand, die der Sonne zugekehrt war, liess die Sonnenstrahlen sozusagen ungestört hineinströmen. Einem jeden Strahl wurde dann ein Kämmerlein zugewiesen, und so wurde jeder von ihnen zu einem noblen, liebevoll behandelten Gefangenen. Sie alle reihten sich nun nebeneinander zwischen Lücken und Bereichen, Kammern und Räumen und dienten als Verbindung, schweissten das Getrennte zusammen. Was sie dann waren, wussten sie nicht. Für Albina waren sie etwas Lustiges, obwohl völlig Unverständliches. Mit ihren Geschwistern umfing sie die gefangen genommenen, formlosen Wesen, füllte die Lücken zwischen den leeren Räumen und ermöglichte dadurch das Unvorstellbare.

*

Dank ihnen nahm das seltsame Gleiten die Form an. Sie befand sich plötzlich in einer gewaltigen Kugel, die sich im Licht badete, und mit jedem Atemzug ihrer winzigen Seele, die aus reinsten Träumen bestand, wurde die Kugel grösser und durchsichtiger. Dann geschah es aber auf einmal, dass die Kugel zerdrückt wurde und sie mit ihren Geschwistern hinausströmte. Worauf das Ganze hinauswollte, konnte sie nicht ahnen, aber unterhaltsam war es schon.

Darauf folgte ein lustiger Weg, auf dem sie von einem Behälter in den anderen glitt, emporstieg, hinunterfiel, dann wieder hinauf, dann wieder hinunter. Begreifen konnte sie natürlich nicht, warum sie so viele Male den Behälter wechseln musste. Es fiel ihr aber auf, dass es um sie herum jedes Mal etwas heller wurde. Als endlich ihre ganze nähere Umgebung recht hell zu sein schien, sagte jemand, es werde genügen, und eine bestimmte Menge von dem Jahrgang müsse man unbedingt aufbewahren.

*

Was mit Menge und was mit Jahrgang gemeint war und natürlich alles andere, was sie nun wusste, lernte sie als sie in einer Woge war, in der die Erinnerung geboren wurde, wodurch alles einen Inhalt und eine Bedeutung erhielt. Alle, die sich bei der Geburt der Erinnerung einfanden, erhielten als Geschenk einen gebührenden Teil davon. Jene, die nicht dabei waren, erhielten keine Erinnerung, sind aber auf die Besitzer der Erinnerung nicht neidisch, denn sie wissen nichts davon, so dass für sie das teuere Geschenk keinen Wert hat.

Wie die Geburt selbst vollzogen wurde, weiss von den mit Erinnerung beschenkten Anwesenden niemand genau, denn die Mutter der Erinnerung schenkte jedem nur einen Teil ihres unsichtbaren Kindes, so dass ein jeder von ihnen seine eigene Erinnerung hatte und die Erinnerungen anderer Beschenkter niemals kennen lernen konnte. Alle mit der Erinnerung Beschenkten wussten jedoch dank ihrem Geschenk von der Mutter. Die Fäden der Erinnerung an die Mutter hielten die Welt zusammen, fehlten sie, fehlte die Welt, daher auch der Gedanke, dass etwas fehlte oder fehlen konnte. Die Mutter der Erinnerung löste sich unmittelbar nach der Geburt ihres vornehmen Kindes in so viele Teile auf, wie viele Erinnerungen bei den Beschenkten leben. Albina wusste das, denn auch sie besass einen Teil der kostbaren Gabe.

*

Nach einem guten Schlaf und unzähligen entzückenden Träumen – wie lange all das gedauert hatte, wusste sie natürlich nicht – sah sich Albina in einem durchsichtigen Gefäss, das auf einer blendend weissen Unterlage stand und vom Licht überströmt wurde. Um sie herum zitterte alles von Stimmen und Lachen. Plötzlich zerrte jemand an der blendend weissen Unterlage und stiess das durchsichtige Gefäss um, so dass sie aus dem Gefäss glitt. Die Unterlage färbte sich. Sie sah sich in einem dichten Netz gefangen, obwohl auch wieder nicht, denn sie wusste, dass sie eigentlich nie gefangen sein konnte, da alles bloss eine Fahrt in einer Geschichte war, die sie sich erzählen liess, indem sie lebte.

*

Im Netz blieb sie, wie erwartet, nicht lange, denn nur wenige Augenblicke später wurde sie von den Salzkristallen aufgesogen und ins Freie hinausgeschleudert. Was man mit ‚ins Freie‘ meinte, weiss sie immer noch nicht, aber so hat man es ihr erzählt. Zwischen den Grashalmen endete sie im Boden, und ehe sie sich versehen konnte, wurde es ihr sehr warm, und sie spürte, dass sie sich auflösen und hinaufsteigen musste, weit hinauf, dorthin, wo man alles auf einmal spürte, wo alle Geschichten gleichzeitig erzählt wurden, in die Woge der Stille.

Und wie sie so in ihren Träumen und Erinnerungen schwebte, empfand sie plötzlich die milde Hand ihres kalten Vaters, der sie emporhob und ihr noch einen sanften eisigen Kuss seines warmen Herzens auf die zentrale Fläche ihres sechseckigen Körpers aufdrückte.

„Tanze noch eine Runde, meines Herzens Freude, noch eine besonders schöne, eine für mich allein. Jetzt bin ich schon schwach, habe die letzten Kräfte für dich aufbewahrt, damit ich dir kurz vor meinem Ausatmen noch einmal eine Freude bereiten kann".

Das sagte er und machte einen Knick in seiner Strömungsrichtung, begab sich auf den Weg dorthin, wo alle mit zitterndem Herzen auf den warmen Südwind warteten und auf den Regen, denn den Saaten drohte der Tod.

Albina stieg hoch hinauf, bedachte noch einmal ihr ausserordentliches Glück und das grösste aller Vorrechte, das einzige, vom Bestehen im Vergehen zu wissen, drehte sich und glitt, tanzte und spielte, endete fast auf einem von dichter Schneeschicht beschwerten Zweig eines hohen Baumes, wich ihm jedoch im letzten Augenblick dank einer von ihr eigens dazu erfundenen Pirouette aus und schwebte im sanften Bogen zweien warm gekleideten Menschengestalten entgegen, die sich lebhaft miteinander unterhielten.

Die kleine Gestalt richtete ihr glühendes Gesicht empor, um der grösseren ihr Glücksgefühl mitzuteilen.

Die grössere Gestalt hatte soeben ihre Geschichte von einer Schneeflocke beendet, in der die Liebe den Hass besiegt hatte.

„Mimi", sagte die kleine Gestalt und streckte ihre kleinen Arme empor. Die grosse Gestalt sagte nichts, hob die kleine auf und drückte sie an die Brust.

*

Albina erkannte den günstigen Augenblick und landete sachte und geräuschlos, wie es ihrem milden Wesen eigen war, auf der heissen Wange des kleinen Mädchens, welches gerade in dem Augenblick ihre Mutter umarmte und ihre kleine Wange gegen die ihrer Mutter drückte. Die beiden spürten gleichzeitig, wie sich der winzige kalte Stich blitzartig in einen Tropfen auflöste, und Albina vereinigte sich unverhofft mit einem ihrer Geschwister, das nun durch Umstände etwas salzig schmeckte.

Langsamen Schrittes setzte die Mutter den Heimweg fort. Das Kind schlief und lauschte im Traume dem spannenden Gespräch der beiden Tropfen zwischen zwei glühenden Wangen.

*****

ALLERLEI
GENANNT LIEBE

„Was glaubt er, ist die Ursache meines Übergewichts?", fragte der König Doktor Dupont, seinen Leibarzt, einen lebhaften, schmächtigen Mann.

„Es ist gut, dass die Majestät sich für die Fragen im Zusammenhang mit der Gesundheit interessieren, denn von der Gesundheit der Majestät hängt das Schicksal des ganzen Landes ab. Es gibt verschiedene Ursachen, warum wir zunehmen oder abnehmen. Einige Ursachen sind innerer, einige wiederum äußerer Natur, …"

„Was meint er mit ‚innerer Natur'?", unterbrach ihn der König.

„Damit meine ich all die Eigenschaften, die dem Menschen angeboren sind, die er in sich trägt und die bedingen, dass man zu bestimmten Krankheiten und einer bestimmten Verhaltensweise neigt", erwiderte der Arzt.

„Wie zum Beispiel?"

„Wie zum Beispiel der Zustand der Schilddrüse und der Keimdrüsen, der Hoden?" antwortete der Arzt.

„Was meint man mit dem Wort ‚Drüse'?", fragte der König neugierig.

„Die Majestät ist auch wissenschaftlich interessiert, das freut mich.

Drüse ist ein Teil des Körpers, der ständig etwas absondert, irgendeinen Saft. Und das, was abgesondert wird, ist für das Funktionieren des Ganzen Körpers wichtig. Das Wort selbst bedeutet etwa rundliche Schwellung", antwortete der Arzt.

„Beeinflussen diese Säfte auch das Gewicht des Körpers?"

„Ja, sehr sogar", antwortete der Arzt.

„Wie?"

„Sie beeinflussen die Verdauung der Nahrung, die wir einnehmen, so dass sie ganz oder nur teilweise verarbeitet und genutzt wird. Wird sie ganz genutzt und verbrannt, nehmen wir nicht zu. Wird jedoch ein Teil nicht genutzt, sammelt er sich in Form von Fett, und der Körper nimmt zu. Das sind die inneren

Ursachen; sie lassen sich kaum beheben; mit ihnen muss man leben", erwiderte der Arzt.

„Und die äußeren Ursachen?"

„Die äußeren Ursachen – wie der Name schon besagt – sind nicht angeboren, sie kommen von außen, sind ein Teil der Lebensweise", antwortete der Arzt.

„Er erzähle uns etwas mehr darüber."

„Wenn man viel verzehrt, sich jedoch keiner Anstrengung aussetzt, verbraucht man wenig von dem, was man gegessen hat, und der Überschuss sammelt sich als Fett, und man wird beleibt.

Bewegt man sich jedoch viel und setzt man sich häufig körperlicher Anstrengung aus, nimmt man nicht zu, denn die aus der Nahrung gewonnene Energie wird bei starker körperlicher Betätigung verbraucht", sagte der Arzt.

*

„Das heißt, wenn wir uns viel bewegen, werden wir abnehmen – verstehen wir ihn richtig?"

„Die Majestät haben richtig gesprochen", erwiderte der Arzt.

„Aber wir bewegen uns viel; manchmal reiten wir stundenlange und legen zwanzig Meilen an einem Tag zurück", sagte der König.

„Das stimmt, aber ich muss etwas zusätzlich erklären: Mit der Bewegung meint man nicht, dass man sich tragen oder fahren lässt; die Art der Bewegung hat nicht die erwünschte Wirkung; man muss sich mit seiner eigenen Kraft bewegen, seine eigenen Beine benutzen, eben, man muss sich anstrengen, sonst hilft es nicht", sagte der Arzt.

„Wir müssten also jeden Tag einige Meilen zu Fuß laufen, nicht wahr?", bemerkte der König.

„Nicht unbedingt mit einigen Meilen anfangen, sondern zuerst eine kurze Strecke und dann jeden Tag etwas länger. Am

Anfang kann man es sehr langsam machen, später kann man das Tempo steigern", erwiderte der Arzt.

*

„Und wie kann man die Manneskraft steigern? ", fragte der König.
„Die Majestät sind jetzt fünfundvierzig Jahre alt. Das ist noch das beste Alter ..."

„Das ist eine schlaue Bemerkung; er hat Humor; das beste Alter kommt, wenn das gute und das bessere vorbei sind, stimmt es?", unterbrach ihn der König lächelnd.

„Ich muss sagen, dass die Majestät Humor haben. Ich habe nur die allgemein geltende Ansicht bestätigt, nämlich dass die meisten Menschen sich im Alter von fünfundvierzig Jahren noch recht wohl fühlen und das meiste bewirken", erwiderte der Arzt.

„Mag das stimmen, aber wir spüren, dass die Manneskraft stark nachlässt; es sind bereits mehrer Monate her, dass ich zum letzten Mal eine Spannung erlebt habe; seitdem herrscht vollkommene Stille", sagte der König, zuckte mit den Schultern, und seine Hände führten eine Art resignierende Bewegung aus.

„Wenn die Frau in das Alter kommt, wenn ihre Fruchtbarkeit aufhört, verändert sie sich auch körperlich in dem Sinn, dass sie beim Mann nicht mehr jene wilde Lust weckt, die von dem Körper einer schönen jungen Frau geweckt werden kann ..."

„Das stimmt; der nackte Körper meiner Frau erregt mich nicht mehr", fiel der König ein.

„Das ist eine allgemeine Erfahrung. In dem Alter reizen die Ehefrauen ihre Männer nicht mehr wie früher. Daher suchen viele Männer jüngere – und zwar möglichst junge – Frauen, um weiterhin die Freuden des Körpers zu genießen", sagte der Arzt.

„Würde er auch mir so etwas empfehlen?"

„Was soll ich sagen? Solche Verbindungen können persönlich großes Vergnügen bereiten, aber ebenso große Schwierigkeiten", antwortete der Arzt.

„Was meint er mit Schwierigkeiten?"

„Ich meine, die Ehe der Majestät könnte daran Schaden nehmen", erwiderte der Arzt.

„Ach, das meint er."

„Genau, Majestät, das meinte ich", erwiderte der Arzt.

„Wir danken ihm. Bis zum nächsten Mal", sagte der König. Der Arzt verbeugte sich und verließ den Raum.

*

Der König nahm ein Blatt und begann darauf irgendetwas zu schreiben oder tat so, als schriebe er. Nach einer Weile hörte er auf zu schreiben, legte den Kiel auf den Tisch und las, was er geschrieben hatte. Dann faltete er das Blatt zusammen und legte es in einen kleinen Korb.

Darauf nahm er die Tischglocke und läutete.

Kaum hat er die Glocke geschwungen, als sein Kammerdiener in der Türe erschien, sich wie bei jedem Eintreten verbeugte und gerade stehend auf den Befehl wartete.

Der König erhob den Kopf und sagte ihm ruhig, er solle Herrn Fulbert, den Kanonikus, kommen lassen. Der Kammerdiener verbeugte sich und verließ den Raum.

Schnell fand er einen freien Laufburschen und schickte ihn sofort zum Kanonikus. Darauf begab er sich gleich wieder auf seinen Dienstplatz, um wieder zur Verfügung zu stehen.

„Wozu braucht er wohl den Kanonikus? Ich wollte, ich könnte ihrem Gespräch zuhören. Das geht aber nicht, denn jedes Mal, wenn der Kanonikus oder der Arzt kommt, muss ich diesen Raum verlassen, und die Eingangstüre wird abgeschlossen. Dann sind die beiden von allen anderen Sterblichen durch zwei Doppeltüren und zwei Mauern getrennt, so dass sie von niemandem belauscht werden könnten. Sie haben offensichtlich etwas Geheimes zu besprechen, was niemand sonst hören darf, nicht einmal ich – das schmerzt", überlegte der Kammerdiener,

während er in einer Nische im Raum neben dem Arbeitszimmer
des Königs saß und darauf wartete, dass der Kanonikus komme.

*

Es verging kaum eine halbe Stunde, bevor der Kanonikus Fulbert erschien. Er betrat den Raum, in dem der Kammerdiener
wartete, was für diesen das Zeichen war, den Raum zu verlassen.

Fulbert schloss die Türe von innen ab, klopfte dann an die
Tür des königlichen Arbeitszimmers und trat ein. Er verbeugte
sich vor dem König, ging auf ihn zu und schüttelte die ihm
entgegen gestreckte Hand des Königs.

„Es ist gut, dass er gleich kommen konnte, denn wir brauchen seine Hilfe und Unterstützung", sagte der König.

„Wie immer, fühle ich mich auch jetzt geehrt, der Majestät
dienen zu dürfen", erwiderte der Kanonikus und setzte sich auf
den ihm angebotenen Stuhl dem König gegenüber.

Der König steckte den Schreibkiel in den Ständer und schob
das Körbchen mit den beschriebenen Blättern an den Rand des
Schreibpultes.

„Mein lieber Fulbert, er weiß, dass ich mich nur auf sehr
wenige unter den vielen Grafen im ganzen Königreich verlassen kann. Nur wenige sind mir treu und ergeben. Die meisten
warten auf eine günstige Gelegenheit, um mich zu schwächen,
vielleicht sogar zu entthronen. Die Treue spüre ich äußerst selten,
die Untreue ununterbrochen", begann der König seinem Beichtvater seine schwere Lage zu schildern.

„Die Majestät brauchen nicht zu staunen, dass dem so ist,
dass wir mehr mit dem Bösen als mit dem Guten zu tun haben
müssen, denn wir sind die Kinder jener, die ganz am Anfang
nicht gehorchen wollten", erwiderte Fulbert.

„Wir müssen noch vieles erzählen, deswegen soll er gleich am
Anfang die Stola anlegen", sagte der König und begleitete dabei
seine Worte mit der entsprechenden Handbewegung.

16

Fulbert holte die Stola aus der Seitentasche seines Mantels, küsste sie und legte sie sich um den Hals.

„Jetzt darf ich mir anhören, was die Majestät auf dem Herzen haben", sagte er.

„Wie bereits gesagt, befinden wir uns in einer sehr delikaten Lage: Einerseits dürfen wir nicht gestatten, dass die Grafen zu mächtig werden, sich gegenseitig bekriegen und somit das ganze Königreich zerstören – wir müssen einfach entschieden handeln. Anderseits fällt es uns nicht leicht, wenn wir rebellierende Grafen ausschalten müssen. Neulich mussten wir den untreuen Grafen von Le Puiset hinrichten lassen, denn er hatte aus seinen früheren Fehlern nichts gelernt. Schon einmal hatte er rebelliert und wurde gefangen genommen. Bereits damals hatte er den Tod verdient, aber wir haben ihm verziehen. Statt dass er sich für immer dankbar erweist, versuchte er von neuem, die Macht an sich zu reißen und seinen König zu stürzen – es blieb uns nichts anderes übrig als ihn verschwinden zu lassen. Ich habe das Bedürfnis, es ihm als unserem Beichtvater zu beichten", sagte der König.

„Ich verstehe die Majestät sehr gut. Auch Gott, der allmächtige, dessen Güte und Bereitschaft zu vergeben unbegrenzt ist, handelte entschieden, als es darum ging, den untreuen Engelsfürsten, den höchsten aller seiner Untertanen, für seine Untreue und Machtgier zu bestrafen. Nun muss der ehemalige Erzengel in der Hölle im kochenden Pech in alle Ewigkeiten schmoren. Der untreue Untertan Euerer Majestät ist noch glimpflich davongekommen, denn sofort hingerichtet zu werden ist nichts, verglichen mit der ewigen höllischen Pein. Die Majestät hat im Interesse des ganzen Volkes und für die Erhaltung des Landfriedens gehandelt. Gott in seiner Weisheit kennt die Pflichten der Majestät und der gewöhnlichen Sterblichen und urteilt auch dementsprechend", erwiderte der Kanonikus.

„Wir sind glücklich, einen so verständnisvollen Beichtvater zu habe. Nur jemand, der einen guten Überblick der Gesamtlage hat, kann so weise urteilen wie er", bedankte sich der König für die erlösenden Worte des Beichtvaters.

***

Dass die beiden Söhne des Königs ihrem Vater gar nicht ähnelten, konnte man bei genauer Betrachtung sofort merken. Wahrscheinlich merkten es auch viele, aber niemand sprach davon. Und weil niemand davon sprach, konnte die Frage, ob der König auch wirklich der Vater seiner beiden Söhne war, niemals zum Thema von Bedeutung werden.

Die Frage quälte eigentlich nur den König selbst. Weil er gegen die rebellischen, machtgierigen Grafen ständig kämpfen musste, war er fast immer abwesend. Deswegen wusste er, dass er mit seiner Gemahlin kaum den intimsten Geschlechtskontakt gehabt hatte. Und doch wurde seine Gemahlin schwanger und gebar ihm zwei stramme Söhne. Niemand verstand, wie das geschehen konnte, und niemand versuchte, es zu verstehen.

Auch seine Söhne verhielten sich ihm gegenüber nicht in der Art, wie sich die Söhne zu jemandem verhalten, den sie für ihren leiblichen Vater halten.

Seine beiden Söhne waren kühne Reiter – zu kühn waren sie. Und ihre Tollkühnheit kostete sie beide das Leben. Beide starben innerhalb eines Jahres, als sie vom Pferd stürzten und sich das Genick brachen.

*

Nun war er allein mit seiner nicht mehr jungen Gemahlin. Sehr alt war sie zwar noch nicht, aber nicht mehr in einem Alter, das zum Kinder Gebären zu empfehlen wäre.

Und plötzlich tauchten in ihm Fragen auf, die sich auf sein Leben, seine Zukunft und den Sinn seines Kampfes gegen die machtgierigen Grafen bezogen, die ihn zu entthronen versuchten.

Hätte er noch einen Nachfolger gehabt, wären die Fragen nicht aufgetaucht, aber, eben, er hatte keinen.

Nur ein Thronfolger hätte seine Bemühung rechtfertigen können. Er musste also einen zeugen.

Von seinem Leibarzt hatte er klare Anweisungen erhalten, was er tun musste, um stramm und kräftig zu werden, und er war fest entschlossen, mit der körperlichen Ertüchtigung sofort zu beginnen.

Der Körper seiner Gemahlin konnte aber nicht mehr mitmachen; ihre Brüste waren müde und ihr Becken war schlaff.

Zwar hatte er seiner Gemahlin damals am Altar die ewige Treue versprochen, und er hatte sie – ob gewollt oder ungewollt – auch gehalten.

Nun ging es aber um etwas von überragender Wichtigkeit – um die Fortsetzung der Dynastie und die Zukunft des ganzen Königreiches, und daher stellte sich die Frage, das heißt, er stellte sich die Frage, ob man da nicht irgendwie eine elegante Lösung finden könnte.

*

Nach der Beichte teilte er sein Problem, das ihm den Schlaf raubte, seinem Beichtvater mit in der Hoffnung, von ihm vielleicht doch noch einen klugen Rat zu erhalten.

„Wenn man ein Schwein kauft oder verkauft, gelten andere Regeln und Gesetzte als wenn man ein Königreich zusammenhalten muss.

Ist man sich dessen bewusst, begreift man auch leicht, dass ein König, der für das Fortbestehen des ganzen Landes verantwortlich ist, vieles tun darf, ja muss, was sich für einen Knecht nicht ziemt.

Kurz gefasst, möchte ich sagen, dass die Majestät unbedingt eine schöne, junge, intelligente Frau braucht, welche bei der Majestät die Lust wecken könnte, Kinder zu zeugen, und die intelligent und klug ist, die Rolle der Königin würdig zu spielen", sagte Fulbert.

„Er hat unseren Wunsch genau verstanden und uns aus dem Herzen gesprochen. Nur eine solche Frau kann das ganze Königreich retten", sagte der König; seine Augen strahlten, füllten sich eigentlich mit Freudentränen, denn sein Beichtvater hatte genau das gesagt, was er hören wollte.

„Wenn die Majestät mir gestatten, werde ich alle Register ziehen, um eine solche junge Frau für die Majestät zu finden", sagte er und wartete auf die Reaktion des Königs.

„Hier geht es nicht ums Gestatten oder nicht Gestatten, sondern um die höchste Bitte und das Gebot der Stunde.

Sollte es ihm gelingen, diesen unseren Wunsch zu erfüllen, werden wir alles unternehmen, was in unserer Macht steht, um seinen größten Wunsch zu erfüllen", sagte der König, und seine Stimme klang, als legte er das höchste und heiligste Gelübde ab.

„Dass die Majestät mich mit dieser hohen und heiligen Aufgabe betraut, empfinde ich als die größte denkbare Ehre. Noch nie habe ich mein eigenes Leben für so wichtig gehalten wie jetzt", sagte Fulbert.

„Nichts in unserem bisherigen bewegten Leben als König hat ein so glückliches Vorgefühl geschaffen wie dies, was er uns in Aussicht stellt, und wir werden uns dankbar zu erweisen wissen", sagte der König mit zitternder Stimme.

„Gestattet die Majestät, dass ich mich jetzt entferne, denn jetzt ruft die Pflicht im wahrsten Sinne des Wortes?"

„Er kann gehen, und zwar als Freund und Helfer", sagte der König, stand auf und schüttelte Fulbert die Hand.

Der Kanonikus verbeugte sich und verließ den Raum.

***

„Wenn ich mich nicht irre, dies ist der Augenblick, auf den ich lange gewartet habe. Die beiden Söhne hat er verloren, hat keinen Thronfolger, Wahrscheinlich waren die beiden gar nicht seine Söhne, ähnelten ihm in keinerlei Hinsicht. Er ist klein und rund,

und sie waren groß und drahtig, ähnelten einem der Soldaten in seiner Leibgarde. Er machte sich darüber jedoch keine Gedanken, denn sie waren gezeugt und geboren während seiner legalen Ehe. Das genügte ihm. Jetzt ist er verzweifelt, möchte unbedingt einen Thronfolger haben. Stirbt er, ohne einen gezeugt zu haben, stirbt mit ihm der letzte Kapetinger.

Seine völlig unattraktive Frau hatte er zur Gemahlin genommen, weil sie die Tochter eines Mächtigen Grafen war, den er um jeden Preis als Verbündeten haben wollte. Der mächtige Graf lebt jetzt nicht mehr, und sie in ihrem Alter und Zustand kann bei ihm unmöglich noch Lust wecken. Nur eine sehr junge und besonders schöne Dame könnte vielleicht allein durch ihre Anwesenheit an seiner Seite bei ihm das Gefühl entstehen lassen, er sei noch nicht ganz vorbei.

Sollte mir das gelingen, würde ich die Zügel in der Hand haben und über alles entscheiden können, ja, über alles.

Wo finde ich aber eine geeignete junge Frau für ihn?

Sie müsste sehr jung und schön sein, dazu fröhlich und träumerisch.

Auch müsste sie große natürliche Intelligenz haben und selbstverständlich noch sehr gebildet sein.

Zu all dem müsste sie mich gern haben und alles tun, was ich von ihr verlange", überlegte er, während er auf seinem Bett lag.

*

Die Nacht war warm und still. Alles, was er hören konnte, waren die Rufe eines Käuzchens, die ihm in regelmäßigen Zeitabständen in die Ohren drangen und ihn daran erinnerten, dass er sich irgendwie sputen musste, da es bald schon zu spät sein könnte.

Er schlief ein, ohne eine Lösung gefunden zu haben, denn keine der jungen Frauen, die sonntags in die Kirche kamen und der Messe beiwohnten, schien ihm geeignet zu sein, da sie von

den vielen erforderlichen Eigenschaften nur eine hatten – sie
waren lediglich jung. Das allein genügte aber nicht.

*

Als er am Morgen aufwachte, hatte er das Gefühl, dass seine
Suche bereits nicht mehr völlig hoffnungslos war.

Seine Schwester war die Äbtissin in einem Kloster. Bereits
vor einigen Jahren hatte sie ein kleines Mädchen adoptiert. Das
Mädchen wollte zwar nicht Nonne werden, aber sie wohnte bei
ihrer Adoptivmutter im Kloster. Seit dem ersten Tag bekundete
das Adoptivkind große Wissbegierde. Auf ihren ausdrücklichen
Wunsch brachte er ihr das Lesen und Schreiben bei. Danach
lernte sie im Selbststudium sogar Griechisch und Latein. Nun
war sie schon ein außerordentlich schönes sechzehnjähriges Mädchen. Er selbst war insofern der Pflegevater des Mädchens, als
er seiner Schwester regelmäßig Geld schickte, das sie für die
Bedürfnisse des Mädchens benötigte.

*

Er hatte das Mädchen bereits seit mehr als sechs Jahren nicht
gesehen – seine vielen Verpflichtungen als Kanonikus gestatteten
es einfach nicht.

Diesen Morgen beschloss er aber, zu seiner Schwester zu
fahren und sich mit ihr zu besprechen, denn sie kannte viele
junge Frauen. Zugleich wollte er nach langer Zeit wieder einmal
seine Pflegetochter sehen.

Die Fahrt nahm ihm einen ganzen Tag in Anspruch, und er
war recht müde, als er dort angekommen war. Natürlich musste
er damit rechnen, dass das einst kleine Mädchen inzwischen
gewachsen und sich stark verändert haben musste, und doch
traute er seinen eigenen Augen nicht, als er sie sah – vor ihm
stand eine Fähe, ein engelhaftes Wesen.

Als sie ihn bei seiner Ankunft umarmte und küsste, wie eine Töchter ihren lieben Vater nach dessen langer Abwesenheit küsst, errötete er; und während sie ihn bei Tisch bediente, war er völlig verwirrt. Er hätte nicht sagen können, was am meisten daran schuld war, ihre schöne Figur, ihr leichter, tänzerischer Gang, ihr bezauberndes Lächeln oder ihre sanfte Stimme und gewählte Sprache.

*

Obwohl er von der langen Reise sehr müde war, konnte er lange nicht einschlafen. Seine schöne Pflegetochter war schuld daran.

Am Tag davor quälte ihn nur eine einzige Frage, wo und wie er eine geeignete junge Frau für den König finden könnte, was ihm dann das uneingeschränkte Vertrauen des Monarchen und schließlich zugleich die Macht über den König selbst verschaffen würde.

Nun hatte er unverhofft festgestellt, dass seine eigene Pflegetochter eine ideale Frau für die Rolle wäre.

Was ihm am Tag davor noch als unlösbar erschien, hatte sich plötzlich von selbst gelöst, denn er hatte gefunden, was er gesucht hatte, und er hätte ruhig und zufrieden sein sollen. Das war aber nicht der Fall, denn er hatte zu viel gefunden, und der Überschuss machte das Ganze unvergleichlich delikater und schwieriger.

*

„Jetzt ist der König in einer Lage, in der ihm eine geeignete junge Frau, die ihn liebt und die bereit wäre, ihm den Thronfolger zu gebären und seine Königin zu sein, wichtiger als sonst etwas auf der Welt. Wenn ich ihm jetzt Lou – so nannten seine Schwester und er Louise, ihre Pflegetochter – brächte, würde er völlig den Kopf verlieren und alles tun, was mir gefällt; eigentlich würde ich über alles entscheiden können. Ich hätte das, wovon ich immer geträumt habe – die uneingeschränkte Macht. Dann könnte ich

23

vielleicht viele junge Frauen als Geliebten haben, aber eine wie Lou könnte ich bestimmt nicht finden.

Nie vorher habe ich aber daran gedacht, welch ein Glück es sein muss, den Körper einer so schönen Frau wie Lou genießen zu dürfen und mit ihr schöne Kinder zu haben. Nun habe ich plötzlich das Gefühl, dass ein solches Glück alles andere übertrifft. Nähme ich das eine, verlöre ich das andere, entweder oder. Es wäre gut, wenn mir die Macht nichts bedeutete oder wenn mich ihre Schönheit nicht reizte. Weder das eine noch das andere ist aber der Fall. Im Gegenteil, sowohl das eine als auch das andere begehre ich gleich stark. Was soll ich machen?", überlegte er, während er nach dem Mittagessen auf seinem Bett lag.

*

„Fulbi!", rief Lou ihren Onkel und riss ihn aus seinen Gedanken. Sie sagte nie Onkel zu ihm; auch seinen vollen Namen Fulbert gebrauchte sie nicht, wenn sie mit ihm redete; sie benutzte stattdessen immer die kurze Koseform seines Namens. Früher fand er es lustig, jetzt liebte er es, war überglücklich.

„Hättest du Lust, mit mir ein wenig spazieren zu gehen? Es ist ein herrlicher Spazierweg, mitten durch den Wald und entlang den fröhlich murmelnden Bächen; es wird dir bestimmt gefallen", sagte sie mit ihrer betörenden Stimme. Einen Augenblick dachte er, er fahre an der Insel der Sirenen vorbei.

„O ja, ich komme gern mit", antwortete er und stand auf; schnell zog er die Schuhe an und ging hinaus.

Draußen wartete sie auf ihn, leicht gekleidet – das Wetter war prächtig – und ihre ganze Schönheit schien selbst den schönsten Frühlingstag in den Schatten zu stellen.

„Du bist besonders schön gekleidet", bemerkte er.

„Natürlich, ich muss doch versuchen, zu dir zu passen, wenn wir zusammen gehen – du bist ja auch besonders fein gekleidet", erwiderte sie.

„Du hast etwas Nobles in dir, wärest eigentlich eine Traumkönigin", sagte er, als scherzte er bloß.

„Das ist eine entzückende Bemerkung; gern wäre ich eine Königin; wo finde ich bloß einen König?", sagte sie lächelnd.

„Man kann schon einen König finden, aber die Könige sind nicht unbedingt die Jüngsten", sagte er. Er wusste, dass er persönlich mehr als zweimal so alt war wie sie und dass der König noch zehn Jahre älter war als er.

„Das Alter des Königs ist nicht entscheidend, sondern sein Charakter", erwiderte sie.

„Meinst du das ernst, oder sagst du es einfach, weil man das so gern sagt?", fragte Fulbert.

„Um das Geschwätz der Leute kümmere ich mich nicht – ich sage einfach, was ich empfinde", sagte sie in einem Ton, der einerseits sehr überzeugend war, anderseits wiederum alle möglichen Deutungen zuließ.

Fulbert verstand ihre Worte so, wie es ihm am besten passte.

„Möchtest du mit mir nach Paris kommen? Dort könntest du weiter studieren und viele interessante Menschen kennen lernen", fragte er sie.

„Sehr gern; ich wollte gerade fragen, ob ich mitkommen könnte, aber, eben, du bist mir zuvorgekommen", erwiderte sie.

„Das ist wunderbar; wir verstehen uns bestens", sagte er.

„Eines möchte ich unbedingt betonen", sagte sie.

„Ja, bitte", erwiderte er.

„In Paris will ich um jeden Preis weiter studieren, und zwar Philosophie; natürlich will ich auch weiterhin Latein und Griechisch lernen und vertiefen, aber vor allem, um die Originaltexte großer Philosophen lesen und verstehen zu können. Bitte suche für mich einen guten Lehrer", sagte sie.

„Natürlich werde ich für dich einen guten Lehrer suchen, den besten", sagte er, glücklich, dass alles irgendwie genau so lief, wie er es sich gewünscht hatte.

*

Nach dem Spaziergang ging Fulbert auf sein Zimmer, um auszuruhen, vor allem aber um sich noch alles genau zu überlegen, was er zu tun hatte, wenn sie in Paris angekommen sind.

Während des Spazierganges hatte er genau auf alles geachtet: wie Lou schritt, wie sie redete und was sie sagte. Jedes Detail sagte ihm dasselbe – sie war die Frau, die er dem König zur Gemahlin geben musste, wenn er dann gerade dadurch persönlich die ganze Macht im Königreich an sich reißen wollte. Dass sie der Idee eigentlich gar nicht abgeneigt war, konnte er aus dem Gespräch während des Spazierganges erfahren.

Gleichzeitig wusste er aber auch, dass er sie ganz für sich haben musste; er war entschlossen, das Quadrat in den Kreis zu verwandeln, ohne auch die kleinsten Abstriche in Kauf zu nehmen.

„Der König muss ein eheliches Kind haben, da seine Grafen niemals zulassen würden, dass irgendein Kegel von ihm den Thron besteige.

Er muss also heiraten, und in seiner Ehe muss sein legitimer Thronfolger zur Welt kommen.

Davon, ob es dem König auch wirklich gelingen wird, den legitimen Thronfolger zu zeugen, hängt mein ganzer Plan ab.

Nimmt er Lou zur Frau und zeugt er mit ihr einen Thronfolger – gleich ob Sohn oder Tochter, fällt mein ganzer Plan ins Wasser.

Falls er sie zur Frau nimmt, jedoch mit ihr keinen Thronfolger zeugt, kann nichts von all dem, was ich plane, verwirklicht werden. Gerade das ist aber die größte Wahrscheinlichkeit, denn er mit seinem Körper sieht nicht besonders zeugungsfähig aus. Das öffnet die Pforte und gestattet mir, dass ich eintrete und für einen legitimen Thronfolger in seiner Ehe sorge.

Jetzt muss ich dafür sorgen, dass sie bequem lebt, sich regelmäßig pflegt und beste Bildung erhält, kurzum, dass sie für den König einfach unwiderstehlich wird.

In einem Jahr werden wir soweit sein. Dann werde ich Lou

dem König vorstellen. Unmittelbar vor der Hochzeit werden Lou und ich dafür sorgen, dass sie in der Ehe ein legitimes Kind gebiert. Das wird uns beide so miteinander verbinden, dass sie dann alles Erforderliche tun wird, damit ich die eigentliche Macht im Königreich übernehme.

Bereits jetzt muss ich aber den König überreden, dass er seine jetzige Frau für krank erkläre und in ein Kloster schicke. Hoffentlich habe ich nichts vergessen", sagte er, legte sich auf die Seite und schlief ein.

*

In der Nacht träumte er etwa das, was er sich im wachen Zustand ausgemalt hatte: Lou und er saßen in einer prunkvollen, offenen königlichen Kutsche und zwischen ihnen war ein Knabe, ganz in Blau gekleidet und mit einer zierlichen Krone auf dem Haupt, Lou gehüllt in die königliche Robe und er gekleidet als der Regent, der das Land regiert, bis der minderjährige Thronfolger das erforderliche Alter erreicht hat. Zu beiden Seiten des Weges, auf dem sie fuhren, standen Haufen von Menschen und riefen betäubend laut „Hoch lebe die Königin!"

Der Traum war so angenehm, dass er nicht aufwachte, sondern von Lou geweckt werden musste.

Dass sie ihn weckte, verstand er bereits als Vorspiel zu dem, was später kommen sollte

***

Nur einen Tag, nachdem er mit Lou in Paris angekommen war, begab sich Fulbert zu seinem Kollegen Hevel, der ebenso als Kanonikus und zugleich als Professor der Philosophie und Logik an der Universität tätig war.

Hevel galt als die höchste Autorität auf dem Gebiet der Philosophie und Logik im ganzen Land.

Wegen seiner Auffassung, dass der Verstand zuverlässiger sei als der Glaube sowie dass nur ein vom Verstand unterstützter und gefestigter Glaube echt sein könne, hatte er viele Anhänger, jedoch viel mehr Feinde.

Seiner Ansicht nach war jede Meinung wertlos, falls sie nicht im Einklang mit den Regeln des Verstandes, also der Logik stand.

Die überwiegende Auffassung in den kirchlichen Kreisen, dass man an die religiösen Dogmen gerade deswegen glauben sollte, weil sie absurd sind, nahm er nicht ernst.

Und weil er ganz anders dachte, führte Hevel gegen seine früheren Professoren und Arbeitskollegen einen regelrechten Gelehrtenstreit.

*

Nachdem Fulbert ihm gesagt hatte, dass es sich bei der jungen Dame um sein Pflegekind handle und dass er eine besonders gute und begabte Schülerin haben würde, erklärte sich Hevel bereit, Luise zu unterrichten.

„Viel freie Zeit habe ich nicht, denn ich muss ständig Streitschriften schreiben – ich werde von allen Seiten angegriffen – aber dir aus Liebe und aus Liebe zur Wahrheit werde ich es gern tun. Die junge Dame kann kommen, wann sie will; ich bin praktisch immer hier in meiner Studierstube an der Universität", sagte er und setzte sich wieder an sein Schreibpult.

Fulbert verstand die Geste; er bedankte sich und ging weg.

„Ich bin froh, dass er bereit ist, sie zu unterrichten. Niemand sonst wäre gut genug. Außer dem ist er ein geduldiger Mensch und einer, dem die Wahrheit besonders am Herzen liegt", dachte Fulbert auf dem Heimweg.

*

Hevel war ein kräftiger Mann, etwa im gleichen Alter wie Fulbert. Im Unterschied zu diesem war er von athletischem Körperbau, besonders schnell und wendig, körperlich nicht weniger als geistig.

Er liebte vor allem die frühen griechischen Philosophen, die so genannten Vorsokratiker, vertrat sogar die Ansicht, dass sie eigentlich alles gesagt hätten, was man über das Wesen der Welt und des Lebens sagen könnte. Alles, was später kam, war, meinte er, bloß Paraphrasieren, auch wenn es als originell zu sein schien. Dass selbst Professoren an den Universitäten nicht seine Meinung teilten, ergab sich, glaubte er, weil auch sie nicht genau verstünden, was jene Weisen der alten Welt sagen wollten.

Während Fulbert das Vertrauen des Königs genoss und sein persönlicher Beichtvater war, vertrauten Hevel eher vornehme Damen ihre geheimen Wünsche und Taten an, die man allgemein als Sünden bezeichnete. Sie schätzten seine feine und freundliche Art, sie zu beraten, zu trösten und von ihren Sünden zu erlösen. Er sprach eigentlich nie von Sünden, sondern eher von Fehltritten, die man im praktischen Leben sehr leicht machen könne. Die Aufgabe des Menschen sei, meinte er, sich aufrichtig zu bemühen, solche Fehltritte zu vermeiden. Er fügte auch jedes Mal hinzu, dass man nie sicher sein könne, dass die Bemühung, solche Fehltritte zu vermeiden, auch wirklich erfolgreich sein würde. Manchmal, pflegte er zu ergänzen, beschleunige man gerade durch seine Bemühung jenes, was man zu verhindern suche.

Solche Gedanken und Unterweisungen, die Hevel immer wieder während der Beichte äußerte, beeindruckten alle, die bei ihm beichteten, machten sie nachdenklich und bewogen sie, wieder zu ihm zu gehen und ihm alles, was sie bedrückte, anzuvertrauen.

*

„Das ist also meine künftige Schülerin", sagte Hevel, als ihm Fulbert Louise vorstellte.

„Ja, das ist sie", erwiderte Fulbert voller Stolz; dabei hielt er seine rechte Hand hinter Louises Rücken, als beschützte er sie, und seine linke Hand wies zugleich auf Hevel hin, als wollte er Louise sagen: Dies ist dein Lehrer.

In dieser Geste gab es etwas Verbindendes; Louise wurde ihrem Lehrer anvertraut, wie ein Lamm dem Hirten anvertraut wird, aber zugleich auch ausgeliefert; in Fulberts Stimme hielten sich Vertrauen und Befürchtung die Waage. Genau jenes, was ihm das Vertrauen einflösste, weckte ebenso die Befürchtung.

Blitzartig tauchte in im der Gedanke auf, Lou zu nehmen und nach Hause zu kehren, aber der für die Geschichte zuständige Engel machte seine Hand lahm und gestattete ihm nicht, irgendetwas in dem Sinn zu unternehmen.

*

„Es ist mir eine Freude", sagte Hevel, indem er Louise die Hand reichte. Er hatte das Gefühl, dass ihre Hand zitterte, als er sie umfasste, und sie zur Begrüßung einen feinen Knicks machte. Sie genoss das Gefühl, das sie verspürte, als seine kräftige Hand die ihrige umfasste; am liebsten wäre sie in der Stellung verweilt.

Auch sein ganzes Äußeres beeindruckte sie. Er trug ein langes blaues Kleid, das ihm bis zur Wadenmitte reichte und mit unzähligen winzigen weißen Blüten getüpfelt zu sein schien; sein dunkles welliges Haar war schulterlang. In ihren Augen war er ein Traumritter, einer aus der noblen Tafelrunde des sagenumwobenen Königs Artus.

„Ich zeige euch gleich den Unterrichtsraum", sagte Hevel und führte sie in einen schlichten, jedoch angenehmen Raum mit mehreren Schreibpulten für jeweils zwei Personen; auch eine Wandtafel aus Schiefer und ein Kästchen voll Kreidestäbchen sowie einen Schwamm und einen Wasserkübel gab es drin.

„Darauf schreibe ich, wenn ich etwas schriftlich erklären muss", sagte er und wies dabei auf die in einen Holzrahmen eingefasste mattgraue Schieferplatte.

„Und wann soll ich kommen, die Studentin abzuholen?", fragte Fulbert den Lehrer.

„Die Studentin muss selbst entscheiden, ich bin hier nur um zu dienen", erwiderte Hevel.

„Na, und was sagt die Studentin dazu?", wandte sich Fulbert lächelnd an Louise.

„Lieber Onkel, es ist doch kein langer Weg bis hierher; ich kann allein zum Unterricht und ebenso allein nach Hause gehen; ich bleibe einfach, solange es nötig ist, und gehe dann einfach nach Hause; du brauchst mich gar nicht abzuholen", sagte sie mit ruhiger und überzeugender Stimme.

„Das ist wunderbar; dann habe ich eine Sorge weniger", erwiderte Fulbert.

„Ich bin froh, dass ich dir eine Sorge weggenommen habe, damit ist die Sache geregelt", sagte Louise lächelnd.

„Dann gehe ich gleich weg; ich habe noch manches zu erledigen", sagte Fulbert, schüttelte Hevel die Hand und ging weg.

***

„Hast du noch Studenten nach mir?", fragte Louise Hevel.

„Nein, nach dir kommt niemand", antwortete er, etwas erstaunt, dass sie ihn gleich am Anfang danach fragte.

„Aber gibst du sonst noch Privatstunden an anderen Tagen?", wollte sie noch wissen.

„Nein, außerhalb meiner regelmäßigen Vorlesungen, die ich für die Studierenden zweimal wöchentlich gebe, habe ich keine anderen Schüler – du bist eine Ausnahme."

„Gibt es jetzt viele Leute im Gebäude, ich meine, kann jemand plötzlich, unangemeldet während der Stunde hereinfallen?", fragte sie weiter.

„Nein, dass ist sehr unwahrscheinlich, denn jetzt ist niemand hier um diese Zeit", antwortete er.

„Aber ganz sicher ist es eben doch nicht, nur unwahrscheinlich", bemerkte sie.

„Das stimmt", erwiderte er.

„Ich möchte aber ganz sicher sein", fügte sie hinzu.

„Dann muss ich die Tür verriegeln", erwiderte er.

„Tu es bitte", sagte sie.

„Gut, wenn du willst; ich möchte, dass du dich wohl fühlst", sagte er, stand auf und verriegelte die dicke Holztür. „Jetzt sind wir sicher in unserer Festung", fügte er noch lächelnd hinzu und setzte sich an das Pult ihr gegenüber.

„Was möchtest du vor allem lernen? Hast du einen besonderen Wunsch?", fragte er sie.

„O doch, ich habe einen besonderen Wunsch. Ich möchte vor allem die Philosophie näher kennen lernen, und zwar alles schön der Reihe nach", antwortete sie.

„Sehr schön; das freut mich. Es ist viel angenehmer zu unterrichten, wenn der Schüler bereits bestimmte Wünsche hat und weiß, was er lernen möchte", sagte er.

„Ich möchte mit den ersten griechischen Philosophen beginnen", sagte sie.

*

„Dein Vorschlag ist gut; das ist bestimmt auch der beste Weg, sich gründliche Philosophiekenntnisse anzueignen", sagte er.

„Ich bin gespannt, aber bevor du beginnst, darf ich dich um Erlaubnis bitten, meine Beine etwas zu strecken; es ist angenehmer zu sitzen, wenn die Beine gestreckt sind", sagte sie und schaute ihn mit bittendem Blick an.

„Natürlich darfst du; sitz so, wie es dir am bequemsten ist", antwortete er und machte Platz für ihre Beine, indem er seine beugte und etwas auseinander schob. Sie streckte ihre Beine, und nun standen ihre Füße zwischen den seinigen.

„Jetzt kannst du anfangen", sagte sie und schaute ihn lächelnd an.

„Zuerst einmal müssen wir versuchen zu verstehen, was die Aufgabe der Philosophie eigentlich sein sollte. Was erwartest du zum Beispiel von der Beschäftigung mit den philosophischen Fragen?", fragte er sie.

„Ich glaube, dass ich genau weiß, was ich davon erwarte", antwortete sie.

„Das ist wunderbar; sag es mir bitte", erwiderte er.

„Von der Beschäftigung mit der Philosophie erhoffe ich, dass sie mir hilft, alles, was ich als meine Welt erlebe – damit meine ich auch alle Mitmenschen und mich selbst – besser verstehe und dass mich nichts gleichgültig lasse, aber so, dass ich nichts hasse", antwortete sie.

„So etwas sollte man auch tatsächlich von der Philosophie erwarten. Eine Beschäftigung mit der Philosophie, die das nicht erbringt, ist bloß verlorene Zeit", sagte er.

„Ich bin so glücklich; mach weiter", sagte sie.

„Es ist interessant, dass die Anfänge des Philosophierens nicht im Landeszentrum, in der alten Stadt Athen, zu suchen sind, sondern in einer der griechischen Kolonien in Kleinasien, sozusagen am Rande der damaligen griechischen Welt. Das geschah etwa sechshundert Jahre vor unserer Zeitrechnung. Die Hafenstadt Milet gilt als die Wiege der griechischen Philosophie. Die Stadt lag genau an der Grenze zwischen der asiatischen und der europäischen Welt".

„Darf ich dich unterbrechen?"

„Ja, natürlich; das sollst du unbedingt tun, sobald du etwas sagen möchtest", erwiderte er.

„Ich vermute, dass die Philosophie dort und nicht in Athen als Landeszentrum begann, weil dort die griechische Denkweise mit einer möglicherweise völlig anderen in Berührung kam. Dort musste daher eine Art geistiger Funke zwischen den völlig verschiedenen Welten springen, der dann im Laufe der Zeit einen regelrechten Brand auslösen konnte", sagte sie.

„Das wird auch wahrscheinlich stimmen. Auch die erste Frage, die sich die ersten Philosophen stellten, vereinigte in sich zwei Pole des Ganzen: Der eine Pol ist die dingliche, wahrnehmbare Welt der Formen, das heißt alles, was wir irgendwie wahrnehmen können. Der andere Pol des Ganzen ist wiederum jenes, was sich niemals wahrnehmen lässt, was sich jedoch in wahrnehmbaren Formen und Gestalten niederschlägt und zeigt und worauf man aus den wahrnehmbaren Formen nur schließen kann."

„Und wie lautet genau die Frage?", wollte sie wissen.

„Die Frage lautet eigentlich: „Was ist der Ursprung, der Stoff der Welt? Woraus ist die ganze Welt aufgebaut?", antwortete er.

„Das ist herrlich, das möchte ich auch wissen", sagte sie – ihre Augen glänzten.

*

Ungewollt bewegte er seine Füße gegeneinander, um bequemer zu sitzen, und im selben Augenblick spürte er, dass ihre Füße zwischen den seinigen stehen. Sie zog sie nicht zurück; er tat es auch nicht.

„Diese erste Frage der griechischen Philosophie beantworteten die ersten griechischen Philosophen auf eine ähnliche Art und Weise."

„Wie?", fragte sie.

„Nach der Überlieferung meinte der erste Philosoph – er hieß Thales –, der Ursprung der Welt sei Wasser. Ein anderer namens Anaximenes – wahrscheinlich ein Schüler von Thales – lehrte, der Stoff, aus dem alles bestehe, sei Luft. Ein dritter wiederum – er hieß Anaximander und war auch ein Schüler von Thales – sagte, der Stoff, aus dem alles bestehe, sei grenzlos und unbestimmbar; er nannte diesen Stoff Apeiron."

„Das ist hoch interessant", bemerkte sie.

„Das ist es in der Tat. Was glaubst du, ist allen drei Meinungen gemeinsam?", fragte er sie.

„Alle drei sind irgendwie ähnlich, denn weder Wasser noch Luft haben eine feste Form, aber sie passen sich jeder Form an, sie füllen mühelos jedes Gefäß, gleich welche Form es hat. Sie sind also sehr flexibel und immer bereit, jede beliebige Form anzunehmen, gerade weil sie selbst keine eigene feste Form haben.

Die dritte Antwort, dass der Stoff der Welt grenzenlos und unbestimmbar ist, geht noch weiter in diesem Sinn, denn, falls etwas grenzenlos und unbestimmbar ist, dann ist es die Formlosigkeit selbst, ein reiner Denkgegenstand", erwiderte sie.

„Das ist genau die Antwort", sagte er und drückte leicht ihre Füße zusammen. Sie zog sie nicht zurück.

„Man merkt in diesen drei Antworten auch eine Steigerung der Einsicht: Wasser ist am ehesten noch etwas Greifbares und Wahrnehmbares. Luft ist es schon weniger, und das dritte – Apeiron – ist in keinerlei Weise greifbar oder wahrnehmbar", sagte sie.

„Das ist sehr gut bemerkt: Der Mensch fängt bei dem an, was er greifen kann, denn das kann er auch am leichtesten be-greifen. Alles, was sich leicht greifen lässt, ist irgendwie durch das Zusammenwachsen von getrennten Teilchen, durch das Verdichten, entstanden. Du hast schon etwas Latein gelernt und verstehst, dass man solche Dinge als ‚konkret' bezeichnet, weil man den Eindruck hat, dass sie irgendwie zusammengewachsen sind und daher greifbar und wahrnehmbar sind.

Lösen sich aber die Dinge immer mehr auf, so dass ihre Bestandteile keinen Zusammenhalt mehr haben und daher völlig verdünnt und weder greifbar noch irgendwie wahrnehmbar sind, dann entfernen sie sich von den Sinnen, werden sozusagen in die fernste Ferne weggetragen und heißen daher ‚abstrakt'."

„Das ist herrlich", sagte sie laut, schrie fast, „erst jetzt verstehe ich, was die beiden Wörter eigentlich bedeuten: Bei den drei erwähnten Stoffen der Welt ist Wasser am konkretesten, und

Apeiron ist am abstraktesten", sagte sie und nahm seine beiden Hände – sie verschwanden in den seinigen.

„Ich bin so glücklich, dass du mein Lehrer bist", sagte sie – ihr Blick war voller Verlangen.

„Ich bin der glücklichste Lehrer auf der Welt, denn wohl niemand auf der Welt hat eine solche Schülerin", erwiderte er.

*

„In dieser ersten Stunde habe ich schon so viel gelernt und ahne bereits, was die Philosophie eigentlich zu bewirken vermag", sagte sie und drückte seine Daumen.

„Wann darf ich wieder kommen?", fragte sie.

„Komm immer, wenn du möchtest", antwortete er.

„Dann komme ich morgen gleich nach dem Mittagessen", sagte sie.

„Das ist gut, denn vormittags habe ich die Vorlesungen. Du kannst immer gleich nach dem Mittagessen kommen; dann haben wir den ganzen Nachmittag nur für uns", sagte er.

„Jetzt gehe ich nach Hause, bevor es dunkel wird", sagte sie und stand auf. Auch er erhob sich gleichzeitig. Sie kam auf ihn zu und umarmte ihn. Mit der einen Hand drückte er zärtlich ihren Kopf an seine Brust und mit der anderen ihren Körper an sich. Er spürte die Festigkeit ihrer kleinen Brüste und die herrliche Rundung ihres Pos.

Dann trennten sie sich, und sie bedankte sich noch mit einem Knicks, bevor sie wegging.

Die erste Philosophiestunde war abgeschlossen und die Antwort auf die Frage nach dem Stoff der Welt erklärt.

Er schloss die schwere Tür ab und ging auf sein Zimmer.

***

Gleich, nachdem er Hevels Unterrichtsraum verlassen hatte, kehrte Fulbert nach Hause, denn er musste noch einige Briefe schreiben.

Zu Hause angekommen, setzte er sich sofort an das Schreibpult und wollte schreiben, aber sein Gehirn wollte nicht schreiben, sondern stattdessen über die Dinge nachdenken, die soeben geschehen waren.

Dass er sofort einen Lehrer für Louise gefunden hatte, und zwar nicht einfach einen, sondern den besten, deutete er als ein Geschenk göttlicher Vorsehung.

„Der Himmel macht mit", dachte er, „mein Plan scheint dem Ewigen zu gefallen. Zuerst muss Lou eine ordentliche Bildung erhalten, damit sie nebst ihrer natürlichen Anmut auch intellektuell bestens gerüstet ist, bevor sie die erhabene Rolle der Königin übernimmt.

Unmittelbar vor der königlichen Hochzeit werde ich sie befruchten und sie als vollkommen bereit dem König zur Frau geben. Wenn er einen Thronfolger bekommt, wird der König über alles glücklich sein und mir aus Dankbarkeit das höchste Amt antragen. Ich werde sein erster und alleiniger Berater sowie der Berater seiner Gemahlin sein, der Mutter meines Kindes. Mein Status als ihr Onkel wird jeden Verdacht wegscheuchen. Als ich das letzte Mal beim König war, nannte er mich beim Abschied Freund und Helfer und versprach, mir jeden Wunsch zu erfüllen, falls es mir gelingen sollte, ihm zu helfen. Nun habe ich das Gefühl, dass kein größeres Hindernis mehr im Wege stehe.

Nur eines könnte noch geschehen: Hevel hat viel zu viele Verpflichtungen; die Tätigkeit an der Universität ist aufreibend, und es könnte geschehen, dass er einfach weder Zeit noch Lust mehr hat, sie weiter zu unterrichten. Das wäre eine Katastrophe, denn einen anderen Lehrer von seinem Niveau finde ich bestimmt nicht", überlegte er, auf einem bequemen Sofa liegend, und schlummerte ein.

*

Als er aufwachte, hörte er Louise in der Küche rumoren. Er räusperte sich, um ihr zu sagen, dass er nun wach war.

Kurz danach kam sie und fragte ihn, ob er etwas essen möchte, sie habe das Abendbrot zubereitet.

„Gern", sagte er und stand gleich auf.

„Hat dir die erste Stunde gefallen?", fragte er Lou, als sie am Tisch saßen.

„Es war brillant. Professor Hevel ist der beste denkbare Lehrer", sagte sie voller Begeisterung.

„Das freut mich sehr, denn ich will unbedingt, dass du die höchste Bildung erhältst; für deine künftige Rolle im Leben wirst du sie nötig haben", sagte er und sah ihr in die Augen. Sie war die Freude selbst und erschien ihm noch schöner als sonst.

Louise stand auf, ging zu ihm und küsste ihn auf die Wange. „Du bist so lieb zu mir, lieber Fulbi; ich bin dir für immer verpflichtet und werde glücklich sein, dir später jeden Wunsch zu erfüllen", sagte sie und sah ihn zärtlich an.

„Jetzt kann ich nicht mehr verlangen; sie macht richtig mit; der Himmel scheint in der Tat meinen Plan zu mögen. Vielleicht ist mein Plan eigentlich nur ein Teil des ewigen göttlichen Plans, der die ganze Menschheit angeht, aber weder ich noch sonst jemand begreift seine Tragweite", dachte er, während er einige Augenblicke schwieg und völlig abwesend wirkte.

„Wann kannst du wieder den Unterricht haben?", fragte er dann.

„Immer wenn ich will, kann ich kommen, hat mir Professor Hevel gesagt, da er fast immer zu Hause sei. Wir haben abgemacht, dass ich morgen und in der Zukunft gleich nach dem Mittagessen in den Unterricht komme."

„Das ist wunderbar; er ist offenbar bereit, sich Mühe zu geben", bemerkte er.

„Den Eindruck habe ich auch", erwiderte sie.

„Jetzt kannst du schlafen gehen, damit du morgen für den Unterricht frisch bist und dir alles gut merkst."

„Du hast Recht, Onkel", sagte Louise und ging auf ihr Zimmer. Er schaute ihr nach und stellte sich vor, wie bevorzugt er bald sein sollte, denn die ganze Pracht ihres Körpers würde er genießen, und wie sie ihm später die ganze Zeit zur Verfügung stehen sollte, wenn er als der alleinige königliche Berater über alles und selbstverständlich auch über sie selbst verfüge.

„Mit ihrem schönen Körper werde ich mich vereinen und eine neue Dynastie begründen, die nie aufhören wird", dachte er, während sie im Gang langsam mit der Dunkelheit verschmolz.

*

„Der König darf nicht wissen, dass sie hier ist, und sie darf nicht erfahren, was ich vorhabe, bevor ich sie ihm vorstelle. Erst dann, wenn sie eingewilligt hat, die Königin zu sein, werde ich sie entjungfern und befruchten, und gleich darauf soll die königliche Hochzeit stattfinden. Dann werde ich als der erste und einzige königliche Berater der eigentliche Herrscher des Reiches sein. Der König ist völlig krank und wird bestimmt bald sterben. Dann werde ich als Gouverneur das Reich verwalten und mich um das Wohl des offiziell Königssohnes und seiner verwitweten Gemahlin, offiziell meiner Nichte, kümmern und ihren schönen Körper genießen, immer, wenn es mir beliebt", malte er sich in Gedanken sein künftiges Glück aus, an dem er bereits fleißig arbeitete.

*

Hevel blieb noch bis spät in die Nacht wach, denn er musste noch einen Brief an einen seiner ehemaligen Professoren schreiben, mit dem er einen philosophischen Streit führte. Sein Professor vertrat die Ansicht, der Mensch brauche nicht zu verstehen, was in der Religion behauptet werde, um richtig zu glauben. Hevel dagegen behauptete, der Mensch sollte sich bemühen, jenes zu verstehen, was in der Religion erzählt wird, da sein Glaube sonst eher Irrtum als Glaube sein müsse.

Erst nach Mitternacht ging er zu Bett, aber ruhig schlafen konnte er nicht, denn er sah im Traum einmal ihr lächelndes Gesicht und wachte auf, als er ihr etwas sagen wollte; dann schlief er wieder ein, und schon wieder sah er sie und spürte ihre Füße zwischen den seinigen. Auch das weckte ihn; und in einem dritten Traum schmiegte sie sich an ihn, so dass er unter seiner rechten Hand alle Rundungen ihres herrlichen Körpers spürte.

Die Träume waren so intensiv und entsprachen so sehr der Wirklichkeit, dass er sich jedes Mal, wenn er aufwachte, irgendwie betrogen fühlte.

Er war auch nicht mehr sicher, dass auch jenes, was er in der ersten Stunde erlebt hatte, nicht bloß ein Traum gewesen war.

*

In seiner Vorlesung, die er am Vormittag hielt, sprach er zuerst über das Universelle und das Individuelle. Danach erklärte er den Studenten den Unterschied zwischen den bloßen Benennungen, das heißt den bloßen Namen oder Scheinbegriffen für die wahrnehmbaren Inhalte und den eigentlichen Allgemeinbegriffen, mit denen die menschliche Vernunft die nicht wahrnehmbaren Inhalte bezeichnet.

Die Studenten waren begeistert. Auch hatten sie den Eindruck, dass er, anders als sonst, vor Glück strahlte.

Das Mittagessen nahm er etwas früher als üblich, um rechtzeitig im Unterrichtsraum zu sein und seine Schülerin nicht warten zu lassen.

*

Er saß am Pult, als sie eintrat. Obwohl er sie mit Spannung erwartet hatte, war er überrascht, als sie eintrat. Die junge

Dame, die er am Tag davor unterrichtet und die ihn umarmt hatte, war außerordentlich schön, das Mädchen jedoch, das nun an der Türe stand, die Türklinke noch in der Hand, schien ein Wesen nicht von dieser Welt. Er stand auf und bewegte sich einen Augenblick nicht; auch sie blieb stehen. Dann schenkten sie sich gegenseitig ein Lächeln und rannten aufeinander zu, umarmten einander und blieben aneinander geschmiegt, als wären sie immer nur ein Körper gewesen. Sie hob das Haupt und blickte hinauf, seinen Blick suchend, der auf ihren wartete. Ihre Lippen begegneten einander und blieben zusammen, bis sie ihn am Ohr zupfte.

„Wir müssen nicht einander gegenüber sitzen, nebeneinander wäre es bequemer; dann könnten wir jeden Text zusammen lesen", sagte sie, bevor sie sich ans Pult setzten.

„Ich bin ganz deiner Meinung", erwiderte er lächelnd.

„Was besprechen wir heute?", sagte sie und legte ihre linke Hand auf seinen rechten Oberschenkel.

*

„Heute wollen wir das, was wir letztes Mal besprachen, noch ein wenig ergänzen und vertiefen. Dann werden wir uns darüber unterhalten, wie die frühen griechischen Philosophen die Welt verstanden", sagte er.

„Ich bin neugierig; hoffentlich ist es genauso spannend wie jenes, was wir letztes Mal besprachen", erwiderte sie.

„Ich glaube schon, denn es geht um einen weiteren Schritt, der voraussetzt, dass man jenen ersten kennt.

In der ersten Stunde war davon die Rede, wie die ersten griechischen Philosophen sich den Urstoff der Welt vorstellten. Offenbar glaubten sie, der Stoff, aus dem die Welt besteht, sei etwas Formloses, was dank seiner Formlosigkeit alle Formen annehmen und somit die ganze bunte Welt erschaffen könne", wiederholte er kurz den Inhalt der ersten Stunde.

„Den Inhalt der ersten Stunde habe ich gut behalten, aber ich bin dir für diese kurze Wiederholung dankbar – jetzt sitzt alles noch viel besser", sagte sie und legte einen Augenblick ihren Kopf auf seine Schulter.

„Versuch jetzt den Inhalt der ersten Stunde in einer kurzen Formel zusammenzufassen", forderte er sie auf.

„Nur einen Augenblick bitte", sagte sie und blickte hinauf, während sie überlegte.

„Nimm dir die Zeit, eile nicht", erwiderte er.

„Vielleicht so: Nur in der Formlosigkeit sind alle Formen enthalten", sagte sie und sah ihn fragend an.

„Ich muss dir gratulieren: Das ist genau die Formel", sagte er.

„Dann habe ich etwas verdient", sagte sie und streckte ihm mit geschlossenen Augen ihren Mund entgegen.

Er zögerte nicht, und schon im nächsten Augenblick bildeten ihre beiden im Kuss vereinigten Körper eine von den Himmlischen angefertigte Skulptur. Als sie sich wieder trennten und einander in die Augen sahen, spürten beide noch deutlicher, dass die Formel, die sie soeben geprägt hatten, tatsächlich die richtige war.

*

„Zwar bin ich überzeugt, dass die Formel eine tiefe Wahrheit enthält, aber gleich muss ich zugeben, dass sie wie ein Widerspruch klingt, denn sie besagt, dass gerade die Formlosigkeit die Formen enthält", sagte sie.

„Du hast es gut gemerkt: Die Worte klingen im ersten Augenblick tatsächlich wie ein Widerspruch, jedoch bei näherer Betrachtung begreift man, dass sie eine höhere Wahrheit enthalten, die nicht immer gleich erkannt und daher für einen Widerspruch gehalten wird: Jede Form widersetzt sich der Verwandlung in eine andere Form, und das heißt der Veränderung; die Formlosigkeit widersetzt sich jedoch keiner Form; fließend gleitet sie aus einer Form in eine andere, so dass sie eigentlich jede Form gleichzeitig annimmt und verlässt.

Eine solche Denkweise nennt man ‚paradox‘", erklärte er.

„Jetzt begreife ich, warum man es so bezeichnet: Es entspricht nicht der üblichen Denkweise, daher ist es unerwartet, und es klingt seltsam", erwiderte sie.

„Dem ist genau so: Nur wer paradox denken kann, ist sich der Merkwürdigkeit der Dinge bewusst und widerspricht sich nicht", sagte er.

*

„Haben wir jetzt die Frage nach dem Stoff der Welt fertig besprochen?", fragte sie.

„Noch nicht ganz", antwortete er.

„O das ist eine kleine Überraschung; was gibt es noch?", fragte sie.

„Die Beantwortung der Frage nach dem Stoff der Welt wurde bereichert und noch interessanter gemacht durch eine Behauptung von ungeheurer Tragweite. Ein Philosoph, der etwas später lebte, und der sich ebenso mit der Frage nach dem Stoff der Welt befasste, behauptete, die Welt bestehe aus unteilbaren Elementen. Er nannte sie deswegen Atome. Er – sein Name war Leukipp – und sein Schüler Demokrit leiteten damit eine völlig neue Denkweise ein, die in der Zukunft vielleicht von größter Bedeutung sein wird", sagte er und blickte sie an, und sie suchte seinen Blick.

„Erzähl mir noch mehr davon; die Ansicht scheint besonders interessant zu sein", sagte sie.

„Sie ist es in der Tat, denn sie enthält so viele neue, kühne Gedanken."

„Fahre bitte fort", spornte sie ihn an.

„Nach dieser Lehre bewegen sich Atome frei im leeren Raum. Wenn sie zusammentreffen, entstehen die Körper. Wenn sie sich voneinander trennen, lösen sich die Körper auf."

„Das ist eine sehr plausible Erklärung", bemerkte sie.

„Sie ist in der Tat bestechend und umwerfend im wahrs-ten Sinne des Wortes. Nach ihrer Auffassung sind die Atome undurchdringbar, und das bedeutet zugleich unzerstörbar, was wiederum heißt, dass sie unveränderlich sind, was besagen will, dass sie nicht entstehen konnten, und das enthält den Gedanken, dass die Welt nicht anfangen konnte, woraus wiederum folgt, dass es keinen Weltschöpfer geben kann", sagte er.

Eine kurze Weile schwiegen sie beide.

*

„Aber falls die Menschen eines Tages doch noch Mittel und Wege finden sollten, die Atome zu spalten, dann wird sich die Lehre von Leukipp und Demokrit als falsch erweisen – spreche ich richtig?", fragte sie.

„Falls es den Menschen einmal gelingen sollte, Atome zu spalten, dann werden sie jenes spalten, was sie persönlich unter ‚Atome' verstehen, nicht aber jenes, was die griechischen Philoso-phen damit meinten. Leukipp und Demokrit sprechen nicht von Atomen, die bei einem bestimmten Stand der wissenschaftlichen Erkenntnis oder unter bestimmten Bedingungen unteilbar sind.

Atome, von denen sie reden, sind *schlechthin, bedingungslos* unteilbar. Die Welt besteht ihrer Meinung nach aus etwas grund-sätzlich Unteilbarem", sagte er.

„Das entspricht aber genau jener Auffassung von Anaximan-der: Der Stoff Apeiron, von dem er redet, ist unbegrenzt und unbestimmbar; so etwas lässt sich auch nicht teilen", bemerkte sie.

„Wohl gemerkt; der Unterschied ist nur, dass Anaximander den Stoff der Welt als statisches Kontinuum versteht, während Leukipp und Demokrit ihn eher für etwas dynamisch Geglie-dertes, sich stets in Bewegung Befindendes halten", erwiderte er.

„Jetzt sehe ich ein, dass die beiden Ansichten ähnlich und doch verschieden sind."

*

„Diese beiden Ansichten werden noch auf eine andere Art und Weise von zwei anderen Philosophen ausgedrückt. Der eine – er heißt Heraklit – behauptet, dass sich alles ständig verändere. Von ihm stammen angeblich die berühmten Worte ‚panta rhei‘, also alles fließt. Bildhaft drückt er seine Auffassung aus, indem er behauptet, dass man in denselben Fluss nicht zweimal treten könne, weil der Fluss immer ein anderer ist und wir selbst stets andere sind. Für ihn ist die Welt lebendiges Feuer, das von niemandem erschaffen wurde und das nie enden wird. Er redet also nicht von irgendeinem Stoff der Welt, sondern von der Welt als Prozess. Nicht ein Etwas, was sich andauern verwandelt, sondern der Wandel selbst ist für ihn jenes, was die Welt ausmacht.

Der ständige Kampf der Gegensätze bringe seiner Meinung nach die Welt hervor. Seine ganze Lehre ist eine ganz und gar paradoxe. Die kürzeste Zusammenfassung seiner Lehre könnte lauten: Nur Wandel ist beständig. Alles, was er sagte, klang für die Ohren der meisten Menschen seltsam und unverständlich, weswegen man ihn angeblich ‚der Dunkle‘ nannte", sagte er.

„Ich bin zutiefst überzeugt, dass gerade seine nicht leicht verständliche Lehre in der Zukunft viele Anhänger haben wird", bemerkte sie.

„Ich teile ganz deine Meinung, denn er ist auch unserer Zeit weit voraus", erwiderte er.

*

„Du hast zwei Philosophen erwähnt; wie heißt der andere, und was lehrte er", fragte sie.

„Der andere heißt Parmenides. Was er lehrte, wird gern als das Gegenteil von Heraklits Lehre bezeichnet. Er behauptete, dass die ewige, unveränderliche, nicht erschaffene Substanz der Welt eigentlich das reine Denken ist und der Wandel bloß eine durch die Sinne erzeugte Täuschung. So gesehen, erzeugen unsere Sinne das ganze bunte Treiben der Welt – ohne sie gäbe es eigentlich keine Welt", sagte er.

„Diese beiden Ansichten dünken mich von besonderer Bedeutung zu sein. Ich muss mir alles, was du mir heute erzählt hast, noch in aller Ruhe zu Hause überlegen. Über diese beiden Ansichten kann man sich wahrscheinlich nie genug Gedanken machen; beide sind einfach überwältigend. Jetzt muss ich gehen, es ist schon ziemlich spät, und ich muss für meinen Onkel das Abendbrot zubereiten. Morgen gehen wir aber bestimmt viel weiter", sagte sie, umarmte ihn, gab ihm einen schnellen Kuss und verschwand.

**

„War die heutige Stunde bei dem Professor gleich interessant wie die erste?", fragte Fulbert Louise, während sie in der Küche das Abendbrot zubereitete.

„Sie war noch interessanter; er ist wirklich ein begnadeter Lehrer. Es ist nicht so, dass er bloß viel weiß, sondern er kann es einem anderen gut erklären. Ich bin so glücklich, dass ich ihn als Lehrer habe; bei ihm kann man wirklich etwas lernen; ich muss dir gratulieren; du hast die beste Wahl getroffen", antwortete sie.

„Ich bin glücklich, das zu hören. Nach einem Jahr wirst du die höchste Bildung haben und für deine hohe Aufgabe bestens vorbereitet sein. Jetzt musst du einfach peinlichst auf deine Gesundheit aufpassen. Für das hohe Ziel musst du gesund und schön sein", erwiderte Fulbert. Er sprach langsam, und während er sprach, saß er in der Ecke am Esstisch und sah ihr bei der Arbeit zu. Zu Hause trug sie ein leichtes Kleid, so dass sich durch den dünnen Stoff jede Form ihres prächtigen Körpers deutlich abzeichnete, was bei jeder ihrer Bewegung seiner Vorfreude und Phantasie neue Flügel verlieh.

„Dessen bin ich mir bewusst, aber ich bin froh, und es ist lieb von dir, dass du mich daran erinnerst. Ich spüre, dass du an mein Glück denkst, und bin überzeugt, dass du mir nur das Beste wünschst und für meine Zukunft einen guten Plan hast, wahrscheinlich den besten. Deswegen werde ich alles tun, was du von mir erwartest, um diesen deinen Plan auch zu verwirklichen, denn ich bin überzeugt, dass es sich dabei um mein eigenes Glück handelt", erwiderte sie.

*

Ihre Worte konnte Fulbert nicht anders als ihre klare Zustimmung zu seinem geheimen Plan verstehen. Für ihn war es nun eindeutig, dass sie bereit war, alles zu tun, was er sich herbeiwünschte. Er zitterte am ganzen Körper vor Erregung.

„Geh jetzt schlafen und ruhe dich gut aus; ich will, dass du auch morgen für den Unterricht gut gelaunt und ausgeruht bist", sagte er und ging auf sein Zimmer.

Louise räumte die Küche auf und ging dann auch zu Bett.

*

Hevel konnte lange nicht einschlafen. Louises herzhaftes, gesundes Wesen, ihr zauberhaftes Lächeln, die betörende Schönheit ihres Körpers und ihr eindeutiges Interesse an ihm als Mann hielten ihn lange wach. Als er endlich vom Schlaf übermannt wurde, träumte er, dass sie sich an ihn schmiegte und dass sie sich langsam ganz auszog, so dass er sie schließlich ganz nackt in seinen Armen halten konnte. Vor starker Erregung fuhr er auf und stellte fest, dass er allein im Bett war.

*

Louise ihrerseits war nicht weniger aufgeregt, denn nur eine Nacht teilte sie von jenem Erlebnis, das sie sich seit dem ersten Augenblick, wo sie Hevel gesehen hatte, herbeisehnte. Sie wollte sich ihm ganz ergeben, ganz ihm gehören, ihm und sonst niemandem. Daran, dass auch er sie begehrte, brauchte sie nicht zu zweifeln, denn sie spürte, wie gern und kräftig er sie an sich drückte.

Nun wollte sie auch jenes mit ihm erleben, was sie sich nicht genau vorstellen konnte. Zwar hatte ihr eine junge Nonne im Kloster ihrer Pflegemutter erzählt, dass sie es einmal erlebt hatte und dass sie gerade deswegen zur Strafe von ihren Eltern ins Kloster gesteckt wurde. Die Nonne hatte ihr gesagt, dass es etwas war, was man sich unmöglich vorstellen konnte, bevor man es selbst erlebt hatte. Dieselbe Nonne hatte auch mehrmals betont, dass man es nur mit jemandem erleben sollte, den man mit seinem ganzen Wesen begehre, und wenn nicht so, dann gar nicht.

Die junge Nonne überlegte sich die ganze Zeit, wie sie aus dem Kloster flüchten könnte. Ihre Eltern hatten nämlich an die Möglichkeit gedacht, dass sie zu fliehen versuchen würde, und haben alle ihre Kleider weggenommen. So hatte sie nur die Ordenskleider, und als Nonne gekleidet konnte sie unmöglich fliehen.

Und weil die junge Nonne die einzige Person war, von der sie etwas über das unbeschreibliche Erlebnis erfahren hatte, beschloss sie, gleich nach einem solchen Erlebnis mit ihrem Lehrer, ihre Pflegemutter im Kloster zu besuchen und gleichzeitig der jungen Nonne eines ihrer Kleider und etwas Geld zu geben und ihr somit die Flucht zu ermöglichen.

*

Nach alledem, was er aus dem Munde seiner Nichte gehört hatte, war Fulbert nicht weniger aufgeregt. Auch er schlief weniger und träumte mehr als die anderen an der Geschichte Beteiligten.

Er träumte, dass der König bereits gestorben war, und dass sein Sohn – bereits ein schöner Knabe mit einer leuchtenden Krone auf dem Haupt – auf einem kleinen vergoldeten Thron zwischen ihm und seiner Königin saß, dass alle Fürsten des Königreiches und alle kirchlichen Würdenträger in langer Schlange standen und darauf warteten sich vor dem jungen König zu verbeugen.

*

Das Traumbild wäre ganz nach seinem Wunsch gewesen, hätte es nicht einen kleinen Mangel gegeben: Im Traum versuchte er das Gesicht seiner Königin zu sehen, um mit ihr die Blicke des Glückes zu tauschen, aber sie schaute in eine andere Richtung und sah all jene nicht, die sich vor ihrem Sohn verbeugen wollten.

Als er aufstand, fühlte er sich müde und war schlecht gelaunt, aber zeigen wollte er das nicht, denn seine künftige Königin durfte nicht mit solchen Dingen belastet werden; sie sollte ihn immer und nur als wohlgelaunt und angenehm kennen, denn schließlich sollte sie sein Kind gebären und, eben, seine Königin sein.

*

Wie abgemacht, ging Louise unmittelbar nach dem Mittagessen zu ihrem Lehrer. Bevor sie wegging, wusch sie sich gründlich und rieb sich einige Tropfen duftendes Rosenöl ein. Das Rosenöl hielt sie in einem winzigen, mit Korken verschlossenen Tongefäss. Sie hatte es von jener jungen Nonne als Geschenk erhalten.

Als sie im Unterrichtsraum eintraf, war Hevel bereits dort. Er saß nicht, sondern spazierte im Raum herum. In der Nacht davor hatte er zwar wenig geschlafen, aber er hatte sich ebenso wie Louise gründlich gewaschen und sich den Hals und die Brust mit ein wenig Olivenöl eingerieben, in dem Mandelblüten ein ganzes Jahr lang gehalten worden waren. All das trug dazu bei, dass er frischer als sonst wirkte. Den Duftstoff hatte er von einem alten Mönch erhalten, der im Kloster für die Gartenblumen zuständig war und gern philosophierte.

*

Als Louise den Unterrichtsraum betrat, blieb Hevel stehen und rührte sich nicht. Auch sie blieb einen Augenblick an der Türe wie das Dornröschen unbeweglich stehen. Dann schob sie den Riegel vor und ging lächelnd auf ihn zu, legte ihre Arme um seinen Hals und drückte ihre Wange gegen seine Brust. Er umfasste mit seinen Händen ihr Gesäß und spürte, wie sie ihre beiden Backen zusammenkniff und sich noch fester an ihn schmiegte.

„Ich bin bereit, zeige mir das Zimmer, wo du wohnst", sagte sie, ohne ihn anzusehen.

„Auch ich bin bereit, gehen wir", erwiderte er.

Erst dann erhob sie den Kopf, und mit einem Kuss bestätigten sie, was sie gesagt hatten.

Sie gingen durch den leeren Gang an mehreren Türen vorbei, an dessen Ende er eine Holztüre öffnete, und sie traten ein.

„Schließt du nie ab?", fragte sie, nachdem sie festgestellt hatte, dass es weder Schlüssel noch Riegel noch eine andere Möglichkeit gab, die Tür abzuschließen.

„Nein, aber es ist auch nicht nötig, denn in diesen Teil des Gebäudes gelangt man nur durch den Unterrichtsraum, aber dort hast du den Riegel vorgeschoben", antwortete er.

„Und was gibt es in den anderen Räumen – zu beiden Seiten gibt es Türen?", fragte sie.

„Jetzt sind sie leer; in vier Monaten werden neue Studenten kommen; dann werden sie alle besetzt sein", antwortete er.

„Dann ist alles in Ordnung", sagte sie und umarmte ihn.

„Heute bist du besonders schön", sagte er.

„Du auch, aber ich möchte dich ohne Kleider sehen", erwiderte sie.

„Bist du sicher?", fragte er, um einfach etwas zu sagen, denn das Blut schoss ihm in den Kopf, und er überlegte nicht mehr viel.

„Ich bin sogar sehr sicher und ich möchte dir helfen, dein Kleid auszuziehen", sagte sie und half ihm, sein Kleid über den Kopf zu ziehen. Er bückte sich leicht nach vorn, um es ihr zu erleichtern.

Nun stand er vor ihr mit dem nackten Oberkörper; er hatte nur noch eine Unterhose aus Leinen an, die ihm bis an die Knie reichte.

Jetzt half er ihr, das Kleid abzulegen, und im nächsten Augenblick hatte sie nur noch ihre Knickerbockers an.

Sie umarmten und küssten einander, und dann half er ihr, und sie half ihm, auch das letzte Kleidungsstück abzulegen.

Erst jetzt merkte sie, was er eigentlich hatte. Mit einer Hand nahm sie seine Macht und mit den anderen seine beiden Hoden. Sie hatte keine Vorstellung gehabt, was der Mann eigentlich hatte. Nun hielt sie jenes in der Hand, was in sie eindringen sollte, und sie erschrak ein wenig. Von der jungen Nonne hatte sie gelernt, dass die Frau des Mannes Macht und der Mann die Orchidee der Frau schlecken und mit dem Speichel richtig nass machen sollten, um das Eindringen zu erleichtern und das angenehme Gefühl zu steigern.

Nun konnte sie auch praktisch anwenden, was sie von ihr gelernt hatte.

Er hob sie und legte sie auf das Bett. Dann tat er für sie, was sie für ihn getan hatte.

Er küsste ihren Hals und ihre Brüste, biss zärtlich ihre Brustwarzen und streichelte und küsste ihren Bauch und die Innenseiten ihrer Oberschenkel, die sie bereits spontan gehoben hatte, so dass sich ihre Orchidee ihm in all ihrer Pracht präsentierte.

Er machte sie nochmals reichlich nass mit dem Speichel und dann drückte er langsam und sachte seine Macht gegen die schmale Eingangspforte in ihrer noch unberührten Orchidee. Nach wenigen Augenblicken zog er sich leicht zurück und presste dann von neuem, diesmal kräftiger, bis er spürte, dass die Eingangspforte nachgegeben hatte und dass er bald drin sein werde; dann zog er sich nochmals zurück und drückte dann endgültig kräftig, bis er spürte, dass es keinen Widerstand mehr gab.

Sie schob ihre Brüste hinauf, und ihr ganzer Körper machte einen sanften Bogen. Sie biss sich in die Lippe, ohne zu schreien, und zog ihn noch kräftiger an sich.

Jetzt führte er mit seiner Macht zärtlich, jedoch entschieden kräftige Stöße aus, und bald verwandelte sich der anfängliche Schmerz in reinen Genuss.

Beide machten so tüchtig mit, als wollten sie sich gegenseitig übertreffen. Am Ende des wilden Rittes tauchten sie für einen Augenblick in ein Meer vollkommener Dunkelheit.

*

Als sie wiederum auftauchten, teilten sie den Sieg, denn jedes von ihnen glaubte, dass die andere Seite den ganzen Sieg verdiente.

„Jetzt ist die Welt in Ordnung", sagte er,

„Einerlei, was nun folgen soll", fügte sie hinzu.

„Bist du auch der Ansicht?", fragte er sie.

„Es kann nur so sein. Du hast mich doch gestern mit der Gedankenwelt zweier großartiger Philosophen vertraut gemacht, die ein faszinierendes Weltbild entworfen haben, nach welchem das Formlose sich unermüdlich in den Formen niederschlägt, diese wiederum sich unablässig ins Formlose auflösen.

Wenn man sich das gründlich überlegt, begreift man, dass die Welt, und zwar jede Kleinigkeit in ihr, nur so sein kann, wie sie ist", erwiderte sie.

„Du hast die beiden richtig verstanden und dir offenbar alles noch gründlich zu Hause überlegt. Noch gestern wussten wir nichts von der Herrlichkeit dieser Vereinigung. Soeben waren wir vereinigt und genossen das Unbeschreibliche; jetzt sind wir wieder getrennt; und schon keimt der Wunsch, dass wir uns wieder vereinigen; ist es nicht so?", sagte er.

„Es ist genau so", sagte sie und schmiegte sie an ihn.

„Wir sind uns kaum bewusst, was wir eigentlich sind", sagte er und umarmte sie noch fester.

Sie schwiegen.

***

Für Louise und Hevel begann mit dem Erlebnis des Unbeschreiblichen ein neuer Lebensabschnitt. Beide überlegten sich, wie es weiter gehen sollte.

„Bis jetzt war ich allein und schuldete niemandem Rechenschaft. Alle Unannehmlichkeiten, die sich daraus ergaben, dass ich die ganze Religionslehre anders als andere Professoren und hohe Geistliche verstehe, musste ich allein spüren. Wenn ich verheiratet wäre und eine Familie hätte, müssten alle darunter leiden. Das wäre eine ganz andere Lage.

Louise hat nun ihre Unschuld mit mir verloren, und jetzt trage ich die Verantwortung, wenn es ihr schlecht ergeht. Mit mir an der Universität kann sie nicht wohnen, das wäre ein Skandal, und man würde mich gleich entlassen.

Eine Möglichkeit wäre, meine geistliche Tätigkeit aufzugeben, aber wo und wie könnte ich dann überhaupt meine Philosophie und meine Weltvorstellung verbreiten? Ich hätte keine Gelegenheit, vor einer größeren Hörerschaft zu sprechen, und niemand würde meine Schriften abschreiben und verbreiten. Jetzt tun es meine Studenten, aber dann hätte ich niemanden, der es tun könnte; dass es aber jemand tut, ist mir von größter Bedeutung.

Ja, es ist mir von entscheidender Bedeutung. Ob ich Nachkommen habe oder nicht, ist mir zwar sehr wichtig, aber bereits nach vier Generationen erinnert sich niemand mehr an seine Vorfahren. Dann ist man für die Nachwelt tot, falls man nichts von Bestand hinterlässt, etwas, was immer aktuell ist. Deswegen ist es mir noch viel wichtiger als leibliche Nachkommenschaft zu haben, dass alle künftigen Geschlechter von mir hören und mich immer erwähnen, dass ich immer neue geistige Kinder habe und nie in Vergessenheit gerate. Vergessen werden heißt eigentlich sterben; solange man im Geiste der Menschen lebt, ist man nicht tot, denn Leben im menschlichen Sinn ist eigentlich der Inhalt des Bewusstseins. Wenn Menschen meine Gedanken im Geiste tragen, wenn sie der Inhalt ihres Bewusstseins sind, lebe ich.

Nein, diesen Posten darf ich nicht aufgeben.

Hätte ich mit Louise das Unbeschreibliche nicht erlebt, müsste ich mir diese Fragen nicht stellen.

Als sie andeutete, dass sie mich begehrte und den Wunsch bekundete, sich mit mir zu vereinigen, hätte ich ausweichen sollen; jetzt wäre alles anders.

Inwiefern anders?

Ich würde leiden, und das Schmachten nach ihr würde mich aufzehren, möglicherweise wahnsinnig machen.

Als ich sah, wie schön sie war, hätte ich die Bitte ihres Onkels gar nicht annehmen sollen; das hätte mir die jetzige ausweglose Lage erspart.

Das sage ich jetzt; damals konnte ich das einfach nicht sagen, denn ihr Gesicht war viel zu schön, ihre Backen zu einladend, ihre Brüste betörend; nein, damals war es nicht möglich.

Auch jetzt, nachdem ich mit ihr das Unbeschreibliche erlebt habe, kann ich es nicht sagen, denn schon jetzt spüre ich wiederum den wilden Wunsch, mich mit ihr zu vereinigen, und dabei sind es nur einige Stunden her, dass wir uns vereinigt hatten.

Ich spüre ungeheuren Druck in den Hoden, und sobald sie morgen kommt, müssen wir uns wieder vereinigen.

Dieser ganz besondere, eigentlich größte Genuss bringt offenbar auch die größten Schwierigkeiten; wahrscheinlich ist dem so, weil er das Leben hervorbringen kann, und mit dem Leben kommt dann alles, was überhaupt kommen kann.

Was ist zu machen? Ich muss es mit ihr morgen besprechen, obwohl es mir bewusst ist, dass das Gespräch mit ihr nichts bringen kann, denn sie ist von ihrem Onkel völlig abhängig. Jetzt hat sie nur mich. Ihre Adoptivmutter hat sie zwar auch, aber sie möchte nicht mehr zurück ins Kloster; jetzt erst recht nicht, nachdem sie das Unbeschreibliche erlebt hat. Sie kann gar nicht mitentscheiden, denn sie sitzt am kürzeren Hebel.

Was nützt mir aber, dass ich äußerlich mitentscheiden kann, wenn ich in meinem Inneren nicht entscheiden kann?

Ich müsste entscheiden, eigentlich müsste ich wählen zwischen zwei Möglichkeiten: Die erste Möglichkeit ist, Louise zu heiraten und meine jetzige Anstellung als Professor an der Hochschule aufzugeben und dann irgendwo irgendetwas zu arbeiten, um ein Stück Brot für sie und vielleicht unsere Kinder zu verdienen. Die zweite Möglichkeit ist, dass ich mich um Louise nicht kümmere und sie ihrem eigenen Schicksal überlasse, wo sie jetzt nicht mehr ist, was sie war und ihre ganze Hoffnung in mich setzt. Täte ich das, wäre ich ein Verräter, und als solcher würde ich gewiss ganz zuunterst in der Hölle in alle Ewigkeiten schmoren müssen.

Nein, das kann ich nicht", grübelte Hevel nach, während er in der Nacht wach auf seinem Bett lag.

*

„Was soll ich machen, falls Hevel aus irgendwelchem Grund beschließt, mich zu verlassen? Ich habe keinen Beruf, könnte höchstens irgendwo als Magd im Haushalt dienen und mich misshandeln lassen; oder ich könnte meinen Körper verkaufen und daran elend zugrunde gehen. Ins Kloster kann ich nicht mehr zurück.

Nein, nein, nichts von alledem kommt für mich in Frage; lieber würde ich mir das Leben nehmen. Entweder bleibe ich mit Hevel, oder aber ich sterbe.

Gestern habe ich mit ihm das Unbeschreibliche erlebt, und schon jetzt habe ich den unwiderstehlichen Wunsch, es wieder mit ihm zu erleben.

Als ich es noch nicht kannte, trieb mich die Neugier, es kennen zu lernen.

Jetzt, wo ich es kenne, habe ich den unwiderstehlichen Wunsch, es wieder zu haben

Ich weiß nicht, wie ich es bis morgen aushalten werde.

Ohne ihn kann ich nicht mehr leben", führte sie halblaut ihr Selbstgespräch und konnte nicht einschlafen.

*

Sie konnte nicht ahnen, dass ihr Onkel auch nicht schlafen konnte. Auch er wurde von quälenden Gedanken heimgesucht.

Das war auch zu erwarten, denn er hatte bereits einen genauen Plan im Kopf, wie und wozu Louise zu benutzen.

„Sie hat nichts, und sie hat niemanden außer mir, an den sie sich wenden könnte. Sicher hat sie auch meine Schwester, aber sie will unter keinen Umständen wieder zurück ins Kloster. Sie ist völlig auf mich angewiesen; das ist mein Trumpf.

Wenn sie sonst irgendjemanden hätte, der für sie sorgen könnte und wollte, hätte ich keinen Trumpf mehr, daher auch keinen Plan.

Auf der anderen Seite hängt doch alles von ihr ab. Sie hat genau jene Eigenschaften, die ich für die Verwirklichung meines Plans brauche; eine zweite mit ihren Qualitäten und in einer ähnlichen Lage wie sie kann ich unmöglich finden. Das ist ihr Trumpf. Sie darf sich aber dessen nicht bewusst werden. Sie muss immer das Gefühl haben, dass sie ohne mich nichts ist und dass sie mir deswegen auf immer dankbar und hörig sein soll.

Bis gestern ist alles bestens gelaufen, genau nach Plan – sie war verspielt, voller Freude und gesprächig, erzählte mir vom Unterricht und wie sie glücklich und mir dankbar sei, dass ich für sie einen so guten Lehrer gefunden habe.

Gestern jedoch hatte ich den Eindruck, dass sie sich länger geputzt hatte und dass sie anders gekleidet wegging.

Nachdem sie das dritte Mal im Unterricht gewesen ist, war sie irgendwie anders. Sie war nicht mehr verspielt und fröhlich, sondern irgendwie besonnen und gar nicht gesprächig; hätte ich sie nichts gefragt, hätte sie kein Wort mit mir ausgetauscht.

Als ich sie fragte, ob ihr der Unterricht auch diesmal gefallen hatte, antwortete sie einfach ‚ja, sehr'.

Ich befürchte nur eines: Er könnte es sich anders überlegen und sie nicht mehr unterrichten wollen, was meinen ganzen Plan sofort zunichtemachen würde.

Wäre aber das der Fall, hätte er mich ganz bestimmt benachrichtigt oder einfach ihr gesagt, dass er es nicht mehr will. Das scheint aber nicht der Grund ihres Benehmens zu sein; etwas anderes muss geschehen sein. Ich muss das morgen herausfinden. Ich werde ihr sagen, ich müsse dringend etwas früher weggehen. Dann werde ich sie unbemerkt verfolgen, um zu sehen, ob sie sich vielleicht sonst mit jemandem treffe", beendete er irgendwann in den frühen Morgenstunden seine Überlegungen und sein Wachen, und im nächsten Augenblick schnarchte er schon.

*

Obwohl er sehr wenig geschlafen hatte, wurde Fulbert durch den Ernst der Lage früh geweckt und beobachtete Louise peinlichst genau in der Hoffnung, irgendetwas festzustellen, was ihm weiterhelfen könnte. Nichts Besonderes fiel ihm auf, außer dass sie wie am Tag davor nur dann etwas sagte, wenn er sie dazu aufforderte.

Es entging ihm aber, dass Louise das Mittagessen etwas früher als sonst aufgetischt hatte.

Unmittelbar nach dem Mittagessen ging er weg und postierte sich so, dass er sie sehen musste, wenn sie vorbeigehe.

Gleich, nachdem sie die Küche aufgeräumt hatte, ging Louise ins Badezimmer und verbrachte dort viel mehr Zeit als an den Tagen davor.

Als sie aus dem Badezimmer herauskam, war sie wie eine Blume unmittelbar nach dem Regen.

Fulbert staunte nicht wenig, als er sie kommen sah, denn sie war besonders schön gekleidet und wirkte noch frischer und schöner als sonst.

Während ihres ganzen Weges von seiner Wohnung bis zur Eingangstür des Hauses, in dem sie den Unterricht hatte, verlor er sie nicht eine Sekunde aus den Augen und konnte sich überzeugen, dass sie sich unterwegs mit niemandem getroffen und ebenso mit niemandem ein einziges Wort gesprochen hatte. Es fiel ihm jedoch auf, dass sie eilte, gelegentlich fast rannte.

*

Auch diesmal wartete Hevel bereits ungeduldig, als Louise hereinkam. Ohne ein Wort zu sagen, fielen sie sich in die Arme und blieben eine Weile wie aneinander geschweißt.

Dann lösten sie sich aus der Umarmung, schauten einander in die Augen, bestätigten mit einem Kuss, dass sie dasselbe möchten, und begaben sich schweigend auf Hevels Zimmer.

Das Unbeschreibliche bereitete ihnen noch unvergleichlich größere Freude als das erste Mal.

Waren sie vorher fest entschlossen, miteinander ihre gemeinsame Zukunft zu besprechen, schwiegen sie jetzt nach einem herrlichen Genuss des Unbeschreiblichen, als hätten sie Angst, das verführerische, täuschende Glück, das sie gerade anlächelte, zu verlieren, denn sie spürten, dass sie dafür keinen Ersatz hatten.

*

„Heute besprechen wir die seltsame Beziehung zwischen Zeit und Raum", kündigte Hevel das nächste Gesprächsthema an.

„Das klingt sehr viel versprechend; dass es da überhaupt eine Beziehung gibt, habe ich nie gedacht", sagte sie.

„Das glaube ich dir gern, denn man überlegt sich übrigens kaum, was die Zeit eigentlich ist", sagte er.

„Du hast Recht; was ist eigentlich die Zeit?", fragte sie ihn.

„Ich möchte nicht sofort eine Definition der Zeit geben; das wäre ein wenig störend", sagte er lächelnd.

„Wieso?"

„Es würde das ganze Spiel verderben", sagte er.

„Aber wieso ‚verderben'?", fragte sie.

„Es geht ums Verderben, weil jede Definition einengt, denn sie grenzt ab und dadurch nicht erlaubt, dass man die Spannung erlebt, wenn man sich auf verschlungenen Wegen dem Ziel nähert", sagte er lächelnd.

„Hilf mir bitte zu verstehen, was du meinst", sagte sie.

„Ich will es versuchen, aber zuerst musst du mit einem Kuss bekunden, dass du mir wirklich zuhören möchtest", sagte er lächelnd.

„Du bist schon ein abscheulicher Typ", sagte sie und versuchte ihn dabei auf die Brust zu schlagen.

Er wehrte sich, so gut er konnte, aber zum Schluss musste er sich ergeben, und ihr Kampf endete in einem langen Kuss.

„Siehst du, auch das war ein Beispiel dafür, dass es spannender ist, ein Ziel auf verschlungenen Wegen zu erreichen", sagte er, als erklärte er etwas Wichtiges und machte dabei entsprechende Gebärde mit dem erhobenen Zeigefinger.

„Komm zur Sache, du Unbarmherziger", sagte sie und drohte ihm mit der erhobenen Hand.

„Ich komme, ich schwöre es."

„Endlich!"

„Denke dir ein Kreuz, dessen Balken unendlich dünn sind und vertikal zueinander stehen", sagte er.

„Gut, weiter", sagte sie.

„Fein; jetzt denke dir einen dritten Balken, der zu diesen beiden ebenso einen rechten Winkel bildet, und zwar so, dass alle drei sich im selben Punkt kreuzen; hast du es?", sagte er prüfend.

„Ja, … ich glaube es; doch, ich habe eine genaue Vorstellung, wie das Ding aussieht", antwortete sie.

„Diese Balken nennt man Koordinaten, weil sie helfen, dass man bestimmte Werte zuordnet und dadurch verschiedene Größen genauer bestimmt", sagte er.

„Nenne bitte ein Beispiel", sagte sie.

„Wenn wir den Abstand eines Punktes von diesen drei Koordinaten genau kennen, ist uns der Ort dieses Punktes genau bekannt. Ein solches Koordinatensystem gilt als Bezugssystem, weil man sich darauf bezieht", sagte er.

„Ich verstehe, was du sagen willst: Wir wählen das Koordinatensystem zwar frei, aber, einmal gewählt, gilt es dann als maßgebend", erwiderte sie.

„Genau so ist es. Die drei Abstände gibt man mit Zahlen und Längeneinheiten an – zum Beispiel ein Meter. So kann man mit drei solchen Angaben die Lage, eben den Ort eines Körpers genau bestimmen", sagte er.

„Es ist wirklich ein verschlungener Weg; sind wir noch weit vom Ziel entfernt?", fragte sie.

„Du musst dich noch ein wenig gedulden. Wenn die Koordinatenangaben eines Körpers unverändert bleiben, sagen wir: Der Körper ändert seinen Ort nicht, er ruht.

Falls sich die Koordinatenangaben eines Körpers ändern, sagen wir, dass der Körper sich bewegt", sagte er.

„Ist das das Ziel?", fragte sie,

„Nicht ganz, denn wir wollten wissen, was der Raum ist", erwiderte er.

„Ich glaube, dass ich verstehe, worauf du hinaus willst; darf ich es sagen?", unterbrach sie ihn.

„Wunderbar, sprich", erwiderte er, glücklich, dass sich der verschlungene Weg gelohnt hatte.

„Raum ist unsere Vorstellung, die sich daraus ergibt, dass man den Körpern verschiedene Koordinatenwerte zuordnen könnte", sagte sie und sah ihm gerade in die Augen.

Einen Augenblick rührte er sich nicht und konnte kein Wort sagen. Dann umarmte er sie und drückte sie kräftig an sich; ein inniger Kuss drückte die gemeinsame Freude aus, denn sie spürten, dass sie gemeinsam das Unsichtbare schauten.

*

„Und was ist die Zeit", fragte sie, nach dem Raum-Kuss.

„Wenn die Koordinatenwerte der Körper sich ändern, ändern sich die Stellungen der Körper zueinander und die Abstände zwischen ihnen. Das Ergebnis des Fortschreitens dieser Änderung erleben wir als Raum, das Fortschreiten selbst als Zeit", sagte er, und ihre Blicke verschwanden ineinander, die Vergangenheit und die Zukunft verschmolzen im Augenblick.

„Jetzt glaube ich zu verstehen, was Zeit und Raum sind", sagte sie, ein seliges Lächeln in den Augen.

„Ich bin ganz Ohr", erwiderte er.

„Bildlich ausgedrückt, sind Zeit und Raum Linsen, durch die sich das Verborgene, das Apeiron, in Myriaden von Einzelheiten bricht, die wir als unsere Welt kennen", sagte sie und sah ihm in die Augen, als hätte sie sagen wollen: Jetzt muss ich das Versprechen einlösen.

Schweigend standen sie beide und begaben sich, Hand in Hand, nochmals auf sein Zimmer.

***

Nach noch einem überaus glücklichen Erlebnis des Unbeschreiblichen ging sie gleich nach Hause, denn es war schon recht dunkel geworden.

Fulbert saß in der Küche und wartete auf sie.

Sie begrüßte ihn zwar sehr freundlich und küsste ihn auf die Wange wie immer, aber er hatte den Eindruck, dass in ihren Worten und Bewegungen jene verspielte jungendliche Unschuld fehlte.

Alle seine Bemühungen, eine plausible Erklärung zu finden, waren vergeblich.

„Vielleicht bilde ich es mir bloß ein", versuchte er sich selbst zu trösten, aber der Zweifel kehrte durchs Hintertürchen wieder zurück und ließ ihm keine Ruhe.

*

Es vergingen Tage, und bald waren es fünf Wochen, dass Louise jeden Tag den Unterricht bei Professor Hevel besuchte.

Auf seine Frage, wie es im Unterricht war und ob sie gern zu Professor Hevel ging, erhielt er immer dieselbe sehr positive Antwort, so dass er eigentlich keinen Grund hatte, sich Sorgen zu machen.

Eines Tages, während Fulbert in der Küche saß und so tat, als läse er in einem Buch, sah er, wie Louise plötzlich ins Badezimmer rannte. Dabei machte sie die spontane Handbewegung, die Menschen machen, wenn sie sich übergeben müssen.

„Ist es dir schlecht?", fragte er sie, als sie zurückkam.

„Eigentlich nicht, ich hatte nur eine kleine Übelkeit, als müsste ich mich übergeben, sonst nichts", antwortete sie.

„Hast du vielleicht Wein getrunken?", fragte er sie.

„Aber, Onkel! Du weißt doch, dass ich keinen Alkohol trinke; warum fragst du das? Es ist wirklich nichts, eine kleine Übelkeit, kann doch jeder einmal haben", erwiderte sie.

„Gott sei Dank, dass du gesund bist; ich mache mir immer Sorgen um dich; du musst gesund bleiben; eine wichtige Rolle im Leben wartet doch auf dich; das haben wir bereits besprochen", sagte er.

„Das haben wir, aber du brauchst dir wirklich keine Sorgen zu machen, ich fühle mich bestens", beruhigte sie ihn.

*

Nach weiteren fünf Wochen hatte Fulbert den Eindruck, dass sich bei Louise durch das Kleid eine feine Wölbung abzeichnete.

„Hast du Bauchschmerzen?", fragte er sie.

„Nein, Onkel, aber ich glaube ich bekomme ein Kind, und ich bin sicher, dass du dich darüber freuen wirst", sagte sie in vollkommener Arglosigkeit.

Fulbert sagte nichts, was Louise sehr überraschte, denn sie hatte erwartet, er als ihr Onkel würde sich darüber freuen. Als Geistlicher war er unverheiratet und erwartete keine Nachkommenschaft, daher hätte das Kind eines nahen Verwandten als eine Art Ersatz für das eigene sein sollen, hatte sie sich vorgestellt.

„Und wer ist der glückliche Vater?", fragte er, freundliches Interesse vortäuschend.

„Rate mal", sagte sie lächelnd.

„Irgendein Student bei deinem Lehrer", erwiderte Fulbert.

„Nein, kein Student, Herr Hevel persönlich hat mich geliebt, und ich habe es genossen, lieber Onkel, ich habe es genossen; wenn man es nicht erlebt hat, kann man sich keine Vorstellung machen, wie schön es ist, sich zu vereinigen", sprach sie voller Begeisterung, aufrichtig und offen, als beichtete sie.

„Das freut mich sehr; jetzt müssen wir sehen, was man machen muss, damit ihr zusammen ein ruhiges und zufriedenes Leben miteinander habt, denn das Kind braucht glückliche Eltern", sagte er.

„Du bist schon ein Schatz, lieber Onkel", sagte sie, rannte auf ihn zu und küsste ihn herzhaft auf die Wange.

„Es ist schon gut; bitte nicht übertreiben; in den nächsten Tagen werde ich deinen Lehrer besuchen und mit ihm alles genau besprechen; ich werde tun, was ich kann, damit ihr beide es leichter habt", sagte er; seine Stimme klang ruhig, fürsorglich.

„Lieber Onkel, du bist die Güte selbst, ich bin dir auf immer verpflichtet", sagte sie, und ihre Stimme war voller Dankbarkeit.

„Gleich nach dem Mittagessen gehst du in den Unterricht, und ich gehe gleich zu einigen Freunden, die mir helfen sollen, für euer gemeinsames künftiges Leben alles vorzubereiten", sagte er.

„Lieber Onkel, ich bin so glücklich, dass du mein Onkel bist; ohne dich hätte ich es gar nicht leicht", sagte sie und schaute ihn liebvoll an.

„Es freut mich, dass du so denkst; das macht alles viel leichter", erwiderte er.

*

„Dein Bäuchlein zeichnet sich bereits durch das Kleid ab; hat dein Onkel noch nichts gemerkt?", fragte Hevel seine Schülerin und streichelte dabei zärtlich ihren Bauch.

„O doch; er hat mich sogar gleich gefragt, wer der Vater sei …"

„Du hast es ihm hoffentlich nicht gesagt", sagte Hevel und hörte auf, ihren Bauch zu streicheln; seine Stimme klang besorgt und vorwurfsvoll.

„Warum sollte ich es ihm nicht sagen? Er ist doch mein Onkel; er hat mich gern und möchte mir helfen."

„Bist du sicher, dass er dir helfen möchte?", fragte er misstrauisch.

„Dessen bin ich mir sicher. Er hat mir gleich versprochen, alles zu unternehmen, um uns beiden zu helfen.

„Das freut mich, die meisten Onkel sind eben nicht so", sagte er.

„Das glaube ich dir, aber er ist eben eine Ausnahme", erwiderte sie.

„Und doch wäre es mir lieber, wenn er es nicht wüsste", sagte er.

„Warum eigentlich? Das hätten wir doch nicht verstecken können; früher oder später hätte er es gemerkt; es ist doch besser, dass er es früher erfährt, dann kann er mehr für uns tun, kann alles in Ruhe vorbereiten", sagte sie.

„Ich wollte dir heute vorschlagen, dass du zu meiner Schwester gehst und dort wohnst, bis das Kind kommt. So hätte er eigentlich nichts erfahren können. So aber wird alles bekannt, und damit ändert sich meine Lage hier an der Universität grundsätzlich; für meine Karriere ist es bestimmt nicht gut", erwiderte er.

„Inwiefern?", fragte sie.

„Frau und Kind binden an das Irdische; von mir erwartet man, dass ich nur für das rein Geistige lebe, wenn ich angesehen und berühmt werden will, und ich will es. Deswegen kann ich mich unmöglich dir und dem Kind widmen; die vielen Verpflichtungen an der Universität gestatten es nicht", erwiderte er.

„Dir ist also der Ruhm wichtiger als ich?", sagte sie.

„Die Universität und meine Tätigkeit gelten als etwas von allgemeiner Bedeutung, daher sind sie wichtiger als die Familie. Meine persönliche Meinung ist belanglos; entscheidend ist, was die Gesellschaft denkt; der Einzelne muss sich fügen", erwiderte er.

„Was hast du jetzt vor?", fragte sie nach einer kurzen Schweigepause.

„Ich muss es mir noch genau überlegen, was wir machen sollen. Morgen sag ich es dir.

Hättest du jetzt noch Lust auf die Philosophiestunde? Heute wollte ich mit dir die Aporien, die Auswegslosigkeiten, des Philosophen Zenons besprechen", fragte er.

„Nein, ich gehe jetzt nach Hause, muss ausruhen, bin seltsam müde", antwortete sie.

„Es ist vielleicht besser; dies ist bestimmt nicht der letzte Tag", erwiderte er.

Louise sagte nichts mehr, sondern stand auf und verließ den Unterrichtsraum, ohne sich umzudrehen.

*

„Jetzt ist sie nicht mehr, was sie war; sobald die Frau schwanger wird, reizt sie nicht mehr. Es ist gut, dass sie den Vorschlag abgelehnt hat. Hätte sie zugesagt, hätte ich bestimmt versagt. Den

Reiz hat sie verloren, aber die Intelligenz nicht; sie hat richtig reagiert; genau richtig; morgen werde ich ihr sagen, dass sie zu meiner Schwester gehe; das muss sie; das ist für sie die einzige Lösung, denn ich kann mich in meiner Position unmöglich um das Kind kümmern; im Kloster wird sie das Nötigste haben; das soll genügen; jetzt gehe ich schlafen, bin auch seltsam müde; ich muss gut schlafen, tief und lange; ich glaube, heute Abend nehme ich zehn Tropfen Baldrian", überlegte er eine Weile, stand dann auf und begab sich auf sein Zimmer.

*

Einer Schublade, die ihm als seine persönliche Apotheke diente, entnahm er ein Flacon aus trübem Glass, in dem fein gemahlene Baldrianwurzel im Traubenschnaps eingelegt war, entfernte den Korken, und ließ zehn Zaubertropfen einen nach dem anderen in eine Tonschale mit Wasser fallen. Dann stellte er das Flacon wieder zurück, trank die viel versprechende Mischung, löschte die Kerze und legte sich ins Bett.

Im Raum herrschte nun die vollkommene Dunkelheit.

Die zehn Baldrian-Tropfen würden ihn – hoffte er – ins Reich der Träume versetzen und somit für die ganze Nacht von unangenehmen Gedanken befreien.

*

Er verhielt sich ruhig und wartete geduldig auf das Geschenk des Schlafgottes – der kam aber nicht.

In die so entstandene Lücke sprangen Furien und bescherten ihm gerade jenes, was er mit Menschenlist wegzuzaubern versucht hatte.

Das Schlafmittel wirkte zwar, jedoch nicht so, wie er es sich gewünscht hatte. Einschlafen konnte er nicht, aber ganz wach war er auch nicht mehr.

Einige Zeit verbrachte er dösend im Reich irgendwo zwischen Wachsein und Schlaf.

Endlich wirkten aber die Tropfen, und zwar so stark, dass er in die tiefste Kammer des Schlafgottes sank und nichts mehr wusste.

Dort sah er plötzlich Louise; ganz nackt war sie und blass, als hätte sie keinen Blutstropfen im Körper. Ihr runder weißer Bauch ähnelte dem Vollmond. Sie stand so nah an ihm, dass er ungewollt den Arm streckte, um ihren runden Bauch zu berühren, aber ihr Körper entfernte sich, wie von einer unsichtbaren Macht weggetragen. Wie er den Arm zurückzog, näherte sich der weiße, runde Bauch wieder. Es wurde ihm klar, dass er kein Recht mehr hatte, ihn zu berühren, und wagte nicht mehr, es noch einmal zu versuchen.

*

Plötzlich hörte er eine feine, zarte Kinderstimme, die aus dem runden, weißen Bauch kam. Er rührte sich nicht und versuchte, ganz leise zu atmen, um genau zu hören, was die Stimme sprach.

„Du hast die Schriften der Weisen gelesen, um das Wesen des Menschen und der Welt zu verstehen.

Dann hast du alles, was du so gelernt hast, vielen Jungen erzählt und sie mit deinem Wissen begeistert und beeindruckt.

Viele hast du ins Staunen versetzt, und nun hast du auch viele Anhänger, aber mich hast du betrogen. Und betrogen hast du mich, indem du mich in die Welt gelockt hast, die von dir und deinesgleichen geprägt ist. Mit mir wirst du das ohnehin gewaltige Weltelend noch vergrößern. Das ist wohl der größte Nutzen deiner Weisheit.

Du hast mich verraten, verflucht der Tag an dem du geboren wurdest und verflucht sei jener Teil deines Körpers, mit dem du mich in deine Welt voller Schmutz und Falschheit gezerrt hast", glaubte er gehört zu haben und wollte gleich aus dem Bett springen, aber es war zu spät, denn in demselben Augenblick stürzte sich etwas unheimlich Schweres auf seinen Oberkörper, und etwas vom gleichen Gewicht fiel auf seinen Bauch. Er war unter der Decke und hatte nicht die leiseste Ahnung, was es sein konnte, aber es war, als fielen zwei riesige, mit Sand gefüllte Säcke auf seinen Körper, so dass er sich unmöglich einen Millimeter bewegen konnte.

In seinen verzweifelten Versuchen, etwas Luft zu holen, merkte er nicht, dass jemand seine Hoden gepackt und sie mit einem einzigen Schwung abgetrennt hatte.

*

Der furchtbare Druck der beiden schweren Körper, der ihn fast erstickt hatte, hörte plötzlich auf, wie er gekommen war, und er versuchte langsam unter der Decke hervor zu kriechen und aufzustehen. Das dauerte ziemlich lange, denn der ganze Körper tat ihm weh, und er hatte das Gefühl, dass einige seiner Rippen gebrochen waren, denn sein Brustkorb schmerzte so stark, dass er kaum nur ein wenig einatmen konnte.

Erst als es ihm gelang aufzustehen, spürte er einen brennenden Schmerz zwischen den Beinen. Er prüfte mit der Hand die schmerzhafte Stelle und stellte fest, dass seine Hoden nicht mehr da waren, aber seine Hand war nass.

Verzweifelt schrie er um Hilfe und versuchte dann mit Eisen und Feuerstein die Kerze anzuzünden. Nach vielen Versuchen gelang es ihm auch.

Beim Kerzenlicht konnte er nun sehen, was geschehen war – seine Oberschenkel und das Bett waren mit Blut bespritzt, und jenes, was ihm nur zwei Tage davor ermöglichte, das Unbeschreibliche zu genießen, war verschwunden – für immer.

*

„Er ist nicht mehr, wie er am Anfang war; solange ich jungfräulich und noch nichts im Bauch hatte, begehrte er mich; jetzt empfindet er mich als Last, möchte mich am liebsten loswerden; er wird es nicht tun müssen, ich werde schon dafür sorgen, dass er mich nicht mehr sieht; so benehmen sich auch Rüden; sobald sie die Hündin befruchtet haben, gehen sie weg und kümmern sich nicht um ihre Nachkommenschaft; so viel ist seine Philosophie wert; ich war sicher, dass ich nicht mehr zu meiner Pflegemutter zurückkehren würde; nun bin ich mir nicht mehr so sicher; eigentlich sehe ich ein, dass ich keine andere Möglichkeit habe; der Onkel scheint über meine Schwangerschaft gar nicht erfreut zu sein. Seltsam sind die Menschen; sie reden viel von Tugenden, von Liebe, beten sogar zu einem Gott, von dem sie ein ewiges Leben im Himmel erwarten und gleichzeitig benehmen sie sich eben wie Hunde; heute Abend packe ich meine Sachen, und morgen früh sage ich dem Onkel, er solle mich gleich zu seiner Schwester zurückfahren; mein Ausflug in der Außenwelt ist abgeschlossen; jetzt gilt es wieder, in den dunklen Räumen des Klosters jenes zu suchen, was ich außerhalb der Klostermauer zu finden gehofft hatte", führte sie ihr stilles Selbstgespräch, während sie ihre Sachen in zwei große Säcke stopfte.

*

Auf den Onkel brauchte sie nicht zu warten, denn er hatte angedeutet, dass er Wichtiges zu erledigen hatte und daher – falls überhaupt – erst sehr spät zurückkehren würde, so dass sie nicht auf ihn zu warten brauchte.

Nachdem sie alles eingepackt hatte, löschte sie die Kerze und ging schlafen.

*

„Die Kerle sind gut, groß und stark und scheuen nichts; wie geschaffen für den Fall; zwei sind Straßenräuber, der dritte ist Hundekastrierer, weiß genau, was er zu tun hat. Sie werden durch das Fenster in einen der Räume einsteigen und warten, bis alles ruhig ist, und dann in sein Zimmer einfallen und ihn dessen berauben, womit er mir alles zerstört hat. Er hat dafür gesorgt, dass ich alles verliere; jetzt ist es richtig, dass ich für das Gleichgewicht sorge. Dann werden sie dorthin rennen, wo ich sie angewiesen habe, und wo ich auf sie warten werde, um jenes entgegenzunehmen, was sie von ihm abgeschnitten haben, um so sicher zu sein, dass die Arbeit richtig ausgeführt worden ist; dann werde ich sie fortschicken, so dass die Nachtwächter sie mühelos erwischen; dann wird ihnen dasselbe widerfahren; ich werde alles aus unmittelbarer Nähe beobachten; die Gerechtigkeit muss sein.

*

Kurz nach Mitternacht zerriss ein schrecklicher, verzweifelter Hilfeschrei, der aus dem Universitätsgebäude kam, wo sich Hevels Zimmer befand, die nächtliche Stille. Und schon wenige Augenblicke später sprangen drei vermummte Gestalten aus dem Fenster und rannten die Strasse hinunter.

Einige Nachtwächter rannten sofort in die Richtung, woher der Schrei kam, so dass sie die Verbrecher aus dem Fenster springen sahen, und diese ihnen sozusagen in die Arme fielen.

Mit Hellebardenspitzen auf der Brust gestanden sie, das sie einem Mann schwere Körperverletzung zugefügt hatten sowie dass ihr Auftraggeber hinter dem Kirchgebäude auf sie wartete.

*

„Womit hattest du diese drei Männer beauftragt? Was mussten sie für dich tun?", fragte der Polizeimeister den gefesselten Fulbert.

„Ich habe sie nicht beauftragt, ich weiß eigentlich nichts von alledem, was sie behaupten", versuchte sich Fulbert rein zu waschen.

„Das heißt, die drei wussten zufällig, dass du hier auf sie wartetest? Was sagst du dazu?", fragte ihn der Polizeimeister.

Darauf nahm er die drei Verbrecher vereinzelt beiseite und stellte ihnen dieselben Fragen.

Die beiden Straßenräuber behaupteten, sie hätten eigentlich gar nicht mitgemacht, ja nicht einmal gewusst, was der Kastrierer im Hause machte, Sie hätten nur auf ihn gewartet, um mit ihm später Karten zu spielen.

Der Hundekastrierer erzählte genau, was sie getan hatten, dass die beiden den unbekannten Mann festgehalten hatten und dass er persönlich den Unbekannten entmannt hatte. Er übergab dem Polizeimeister den Lederbeutel mit Hevels Hoden und erklärte ihm, dass der Auftraggeber die Körperteile als Beweis verlangt hatte, dass der Auftrag richtig ausgeführt worden war.

„Du bist wenigstens aufrichtig und lügst nicht. Jetzt wirst du etwas zu tun haben", sagte ihm der Polizeimeister.

Dann ließ er die beiden Straßenräuber und Fulbert an die Zaunpfähle festbinden und sagte dem Hundekastrierer, er solle die drei wie Hunde behandeln, dafür werde er billiger davonkommen.

Der Hundekastrierer nahm sein kleines krummes Messer und schnitt den beiden Verbrechern und ihrem Auftraggeber jenen Teil ab, den er auch den Hunden abzuschneiden pflegte.

*

„Du hast die grausame Tat doch persönlich ausgeführt, und verdienst, dass man dich nicht nur entmannt, sondern außerdem auch noch blendet. Wenn du vor den Richter kommst, geschieht dir das, und zwar öffentlich hier auf dem Marktplatz, damit alle sehen können, dass es noch immer Gerechtigkeit gibt.

Wenn du billiger davonkommen möchtest, entmanne dich nun selbst, und die Sache ist erledigt; du wirst immerhin nicht blind sein. Ich gebe dir diese Wahlmöglichkeit, denn du hast dich als kooperativ erwiesen", sagte der Polizeimeister dem Hundekastrierer.

Jener zögerte nicht einen Augenblick, nahm sein krummes Messer und schnitt sich selbst die Hoden ab.

Gleich darauf verließ der Polizeimeister mit seinen zehn Männern den Ort, an dem sich in den frühen Morgenstunden der letzte Akt einer seltsamen Gerechtigkeit abgespielt hatte.

*****

DAS GLOCKENLÄUTEN

Die große Kirchenuhr schlug kurz und entschieden neunmal nacheinander.

Die Sonne stand schon ziemlich hoch, und unter ihren Strahlen verschwanden langsam auch die letzten Tautropfen auf dem Rasen vor den drei Gaststätten am Fuße des Hügels, von dem die weißen Wände des Kirchengebäudes herunterprangten. Die verscheuchten Krähen umwirbelten plötzlich laut schreiend den strahlenden Turmobelisk, denn das war für sie das Zeichen, auszuschwärmen und etwas Fressbares zu suchen.

*

Auf den Terrassen vor den drei Gaststätten saßen bereits einige Gäste. Es waren Frühaufsteher, die nach einem langen sonntäglichen Morgenspaziergang eingekehrt waren, um ein wenig auszuruhen und etwas Erfrischendes zu trinken.

Die Serviertochter der mittleren Gaststätte hatte bereits die Stühle wieder aufgestellt und zurechtgerückt und war gerade dabei, die letzten Tische zu decken. Schnellstens wurden Blumentöpfe gebracht und auf die dicken in den Boden gerammten Pflöcke gestellt, so dass die mittlere Terrasse von den beiden anderen unmissverständlich abgegrenzt wurde.

Sie arbeitete äußerst schnell und mit einer Art schlechten Gewissens, weil das alles erst jetzt, in der Anwesenheit der Gäste geschah.

Die Gäste ihrerseits empfanden es eher als Verwöhnung, denn die Bemühung des bedienenden Personals und die Behaglichkeit des Ortes stärkten ihr Selbstbewusstsein. Einer solchen Stärkung bedurften sie allerdings nicht, denn auf der mittleren Terrasse saßen wie nach einem stillen Einvernehmen nur jene, die sich für genügend vornehm hielten, ungeachtet dessen, ob die anderen sie dafür hielten oder nicht. Keiner unter ihnen ließ auch den leisesten Gedanken aufkommen, er gehöre eher auf eine der beiden anderen Terrassen.

DAS GLOCKENLÄUTEN

*

Auf einer der beiden anderen Terrassen saßen nämlich jene, die in jeder Gesellschaft, sei es durch plumpe Gewalt, sei es durch geschickte Manöver der Herrschenden gezwungen werden, die Rolle des Fusskissens zu übernehmen. In ihren groben Händen hielten sie ihre Biergläser fest und betrachteten verstohlen die Besucher hinter der an sich symbolischen, jedoch unüberwindbaren Grenze aus Blumentöpfen, die sie von der mittleren Terrasse trennte.

*

Auf der dritten Terrasse saßen Gäste, die mit denen auf der Armenterrasse zwar ein gewisses Mitleid empfanden, jedoch jede Verbesserung der Lebensverhältnisse der Armen ablehnten, falls dadurch ihre eigene Bequemlichkeit geschmälert werden müsste.

Ein jeder auf dieser Terrasse hielt sich für außerordentlich begabt und originell, glaubte sogar, berufen, ja verpflichtet zu sein, etwas Besonderes zu vollbringen.

Ihnen allen war jedoch eines gemeinsam: Sie alle verabscheuten jene Art von Arbeit, die für das Leben notwendig ist.

Einige von ihnen hielten sich für künstlerisch besonders begabt, ja genial und versuchten, durch ihre Kleidung und ihr Gebaren bei den gewöhnlichen Menschen eben den Eindruck zu erwecken.

Die anderen wiederum glaubten, berufen zu sein, die müde, kranke Welt zu verbessern und zu heilen.

Die Künstler unter ihnen erörterten unablässig die brennenden Probleme der zeitgenössischen Kunst. Ein schlanker, dunkelhaariger, junger Herr mit stark ausgeprägten manischen Gebärden, der sich mit allen Kräften um die dramatische Dichtung bemühte, gab den Ton an.

Was ihm vorschwebte, war ein kräftiges Theaterstück, das sowohl sprachlich als auch inhaltlich eine Art Umsturz und

Wendepunkt in der dramatischen Dichtkunst schlechthin bedeuten sollte. Diese seine Vorstellung fasste er im Wort ‚Skandal‘ zusammen. Er träumte also von einem Skandal, fand in sich jedoch nicht genügend Kraft, die träge Welt zu erschüttern. Jedes Mal, wenn sich die Gelegenheit dazu bot, trug er seine Ansichten und Vorstellungen vor, und das geschah in der Regel nach dem sechsten Glas Bier.

*

Zu seinen häufigsten Zuhörern zählte ein hoch gebildeter Herr, der aus Liebe zur Vergangenheit alles andere vernachlässigte, immer hoffend, eine gründliche Kenntnis des Abgeschiedenen würde ihn in die oberste Spitze der gelehrten Gesellschaft führen, in der allein das nicht mehr Vorhandene von Belang war und erörtert wurde, so dass alles soeben Geschehene zuerst eine beträchtliche zeitliche Distanz erreichen musste, um überhaupt untersuchungswürdig zu sein. Des Charakters seiner Tätigkeit war er sich wohl bewusst, aber an eine Umkehr konnte er nicht denken, denn sein Weg war zu schmal und führte nur in eine Richtung.

Die Ansichten des strebsamen Dramatikers hielt er für reinen Unsinn, hörte ihm aber aufmerksam zu, denn durch die Anwesenheit eines anderen Leidenden wurde seine eigene Strafe gemildert.

*

Ein anderer Zuhörer, der dem Dramatiker seine volle Aufmerksamkeit schenkte oder mindestens so tat, war ein jüngerer Herr, der sich von der außerordentlichen Begabung für die bildenden Künste so sehr belastet glaubte, dass er an keinem Ort eine Woche lang ausharren konnte. Unermüdlich zog er von einer Landschaft zur anderen, überquerte dabei unzählige Male die

Staatsgrenze in der Überzeugung, woanders sei jenes anzutreffen, was er suchte. Was er suchte, war eine Landschaft, die ihm – das erhoffte er sich – das Äußerste an Schaffenskraft schenken könnte. Nichts dergleichen geschah jedoch. Sein Suchen endete meistens so, dass er schon bei der Ankunft an einem beliebigen Ort die nächste Reise ankündigte. Die Herzen der älteren Jungfrauen wusste er dadurch zu erobern, dass er seine für sie sehr überzeugende Grimasse eines durch sein eigenes Genie gnadenlos Gequälten zur Schau trug. Indem seine Verehrerinnen für sein körperliches Wohl sorgten, glaubten sie, am künstlerischen Leiden gewissermaßen selbst beteiligt zu sein.

*

Auf dieser Terrasse saßen auch jene, die jegliche Art von Gesetz und Vorschrift verachteten. Das Hauptthema ihres Gesprächs, das sich wegen der Natur der Sache niemals erschöpfen ließ, war die Beseitigung der Macht, wozu man, falls erforderlich, vor keinen Mitteln zurückzuschrecken brauchte. Dass sie doch eine Welt für sich waren, obwohl sie auf derselben Terrasse wie die Künstler saßen, war gleich sichtbar, denn, im Unterschied zu jenen, saßen sie auf einfachsten Sitzgelegenheiten ohne Lehnen, die wie die langen Tische selbst nur aus langen, dicken Bohlen bestanden. Sie saßen dicht nebeneinander und unterhielten sich so, dass niemand außer ihnen erfahren konnte, wovon sie sprachen. Der Inhalt ihres Gesprächs erforderte das.

Es waren vor allem gescheiterte Studenten unter ihnen und jene, die am liebsten selbst studiert hätten, jedoch nie die Gelegenheit dazu gehabt hatten. Im allgemeinen Lauf nach oben hatten sie keinen Erfolg gehabt, und das hatte ihnen den Weg zur mittleren Terrasse endgültig versperrt. Das war ihr berechtigter Grund, jene auf der mittleren Terrasse zu hassen.

***

Jeder der drei Gaststättenbesitzer hatte einen Hund, aber nur der Hund dessen, dem die Armenterrasse gehörte, wurde durch das Glockengeläute irritiert und wälzte sich winselnd auf dem Boden.

Die Kirchenuhr teilte mit ihren kurzen, entschiedenen Schlägen die volle Stunde mit, als kündigte sie den Beginn eines wichtigen Ereignisses an. In der Tat näherte sich in dem Augenblick den Terrassen eine offenbar besondere kleine Gruppe, denn alle Blicke wandten sich den Kommenden zu. Die über den Biergläsern leicht geneigten Körper rückten näher aneinander heran, kurze Bemerkungen wurden unauffällig gewechselt, und mancher nickte kaum bemerkbar, die Meinung seines Nachbarn bestätigend.

In der kleinen Gruppe, die aus zwei Sichtbaren und einem Unsichtbaren bestand, befand sich offensichtlich jemand, dessen Anwesenheit von großem Interesse sein musste.

Als sich die Gruppe der ersten Terrasse näherte, blickten die wenigen Gäste neugierig aus den Augenwinkeln, ob der dicke, kurzbeinige blonde Herr der Frau, die einen teuren Kinderwagen vor sich schob – offenbar war es seine Gattin – ein Zeichen geben würde, sich zu den gewöhnlichsten Leuten und den außergewöhnlichsten unter ihnen, den Möchtegernkünstlern, zu setzen. Das erwartete man sehnlich, da der dicke blonde Herr bis kaum einen Monat davor zu den Stammgästen auf der ersten Terrasse gehört hatte.

Ihr Wunsch wurde aber nicht erfüllt; die Gruppe schritt an der ersten Terrasse vorbei, ohne die dort Sitzenden eines Blickes zu würdigen.

Das Familienoberhaupt steuerte entschieden auf die mittlere Terrasse zu.

*

Ein Lächeln der Erleichterung und des Triumphes flog über einige Gesichter auf der mittleren Terrasse, als die Gruppe die

farbige Blumengrenze überschritt und sich nun endgültig dort
befand, wo nur zwei jüngere Leute – offensichtlich ein Ehepaar
– sassen und mit zitterndem Herzen den Kommenden entge-
genblickten. Die beiden zählten zu denen, die an Materiellem
bereits mehr als genug besaßen, jedoch noch mehr begehrten.
Sie erhoben sich, setzten die besten Grimassen aus ihrem Vorrat
auf, traten ihnen entgegen, grüßten sie und baten sie untertänig,
sich zu ihnen an den Tisch zu setzen.

Der fette blonde Herr hielt inne, reichte den beiden herablas-
send die Hand, schaute sich dabei um, und setzte sich, nachdem
er festgestellt hatte, dass seine Ankunft niemandem unbemerkt
geblieben war, auf einen der bequemen weißen Gartenstühle –
die anderen folgten seinem Beispiel.

*

Wegen seiner unverhältnismäßig kurzen Beine sah der dicke
blonde Herr, ein ohnehin kleinwüchsiger Mann, noch wesentlich
kleiner aus, als er es in der Tat war. Sein riesiger Bauch drückte den
Hosenriemen hartnäckig nach unten und hing darüber, so dass
er seine eigenen Oberschenkel höchstens vor einem Spiegel und
auch dann nur teilweise sehen konnte. Seine nach der neuesten
Mode geschnittene Hose musste er daher immer wieder nach
oben ziehen, falls er nicht wollte, dass sie ganz hinunterrutsche.
Im Einklang mit dem neuesten Modeschrei waren die Hosen-
beine unterhalb der Knie übertrieben weit und glockenförmig,
und da sie bis an den Boden reichten, ließen sie das Schuhwerk
nicht zum Vorschein kommen. Zweifellos von den nun ziemlich
starken Sonnenstrahlen dazu gezwungen, hatte er seinen leichten
Pullover ausgezogen und ihn sich so um die Schultern gewor-
fen, dass die beiden Ärmel an der Vorderseite frei hingen. Diese
Gebärde der Lässigkeit, hätte eigentlich unterstreichen sollen, dass
er noch zu der kecken, pfiffigen, unbesorgten, kreativen Jugend
gehörte, unterstrich jedoch lediglich seine Gestalt.

*

Als die hübsche Serviertochter kam, um die Wünsche der soeben
eingetroffenen neuen Gäste entgegenzunehmen, bestellte der
andere Herr, die aufgesetzte Schmeichelgrimasse nicht ablegend,
nach einer kurzer Absprache mit dem fetten Herren etwas zum
Trinken. Es dauerte nur wenige Augenblicke, bis die Serviertochter mit einem reichlich verzierten Eisbehälter und einer Flasche
Schaumwein zurückkehrte. Sie stellte die dünnen Stielgläser auf
den Tisch, schenkte die goldgelbe Flüssigkeit ein und entfernte
sich, nachdem sie den Gästen ein erwartetes 'in Ordnung' ent-
lockt hatte.

*

Der fette blonde Herr saß und trank und schwieg. Der andere
Herr, etwa gleichen Alters, spreizte seine Lippen zu einem unna-
türlichen Lächeln, so weit es die Gesichtsmuskulatur irgend
gestattete, und versuchte seinem Gast so tief wie nur möglich
unter die Haut zu kriechen. Er spürte zwar, dass er die Grimasse
zu hoch angesetzt hatte, denn seine Wangen schmerzten, aber
an ein Herabsetzen war nicht zu denken, da ein solcher Fehltritt
seine ganze juristische Karriere und manches, was damit zusam-
menhing, hätte verderben können. Daher strengte er sich an
und sprach abwechselnd ein wenig zu dem Ungegliederten, ein
wenig zu dessen Gattin über dies und jenes. Seine zu einem
marmeladischen Lächeln verzogenen Lippen, gekrönt von einem
Schnurrbart, machten aus ihm eine einmalige Karikatur. Das
Walross ihm gegenüber saß unbeweglich und rauchte wichtig
seine Zigarre. Wem seine Blicke galten, war nicht auszumachen, denn er versteckte sich hinter einer Sonnenbrille, die es
ihm ermöglichte, unbemerkt alle Anwesenden zu mustern. Die
dünnen, öligen Strähnen seines blonden Haupthaares fielen ihm
über die Stirn und reichten fast bis an den oberen Brillenrand.

Seine dicken, völlig bartlosen Backen hingen an den beiden Gesichtsseiten wie bei einem verfressenen Hamster. Unter der stumpfen Nase war statt der Lippen nur eine tiefe Falte zu sehen, die in einem Bogen das dreifache Kinn vom oberen Gesichtsteil trennte. Sein Haupt und sein Rumpf verschmolzen übergangslos miteinander, so dass man nicht sagen konnte, wo was anfing und wo was endete.

Sein brutaler Gesichtsausdruck, dem auch die geringste Spur von Milde fehlte, und seine weichen, schwammigen Eunuchenarme machten ihn zum Musterbild eines Scharfrichters.

*

Und in der Tat war er ein Richter, sogar ein frischgebackener Oberrichter, einer der niederen Mächtigen unter legalen Scheinhütern der Gerechtigkeit. Er wusste, wer und was er war, und verhielt sich auch dementsprechend; seine kleine Welt sollte ihm zu Füssen liegen, wähnte er, am liebsten eigentlich unter den Füssen.

Statt der Welt unter seinen Füssen lag ein Jurist seines Alters zu seinen Füssen; eigentlich war es einer seiner Schulkollegen, dem sein stattliches Monatsgehalt nicht mehr genügte und der sich von der Freundschaft mit dem Obersten in seiner Sparte den Aufstieg in der Hierarchie versprach.

Nun redete er und schleimte, schleckte den Speichel und kroch, aber der Speckberg ihm gegenüber hörte ihn nicht, denn er hörte ihm nicht zu. Seit fast einem Monat – so lange hatte er schon das höchste Gerechtigkeitsamt inne – beschäftigten ihn schwere Gedanken, mit denen er nicht fertig werden konnte.

*

Gut versteckt hinter seiner dunklen Brille betrachtete er die Frau des vor ihm plappernden Kriechers. Dieser redete und redete,

81

krampfhaft ein Thema an das andere anknüpfend, obwohl das eine mit dem anderen nichts zu tun hatte, von der heillosen Angst gequält, der Speckberg vor ihm könnte Langeweile verspüren und aufbrechen, was dann kaum wiedergutzumachen gewesen wäre. Daher redete er und gestikulierte, ohne auch die kleinste Pause einzuschalten.

*

Der Speckberg rauchte aber gemütlich seine Zigarre und griff gelegentlich nach dem langstieligen Glas. Sein Blick ruhte seit Anbeginn an den mageren und etwas zu muskulösen Unterschenkeln der Gattin seines emsigen Unterhalters.

Des Kriechers Frau übte einen pädagogischen Beruf aus und galt, umgeben von ihresgleichen, trotz ihrer Ignoranz für eine gebildete Dame. Einmal erklärte sie bei einem Empfang, sie esse nichts außer Fleisch und Salat, und dabei nahm ihr Gesicht den Ausdruck eines Frosches an, der gerade eine mit Blut voll gesaugte Mücke verschlungen hatte.

Nun saß sie dem Speckberg gegenüber und bot ihm mit ihrer Gestalt, die stark an einen kurz geschorenen schlanken Pudel erinnerte, die zu seinem Geschmack passende Augenweide. Sie spürte seine Blicke und tat alles, um die Lüsternheit des Speckberges zu steigern. Sie zog ihren ohnehin kurzen Rock noch etwas weiter hoch und streckte ihre muskulösen, dickwadigen Beine vor sich hin, so dass der Speckberg sie in ihrer ganzen Länge zu sehen bekam.

*

Aus seiner Entrückung wurde der Speckberg gleichzeitig vom ersten Glockenschlag und von seiner Gattin gerissen. Die Turmglocke erinnerte daran, dass wieder einmal eine längere Zeiteinheit verstrichen war, und das Kind im Wagen hatte nämlich etwas verrichtet, was ein unverzügliches Verlassen der Terrasse erforderte. Der Kriecher tat so, als hätte er nichts gerochen, und wollte noch eine zweite Flasche bestellen, aber der Speckberg konnte nicht mehr träumen, und so hielt ihn nichts mehr zurück.

Die Kirchenglocken läuteten nun entschieden und mahnend vom hohen Turm herunter, und ihr Läuten kroch selbst in die hinterste dunkle Ecke des alten Städtchens hinein.

*

Nach kurzer Verabschiedung trat die kleine Gruppe wieder den Heimweg an. Die Gattin des Speckbergs ging voraus, ihre schweren, mit blauen Flecken und Krampfadern bedeckten Beine energisch streckend. Der Speckberg schritt ihr nach, seine unbarmherzig hinunterrutschende Hose immer wieder hochziehend.

Die Köpfe an den Tischen rückten noch einmal näher zusammen – der Anblick gebot es, und wiederum fielen allerlei Bemerkungen, jedoch wie üblich so leise, dass sie nur von denen vernommen wurden, an die sie gerichtet waren.

Der gepeinigte Hund eines der Wirte hatte gerade aufgehört zu heulen, ein zuverlässiges Zeichen dafür, dass das Läuten vom Kirchturm her am Ausklingen war.

*

Die Frau des Speckberges schritt immer schneller, den Eindruck hatte man mindestens, denn der Abstand zwischen ihr und ihrem fetten Gatten wurde immer größer. Er seinerseits trug dazu bei, um vielleicht dem unangenehmen Geruch, der aus dem Kinderwagen auf ihn zukam, auszuweichen. Das konnte ihm aber kaum gelingen, denn eine leise Brise wehte den Hang hinunter, ihm entgegen, und musste wohl seine Nasenlöcher mit den unangenehmen Begleiterscheinungen des Lebenszaubers füllen.

Das kleine Wesen im teueren Kinderwagen war schon in die Welt eingetreten und empfand nun auf die ihm eigentümliche und für keinen anderen nachvollziehbare Art und Weise das Angenehme und das Unangenehme. Nun drückte es sein Empfinden auf recht laute Art. Dies war jedoch nicht der Hauptgrund seines verlangsamten, unsicheren Ganges, denn das Kind war etwas, worum sich die Frau kümmern musste. Er als Oberrichter hatte stets Höheres im Kopf und konnte sich nicht mit Nebensächlichkeiten wie das Greinen des Kindes beschäftigen.

*

Die Beine seiner Gattin, die sich abwechselnd gegen den rauen Boden stemmten, so dass ihr Rock gleichmäßig hin und her schwankte, waren es, was ihn anging und zwang, den Abstand um einige Schritte zu vergrößern.

Nur drei Tage nach seiner Wahl zum Oberrichter hatte er bei seiner Frau etwas Entsetzliches entdeckt. Es war etwas, was schon seit langem sichtbar gewesen sein musste, ihm jedoch nie vorher aufgefallen war, denn seine Stellung war damals eine ganz andere gewesen. Damals – vor der bitteren Erkenntnis – verzehrte er mit Appetit seine Bratwürste und trank gemütlich sein Bier, und wenn es ihn überkam, vereinigte er sich mit seiner Gattin, und das Leben war gut.

Jetzt aber gehörte diese selbstverständliche, daher eigentlich nie erkannte Zufriedenheit der Vergangenheit an. Die Beine seiner Gattin, die wahrscheinlich nie besonders reizvoll gewesen sein mussten, schmälerten seinen Triumph ob des einmaligen beruflichen Erfolges so sehr, dass er sich nun an der Schwelle einer beneidenswerten Laufbahn, zugleich auch am Rande der Verzweiflung befand. Weder die schwarze Sonnenbrille noch der Abstand zwischen ihm und den Beinen seiner Gattin konnten es verhindern, dass er das hässliche Geflecht von Krampfadern ständig vor Augen hatte. Was er sah, hatte mit der physischen Wahrnehmung kaum etwas zu tun, sondern schwelte und bohrte tief in ihm um so mehr, als er andauernd versuchte, zwischen ihm und den mit unzähligen Knoten und Beulen bedeckten Waden eine undurchsichtige Barriere aus Entfernung und getöntem Glas zu errichten.

*

Auch versuchte er an die muskulösen und noch glatten Beine der Frau seines tiefer stehenden Berufskollegen zu denken und dadurch das Bild der mit dicken Adern bedeckten Beine seiner immer schweigenden Ehegattin zu verdrängen. Er bemühte sich vergebens, denn durch die Anwesenheit der begehrten glatten Beine wurden die blauen Aderknoten erst recht sichtbar; und geschah es, dass sie hinter die glatten Beine der Rivalin gerieten, so verloren diese ihre Substanz und wurden durchsichtig, so dass der nicht wegzudenkende, wahre Ernst durch die erzwungene Illusion durchschimmerte.

*

Die letzten und schon sehr schwachen Glockenschläge zitterten und seufzten noch kaum hörbar in der heißen Luft, als die kleine Gruppe – bereits auch den schärfsten Blicken derer auf den Gaststättenterrassen entschwunden – sich der Straßenecke näherte.

Noch ein letzter Schlag schwebte vom hohen Turm herunter und fiel wie ein tödlicher Hieb auf den schweren, dicken Schädel des obersten Richters, der bei der wichtigsten aller Prüfungen versagt hatte.

In dem Augenblick lösten sich die hässlichen Beine seiner Ehegattin in seinem Blickfeld auf und ihr schlaffes Becken verschwand um die Hausecke.

*

Mit blassem Gesicht und schwer atmend lehnte er sich an die Hauswand, ohne sich darum zu kümmern, ob ihn jemand sehe. In der Tat konnte er sich um nichts mehr kümmern, denn dass Bild vor seinen Augen verfinsterte sich, und er sank zu Boden.

Die verscheuchten Krähen verschwanden schnell im schattigen Inneren des Kirchturmes, und die Stille kehrte in die aufgewirbelte Welt wieder zurück.

*****

DER ERFÜLLTE WUNSCH

„Heute Abend bleibe ich etwas länger, nach dem Spiel gehen wir mit dem Präsidenten zusammen essen", sagte Ian seiner Frau Lucy beim Weggehen, ohne sie dabei anzusehen.

Weder vor ihrer Heirat noch nachher hatte sie mit ihrem Mann irgendwelchen körperlichen Kontakt gehabt. Seit ihrer Heirat waren bereits viele Jahre verstrichen.

Lucy hörte genau, was er sagte, aber wie üblich schwieg sie auch diesmal. Mit der freien Hand hielt sie den Rand des Hemdärmels, über dem sie soeben das heisse Bügeleisen führte. Das Bügeleisen glitt für ihre etwas trägen Ohren kaum hörbar auf dem zerknitterten Stoff wie ein kleines Boot auf der leicht welligen Meeresoberfläche. Anders als ein Boot hinterliess es jedoch als Spur keine Furche, kein aufgewirbeltes Wasser. Die Falten vor dem Bügeleisen verschwanden unter der heissen Spitze und lösten sich darunter auf, nur ein glatter Streifen folgte einem jeden Zug, bis auch die letzte feine Welle verschwand. Mit ausgestreckten Armen hielt sie mit beiden Händen das Hemd vor sich hin, begutachtete einen Augenblick das Resultat, faltete es dann sorgfältig zusammen und legte es dann auf das oberste Regal im Kleiderschrank neben ihr.

Sie zog den Stecker aus der Steckdose aus, schob das Bügelbrett in die Ecke, öffnete das Fenster und warf einen kurzen Blick in den Hof, um sich zu vergewissern – das Rad ihres Mannes stand nicht mehr dort. Sie ging zur Eingangstür, drehte den Türschlüssel und drückte auf die Türklinke, um sicher zu sein. Dann ging sie in ihr Zimmer und holte aus einer grossen ovalen Reisetasche, die zwei Böden hatte, sozusagen doppelstöckig war, ein Paar eleganter, silberfarbener Damenschuhe mit sehr hohen Absätzen. Es waren jene selben Schuhe, die sie nur ein einziges Mal, an ihrem Hochzeitstag, vor genau vierzig Jahren getragen hatte. Sie kam später auch nie in Versuchung, sie anzuprobieren, um zu sehen, ob sie ihr noch immer passten, spürte, dass so etwas unangebracht gewesen wäre.

Ihr Hochzeitstag war kein gewöhnlicher. Sie und ihr Mann wurden nur auf dem Standesamt getraut, nicht in der Kirche.

Ihr Mann wollte es so, und ihr war es auch recht. Ihr schönes Hochzeitskleid und ihre eleganten Schuhe trug sie während der Trauung im Standesamt nicht. Sie wollte es so, und ihr Mann kümmerte sich nicht darum. Es gab keine Hochzeitsgäste. Darauf bestand ihr Ehemann, und sie hatte auch nichts dagegen. Nur zwei Personen waren anwesend, zwei Trauzeugen, eine ältere Dame und ein älterer Herr, für die Lucy unentgeltlich etwas strickte und nähte. Nun waren die beiden schon längs tot. Auch der Beamte im Standesamt, der sie getraut hatte, war bereits vor vielen Jahren gestorben. Nur sie und ihr Mann waren noch lebendige Zeugen, dass ihre Trauung überhaupt stattgefunden hatte.

Das schöne Hochzeitskleid, die feinste mit Spitzen besetzte Unterwäsche und die eleganten Schuhe mit hohen Absätzen hatte sie jahrelang vor deren Trauung bereitgehalten und auf ihren Traumprinzen gewartet.

Am Hochzeitstag sagte am Abend ihr Ehemann zu ihr, er gehe noch schnell zu einem kurzen Treffen in seinem Verein. Das kurze Treffen dauerte aber die ganze Nacht. Erst Tag danach, früh am Morgen, kam er zurück. Sie hörte ihn zwar kommen, aber sie stand nicht auf. Er kam nicht zu ihr, sondern ging auf sein Zimmer und schlief dort.

*

Während ihr Mann damals in seinem Verein sein Treffen hatte, feierte Lucy ihre Hochzeit zu Hause – allein. Sie wusch ihren Körper, machte sich schön und zog sich so an, wie sie sich für die Hochzeit mit ihrem Traumprinzen zu kleiden beabsichtig hatte.

Nach einem kleinen Abendessen, zog sie sich wieder aus, faltete die feinen Kleider zusammen und legte sie in die grosse Reisetasche, in der sie all die künftigen Jahre verbringen sollten.

Ihr Ehemann hatte sie nie in ihren schönen Hochzeitkleidern gesehen, und er wusste nicht, dass sie sie besass.

Während Lucy schön gekleidet am fein gedeckten Tisch sass und ihr kleines Abendessen verzehrte, weinte sie nicht. Erst als sie allein im Bett lag und die frische Bettwäsche um sich wickelte, löste sich die angestaute Trauer in Tränen auf, und sie weinte und weinte, bis sie vom grössten Freund des Menschen übermannt wurde und sich dorthin begab, wo auch jenes möglich werden konnte, was die so genannte Wirklichkeit hartnäckig verweigerte. Dort kam nämlich ihr Traumprinz im letzten Augenblick, bevor sie dem Mann, der sie zu ehelichen sollte, das Jawort gegeben hatte. Er hob sie in seine starken Arme und entfloh mit ihr, ehe es irgendjemand merken konnte. Beim Entfliehen sah sie, wie der Mann, dessen Frau sie fast geworden wäre, die beiden Trauzeugen sowie der Standesbeamte sich in nichts auflösten.

*

Um zu verhindern, dass die Schuhe die Form ändern, hatte sie sie bereits damals mit Wattebauschen gestopft und sorgfältig in feines, weiches, lilafarbenes Papier eingewickelt. Die Schuhe hielt sie im unteren Stock der Reisetasche; im oberen Fach hielt sie – eingewickelt in einem tadellos sauberen, weissen Tuch – jene Unterwäsche und jenes Kleid, die sie – wie die Schuhe – nur damals, und nur als sie allein war, und nie mehr angezogen hatte.

Wieder einmal war ein ganzes Jahr vergangen, seitdem sie das letzte Mal den Inhalt der grossen Reisetasche mit dem ovalen Boden hervorgeholt hatte, um ihn zu kontrollieren, parfümieren und wieder behutsam zurückzustellen, alles mit der Absicht, die geliebten Gegenstände auch ein Jahr später rein und unberührt aus ihrem seltsamen Grab zu holen. All das sollte nach Möglichkeit für immer so bleiben.

Die eleganten Schuhe und die feinen Kleidungsstücke bedeuteten ihr unendlich viel, waren eine stumme Verbindung zwischen dem, was in ihrem Leben geschehen war, und dem, wovon sie geträumt hatte, was aber nicht geschehen konnte, denn das unerforschliche Zusammenspiel der Kräfte wollte es anders. Für sie waren sie zum Tragen nicht mehr geeignet, obwohl sie sich kaum geändert hatten, denn ihr Köper war seine eigenen Wege gegangen.

Jedes Jahr, jeweils im Frühling, wenn das Lebendige aufblühte und aufbrach, nahm sie alles aus der Reisetasche hervor. Zuerst polierte sie die Schuhe mit einem sauberen samtenen Lappen, obwohl man sie unmöglich noch sauberer machen konnte, als sie es bereits waren. Darauf bügelte sie das faltenfreie, blendend weisse Kleid und die feine mit teuren Spitzen besetzte Unterwäsche, legte sie gleich darauf wieder sorgfältig zusammen, als wären sie eine Reliquie, fügte ein Tröpfchen von immer demselben Parfüm hinzu, auf das sie auch nach einem Jahr duften möchten, wenn sie sie das nächste Mal rituell – wie heute – hervorhole.

Aus den Schuhen zog sie nun die Wattebausche, mit denen sie gestopft waren, hervor, schaute hinein, und fügte, nachdem sie festgestellt hatte, was sie schon im Voraus wusste, dass das Innere vollkommen trocken, makellos rein und immer noch zart duftend war, einen winzigen Tropfen von immer demselben Parfum hinzu. Dann verschloss sie die Reisetasche und stellte sie in den schweren Kleiderschrank zurück, in dessen dunklem Bauch die gepflegten toten Gegenstände auf die wiederholte Auferstehung im nächsten Frühling warten mussten.

*

Heute war es eine Art Jubiläum, denn es war schon das vierzigste Mal, dass sie den Inhalt der Reisetasche hervorholte, in den Händen drehte und dabei in ihrer Erinnerung jenes auffrischte, wovon sie damals nur träumen konnte, was jedoch nicht geschehen durfte, während jenes, was sie sich nicht wünschte, was jedoch offenbar geschehen musste, auch geschah.

*

Seitdem sie mit ihrem Mann verheiratet war, ging er jeden Abend mit seinen Freunden spielen. Er war Mitglied irgendeines Männervereins. Was es für ein Verein war und was sie dort spielten, wusste sie nicht, er erzählte ihr auch nichts, und sie wollte auch nichts wissen. Einerseits war sie betrübt, dass er immer dann wegging, wenn sie hätten zusammen sein können. Jedes Mal blieb er dort bis spät in die Nacht, und wenn er heimkehrte, schlief sie bereits oder tat so, als schlafe sie, denn es war ihr einerlei, wo er war und was er dort trieb. Daher war sie irgendwie auch froh, dass er weg war, denn die Einsamkeit gestattete es ihr, ungestört zu träumen. Ausserdem schliefen sie seit dem ersten Tag ihres Lebens unter einem Dach in getrennten Räumen und hatten keinen körperlichen Kontakt. Es war ein Leben unter demselben Dach, jedoch kein gemeinsames.

Sie träumte immer dasselbe, obwohl es für sie ein längst ausgeträumter Traum war. Es war immer noch jener Traum, den sie vor der Heirat hatte, der sich aber mit der Heirat auflösen musste und auflöste. Übrig geblieben war nur noch der Schatten jenes Traumes, und daran hing sie.

*

Bevor sie ihren Mann geheiratet hatte, lebte sie allein in einer kleinen Wohnung. Geschwister hatte sie keine, auch keine Verwandte, und ihre Eltern waren schon längst tot. Eigentlich wusste sie gar nicht, wer ihre Eltern waren. Ihren Lebensunterhalt verdiente sie, indem sie nähte und strickte, häkelte und stickte. Mehr als genug für ihre bescheidene Lebensweise konnte sie nicht verdienen, aber mehr als das wünschte sie sich auch nicht.

Eine betörende Schönheit war sie nie gewesen, aber damals war sie jung, und die Jugend ist die Wohnstätte, wo sich die Göttin der angenehmen Erscheinung gern aufhält, wenigstens

92

für eine kurze Zeit. Auch bei Lucy hielt sie sich gelegentlich auf, besonders wenn ein Lächeln ihr Gesicht besuchte und zwei winzige Grübchen in ihren vollen Wangen entstehen liess.

Den Briefträger, der täglich vorbeikam, interessierten die Grübchen in ihren Wangen nicht, er hatte sie auch nie aus der Nähe gesehen. Was ihn an Lucy anzog, war der Umstand, dass er sie nie in der Begleitung eines Mannes gesehen hatte. Ausserdem weckte die Art, wie sie gekleidet war und wie sie schritt, bei ihm das Gefühl, dass sie ein fleissiges und ordentliches Wesen sein musste. Das genügte ihm. Er war ein Junggeselle, in jenem merkwürdigen Alter, das man am besten als noch nicht alt, aber nicht mehr jung bezeichnen könnte. Eigentlich jung war er auch nie gewesen, sondern immer etwas träge und ungepflegt. Einige Male hatte er sie zum benachbarten Bäckerladen laufen sehen. Jedes Mal bemühte er sich, sie noch einzuholen, aber sie eilte, als hätte sie vor ihm fliehen wollen, und überquerte die Strasse, bevor er ihr etwas sagen konnte. Jedes Mal war er enttäuscht, aber auch erlöst, denn er wusste nicht, was er ihr hätte sagen sollen. Er hoffte, endlich einmal einen Brief für sie zu haben, was ihm dann bestimmt eine Gelegenheit geboten hätte, mit ihr einige Worte zu wechseln, aber der Himmel schien ihm nicht gewogen, denn niemand fand einen Anlass, ihr zu schreiben. Für alle Bewohner des Hauses, in dem Lucy wohnte, hatte er gelegentlich Post gehabt, nur für einen Namen gab es nie etwas. So wusste er, wie sie hiess.

Der Sohn des Bäckers in der Nachbarschaft, ein tüchtiger, angenehmer junger Mann, hatte sich zwar in den winzigen Grübchen in ihren Wangen verloren, aber auch er schrieb ihr nicht. Bei ihm war das auch verständlich, denn er sah sie jeden Tag, da sie jeden Tag bei ihm frisches Brot kaufte. Er war kein Junggeselle wie der Briefträger, sondern jung wie sie und träumte davon, eine junge Frau fürs Leben zu finden, eine Familie zu gründen und das bestens laufende Geschäft seines schon etwas müden Vaters zu übernehmen. Eine fleissige, gepflegte junge Frau wie sie war genau das, was er sich fürs Leben wünschte. Er war das einzige Kind, und mit ihr glaubte er nichts weniger als vollkommenes Glück finden zu können. Immer wenn sie kam, Brot zu holen, suchte er für sie ein besonders schönes aus und schenkte ihr jedes Mal noch ein Brötchen oder einen Kuchen dazu in der Hoffnung, sie werde merken, was er für sie empfand, aber sie bedankte sich lediglich, nannte seine Geste sehr nett, schenkte ihm ein Lächeln und liess ihn noch tiefer und verzweifelter in ihren Wangengrübchen versinken.

*

Der Briefträger seinerseits wartete auf eine günstige Gelegenheit, mit ihr zu sprechen, aber die Gelegenheit blieb unerbittlich und bot sich nie. Er träumte nie davon, mit ihr eine Familie zu haben, denn er verspürte keine Neigung zum anderen Geschlecht. Er dachte bloss, wie gut es wäre, wenn sie für ihn kochen und waschen würde, denn er liebte die Bequemlichkeit. Er hasste nicht nur seine, sondern jede Art von Arbeit, insbesondere jene, die einer echten Zufriedenheit vorausgehen muss.

Der junge Bäcker tat alles, was er konnte, um sie auf seine Gefühle aufmerksam zu machen, aber für sie blieb er lediglich ein netter Bäcker. Seine besten Brote und seine feinsten Kuchen, seine stärksten Trümpfe, genügten nicht; ihr Mund sprach ihm ihren aufrichtigen Dank aus, aber ihr Herz blieb für ihn verschlossen, konnte seine Gefühle nicht erwidern.

Und erwidern konnte ihr Herz seine Liebe nicht, weil es bereits vergeben war, und zwar an jemanden, den sie selbst nicht kannte. Sie wusste nur, dass er irgendwo sein musste, dass er auf sie und auf keine andere wartete. Reich war er nicht, davon war sie überzeugt. Sie wusste nicht, ob er gross oder klein, ob sein Haar hell oder dunkel war. Ebenso unbekannt war es ihr, was für einen Beruf er hatte und ob er überhaupt einen hatte. Wie alt war er, hätte sie unmöglich sagen können. Nur eines wusste sie bestimmt: Er konnte ihr so schön erzählen, immer neue Geschichten, die so betörend waren, dass sie ihm immer zuhören wollte. Und eben das Glück gönnte sie sich auch: Immer wenn sie schlief, hörte sie ihm zu. Dann kam er unentwegt, hielt ihre Hand und erzählte ihr. Jedes Mal versprach er ihr, sie würden sich für immer vereinigen, wenn der richtige Augenblick komme, sie müsse nur etwas Geduld haben. Und noch etwas liebte sie an ihm: Er hielt immer ihre Hand fest und sagte ihr irgendwie entschieden und Vertrauen einflössend, er werde immer bei ihr bleiben; auch wenn die ganze Welt zugrunde ginge, könnte ihn nichts von ihr trennen. Seine Stimme klang ihr so selbstsicher und zuverlässig, dass sie sich in seiner Nähe und in seinen Armen glücklich fühlte.

Weder der Bäcker noch der Briefträger besassen die von ihr so sehr begehrten Eigenschaften dessen, an den sie ihr Herz verloren hatte.

*

Nachdem der junge Bäcker bei Lucy all seine starken Karten erfolglos ausgespielt hatte, beschloss er, seinem Leben eine neue Richtung zu geben. Es ergab sich, dass er eine junge Frau fand, die schon seit einiger Zeit bei einem anderen Bäcker als Aushilfe gearbeitet hatte und die sich nichts so sehnlich wünschte, wie ihre eigene Bäckerei zu haben. Die reizvollen Grübchen in den Wangen hatte sie nicht, aber ihr Herz war noch nicht vergeben, und so verstand sie die geheime Sprache, als der junge Bäcker ihr feine Brötchen schenkte.

Seine Nachbarin mit den Wangengrübchen wollte er nicht mehr persönlich bedienen, und fortan behandelte man Lucy wie alle anderen Kunden. Sie erhielt keine geschenkten Brötchen und Kuchen mehr, was sie zweifelsohne etwas betrübte, denn Verwöhntheit ist die schönere Zwillingsschwester der Gewohnheit, und diese ist schon eine Macht, der man sich nicht leicht entziehen kann. Lucy war ihr jedoch nicht so weit erlegen, dass sie deswegen ihrem heimlichen Geliebten irgendwelche Vorwürfe hätte machen können. Sie wusste, dass jemand mit den Eigenschaften, die jenen schmückten, den sie liebte, nicht einfach so auftauchen, aus heiterem Himmel fallen konnte, sondern dass man auf einen solchen warten musste, ewig, falls nötig.

Der Briefträger seinerseits überlegte sich jeden Tag, wie er der jungen Dame, die er nur von weitem gesehen hatte, begegnen und mit ihr ins Gespräch kommen könnte.

Alles, was er wusste, hatte er im Kopf durchgespielt, aber alles erschien ihm unbeholfen.

*

Endlich kam ihm ein rettender Gedanke in den Sinn. Er kannte einen Herrn, für den er fast täglich Post hatte, der ihn immer sehr freundlich begrüsste, und zwar auf eine besondere Art und Weise. Dabei wählte er immer Wörter, die sonst niemand gebrauchte. Manchmal zitierte er irgendetwas aus irgendeinem Buch, und vieles, was er sagte, reimte sich, klang jedoch für das Ohr des Briefträgers recht seltsam, eigentlich unverständlich. Er hatte aber den Eindruck, dass der Herr irgendwie anders war als alle anderen Leute, die er kannte. Er beschloss, ihn um Rat zu bitten, sobald er für ihn etwas mehr Post haben sollte. Es vergingen nur einige Tage, da hatte er plötzlich mehrere Briefe für den Herrn. Jener freute sich über die eingetroffene Post sehr, denn ein Brief schien für ihn von grosser Bedeutung zu sein. Er bat den Briefträger einzutreten und bot ihm ein Glas Wein an, was dieser mit Begeisterung annahm und gleich die Gelegenheit nutzte, dem Herrn sein Anliegen mitzuteilen. Er verstehe seine heikle Lage gut, sagte ihm der Herr, nachdem er ihm einige Fragen im Zusammenhang mit der jungen Dame gestellt hatte. Viel lasse sich da nicht machen, sagte er dem Briefträger. Er, der Briefträger, müsse etwas Geduld haben, bis es für die junge Dame einmal Post gebe. Das werde ihm dann eine gute Gelegenheit bieten, mit ihr zu sprechen. Der Rat des alten Herrn war zwar freundlich, aber für den Briefträger war er ernüchternd, denn auch ohne einen fremden Ratschlag wusste er, dass ein einziger Brief für die junge Dame so vieles erleichtern würde.

Er, der Briefträger, müsse sich gut überlegen, was er tue, sagte ihm der alte Herr und machte ihn ausdrücklich darauf aufmerksam, dass er, der Briefträger, dadurch in eine neue, bedeutende Geschichte eintrete und sich deswegen bemühen müsse, seine Rolle in der Geschichte gut zu spielen, wenn er darin bestehen wolle. Der Briefträger verstand nicht, was jener sagen wollte, aber irgendwie hatte er den Eindruck, dass er persönlich in den Augen des Herrn unerwartet sehr wichtig geworden war. Ob er ihm eine Rolle in einem Film oder in einem Theaterstück anzubieten gedenke, fragte er den Herrn, denn auf dem Schreibpult des Herrn lagen unzählige Briefe, beschriftete Blätter und Zeitschriften, die eindeutig mit Film und Theater zu tun hatten. Auch alle Wände waren voll von Büchern, Tausende von Büchern waren es. Er dachte, der Herr müsse jemand sein, der Filme mache oder Theaterstücke schreibe.

So sei es nicht, sagte der Herr, das sei nicht nötig, denn bis jetzt habe er, der Briefträger, bereits in einem Film gespielt, das machten alle ihr ganzes Leben lang. Er wolle ihn in eine richtige Geschichte einführen, die nicht wie der Film draussen gespielt werde, sondern die im Innersten des Menschen geschehe, dort, wo bestimmt werde, was draussen gespielt werden müsse. Er schreibe gerade jetzt eine Geschichte, in der er ihm eine wichtige Rolle zuzuteilen gedenke.

Dem Briefträger schwindelte ein wenig. Er verstand nicht, was der Herr redete. Der Wein war ihm zu stark, und der Film und die Geschichte liessen sich in seinem Kopf nicht voneinander trennen. Es war ihm nicht klar, was der Herr damit meinte, dass er ihn in eine Geschichte einzuführen gedenke.

Er bedankte sich, stand auf und ging nach Hause, denn sein Arbeitstag war beendet.

Zwei Tage später hatte er wiederum einige Briefe für den Herrn. Dieser bat ihn zu sich in die Wohnung und bot ihm wiederum ein Glas Wein an. Der Wein schmeckte ihm auch dieses Mal ausgezeichnet, und auch dieses Mal fühlte er sich bereits nach dem ersten Schluck etwas benommen.

„Sie müssen einfach Geduld haben, bis die junge Dame einen Brief erhalte, das sieht die Geschichte vor. Wer nicht Geduld hat, darf nichts beanspruchen. Dann hätten Sie etwas in der Hand. Ihre Aufgabe wäre dann, dafür zu sorgen, dass Sie ihr den Brief persönlich zustellen. Das ist alles. Der Inhalt des Briefes geht Sie persönlich nichts an. Bei wichtigen Angelegenheiten genügt schon der kleinste Fehler, seien Sie dessen stets eingedenk. Bändigen Sie daher Ihre Neugierde und vergessen Sie ja nicht, dass der Brief für die junge Dame Sie persönlich nichts angehen darf. Sollte sie anbeissen, würde es bedeuten, dass sie die richtige Frau für Sie ist. Sollte sie nicht anbeissen, dann wäre sie keine geeignete Frau für Sie, dann müssten Sie eine andere suchen."

Der Briefträger verstand nur teilweise, was der alte Herr ihm gesagt hatte. Seine Benommenheit war nun ziemlich stark, und er war froh, dass er mit der Arbeit fertig war und gleich nach Hause gehen konnte, um auszuruhen.

Er bedankte sich bei dem Herrn, stand auf und ging etwas unsicheren Schrittes weg. Für den Heimweg brauchte er viel mehr Zeit als üblich.

Zu Hause angekommen, legte er sich gleich hin und schlief ein. Es war schon Mitternacht, als er aufwachte. Er fühlte sich frisch und ausgeruht, spürte von der Benommenheit kaum noch etwas.

Nun war er unterwiesen, denn er hatte eine Lösung für den Fall, dass die junge Dame ihn lieb gewinne sowie für den Fall, dass es dazu nicht komme. So mindestens hatte er die Worte des Herrn verstanden. Sein Plan hatte also doch Aussichten verwirklicht zu werden. Sollte es dazu kommen, hätte er, was er wollte, und mehr wollen, als er wollte, konnte er wohl nicht wollen.

Sollte er abgelehnt werden, dann blieben ihm all jene Unannehmlichkeiten erspart, die eine unglückliche Ehe unfehlbar mit sich bringen musste.

Trotzdem störte ihn etwas an der Unterweisung des hilfsbereiten Herrn. Warum hatte er ihn davor gewarnt, neugierig zu sein? Wieso ging ihn der Inhalt des Briefes nichts an? Er persönlich wollte doch etwas erreichen, und daher konnte der Inhalt des Briefes für ihn von grösster Bedeutung sein.

„Den Brief, den es einmal für sie geben sollte, muss ich unbedingt öffnen und sehen, was drin geschrieben steht", dachte er.

An den Tagen danach musste der Briefträger wegen starker Erkältung das Bett hüten und konnte seine Arbeit nicht verrichten. Als er wiederum seine übliche Arbeit aufnahm, merkte er, dass der Name des alten Herrn verschwunden war und dass dort nun ein anderer Name stand. Er erkundigte sich vorsichtig bei den Nachbarn, warum der Name des alten Herrn dort nicht mehr stand, und erfuhr, dass der alte Herr plötzlich an einem Herzversagen gestorben sei.

*

Der Briefträger trug regelmässig die Post aus, traf sich abends regelmässig mit seinen Freunden im Männerverein, trank dort sein Bier, und so vergingen seine Tage einer nach dem anderen. Aus Tagen wurden Wochen, aus Wochen Monate, aus Monaten Jahre. Schon lange hatte er jegliche Hoffnung aufgegeben, dass die junge Dame einen Brief erhalten werde.

Aber eines Tages geschah in der Tat das Unerwartete – es gab einen Brief für die junge Dame mit den reizenden Wangengrübchen, die er natürlich noch nie gesehen hatte, denn er hatte ihr Gesicht noch nie aus der nächsten Nähe zu sehen bekommen. Aus Angst, er könnte ihn irgendwie verlieren, versorgte er den Brief gleich in ein abschliessbares Fach in seiner grossen Ledermappe.

Nachdem er die Post ausgetragen hatte, kehrte er nach Hause zurück. Müde war er nicht, aber er brauchte etwas Ruhe. Er nahm den Brief aus der Mappe, legte sich auf das Bett und schaute sich den Umschlag genau an. Der Absender auf der Rückseite fehlte. Die längliche Form, das feine Papier und das zarte Türkis verliehen dem Umschlag etwas Nobles. Die Adresse war mit sauberer, jedoch eigenartiger Handschrift geschrieben, die man kaum hätte nachahmen können. Mit einem kleinen Taschenmesser, das er immer bei sich hatte, öffnete er den Brief, der nicht an ihn adressiert war, tat, was er nicht tun durfte und wovor er ausdrücklich gewarnt worden war. Auf dem Blatt aus feinstem Papier und von gleicher Farbe wie der Briefumschlag war ganz zuoberst in der Mitte ein Wasserzeichen in Form einer Lilie zu sehen. Der Text war mit schwarzer Tinte und mit gleicher geschwungener Schrift wie die Adresse am Briefumschlag geschrieben.

Er stand schnell auf, ging zur Wohnungstür und drehte den Schlüssel im Schloss, dann legte er sich wieder auf das Bett und las.

*

„Verehrte Unbekannte

Dies ist mein erster Brief an Dich. Ich sage Dir Du, weil Du mir so nah bist, dass ich immer Deine Nähe spüre.

Zwar habe ich noch nie das Glück gehabt, unmittelbar von Dir ein einziges klares Wort zu hören, geschweige denn mit Dir zu sprechen. Alles, was ich über Dich weiss, stammt von denen, die mich über Dich unterrichtet haben. Somit durfte ich nur von weitem, wie im Nebel, nur gelegentlich die Andeutung Deines reizvollen Wesens wahrnehmen, nur aus der Ferne Deinen anmutigen Gang bewundern, der eine jede Erscheinung adelt, einer jeden ihr Recht schenkt. Nur eines wünsche ich mir: Dich unverhüllt begrüssen zu dürfen und von Dir begrüsst zu werden.

Und doch kenne ich Dich. Ja, ich kenne Dich genau, denn Du stehst im Zentrum all meiner Träume, sowohl wenn ich schlafe als auch wenn ich wach bin. Du bist also meine ständige Begleiterin. Ich wünsche mir sehnlichst, ewig mit Dir zu sein, Deine zierliche kleine Hand zu halten, die so viel Reizvolles gestaltet, und Dir viel Schönes zu erzählen, eigentlich genau das, was Du mir immer schenkst. Ich möchte Dich dadurch so glücklich machen, dass Du mich in Dein Glück einschliesst und mir erlaubst, mit Dir Eins zu werden. Jetzt schreibe ich gerade eine Erzählung, in der von Dir die Rede ist. Eigentlich ist die Erzählung Dir gewidmet, aber nicht nur sie, vielmehr ist es jede Zeile, die ich schreibe, denn all meine Gedanken kreisen um Dein wunderbares Wesen. Ach wie unendlich glücklich wäre ich, wenn das Netz aus meinen Gedanken in Dir dasselbe auslösen würde, was ich empfinde, und Dich so umgarnen könnte, dass Du Dich drin wohl fühlst und dass in Dir der Wunsch aufkomme, den Verfasser dieser Zeilen mit Deinem Wesen zu beschenken, auf dass er Dich noch mehr liebe und lobe, so hoch und so gut, dass dank seinem Lob und seiner Liebe auch andere Herzen den Weg zu dir finden. Dadurch wäre der Verfasser dieser Zeilen in jedem von denen, die den Weg zu dir finden, von neuem geboren.

Es ist dieser Wunsch, der jede Stunde meines Lebens füllt und mir die Kraft verleiht, die Unzulänglichkeiten des Alltags nicht zu beachten.

Von der Hoffnung getragen, Dir mit Freude zu begegnen und mich mit Dir zu vereinigen, wenn die Stunde kommt, verbleibe ich in Staunen und Verehrung
auf immer
einzig und allein
Der Deinige.“

*

Zwar war er nicht der Verfasser des Briefes, aber nun hatte er den Text gelesen, hatte sich selbst – allerdings unerlaubt – in den Inhalt des Briefes eingeweiht, und eine Art Stolz stieg in ihm auf, ob der Tatsache, dass es ihm gelungen war, sich zwischen den unbekannten Verfasser des Textes und den, für den der Text bestimmt war, zu schieben. Er hatte den Brief als erster gelesen. Den Text des Briefes fand er persönlich zwar ohne Zusammenhang und unverständlich, aber für ihn war es lediglich wichtig, der jungen Dame etwas geben zu können, dadurch die Gelegenheit zu erhalten, mit ihr zu sprechen. Daher entstand in ihm das Gefühl, er habe sich nicht bloss auch an der Gestaltung des Textes mitbeteiligt, sondern vielmehr er sei der eigentliche Autor des Briefes. Der Rat des alten Herrn, geduldig auf einen Brief für die junge Dame zu warten, erschien ihm wertlos, denn das wusste er auch ohne fremde Ratschläge.

Das lange Zaudern und Zögern war vorbei, der Anfang war gemacht worden, und er war mit dem Erreichten zufrieden. Er nahm ein sauberes Blatt und schrieb den Inhalt des Briefes genau ab. Dann verglich er die Abschrift mit dem Original, um sicher zu sein, dass er nichts übersehen und nichts falsch abgeschrieben hatte.

„Der Brief ist unverständlich und ohne Zusammenhang", dachte er. „Daher ist es einerlei, wie man die Sätze ordnet. Ich kann immer wieder den Brief mit demselben Inhalt schicken, dabei bloss die Reihenfolge der Sätze ändern."

Wahrscheinlich weil er sich selbst bereits für den Autor des Briefes hielt, hatte er schon die ganze Reihe von Briefen – alle schon mit der laufenden Ordnungszahl versehen – im Kopf und merkte nicht, dass er beim Abschreiben geschrieben hatte: „Dies ist mein zweiter Brief an Dich."

Den Brief des unbekannten Absenders las er dann noch einmal und legte ihn dann in ein Kästchen, in dem er all seine persönlichen Papiere aufbewahrte.

Am nächsten Tag ging er in ein Papiergeschäft und besorgte Briefumschläge und Schreibpapier. So feine und edle wie jene, die der unbekannte Verfasser des Briefes benutzte, konnte er nicht finden.

Er liess einige Tage verstreichen, um sich genau zu überlegen, was er machen sollte. Eines wusste er bestimmt – den Brief des unbekannten Verfassers, wollte er für sich behalten. Der jungen Dame wollte er seine Abschrift schicken.

Genau eine Woche später hatte er für die junge Dame jenen Brief, den er selbst abgeschickt hatte. Er beschloss, ihr den Brief nicht an demselben Tag zuzustellen, sondern am Tag danach. Dann wollte er seine besten Kleider anlegen und sich genau überlegen, was er ihr sagen sollte, denn das war die erste Gelegenheit, mit ihr zu sprechen, und es hing alles davon ab, wie ihr erster Eindruck von ihm sein sollte.

Er ging nach Hause und wollte gut ausschlafen, damit er am nächsten Tag frisch aussehe. Der Schlaf wollte aber nicht gleich kommen. Erst nach Mitternacht schlief er ein, und zwar nicht lange, denn gleich träumte er, dass ihm seine Dame, die er unbedingt als Dienerin haben wollte, mit dem Zeigefinger drohte und mit leiser, aber entschiedener Stimme sagte, sie wisse genau, was er getan habe und was er noch zu tun beabsichtige. Er wachte schweissgebadet auf und konnte nicht mehr einschlafen. Am Morgen nahm er sich ein Herz und wiederholte laut einige Male das Sprichwort „Träume sind Schäume", er dürfe die gute Gelegenheit nicht verpassen. Nach dem Frühstück ging er zum Postamt, die Post zu holen, und gleich darauf begann er die Briefe auszutragen. Den Brief für die junge Dame wollte er ganz zum Schluss zustellen.

Er wusste zwar nicht mit Sicherheit, wie sie hiess, aber für alle Hausbewohner des Hauses, in dem sie wohnte, hatte er bereits Post gehabt, nur für einen Namen nicht. Diesen Namen hatte er auf den Umschlag geschrieben und läutete dort, wo der Name stand. Sie erschien.

Als er ihr den Brief überreichte, wirkte sie etwas überrascht, fast misstrauisch, denn im wachen Zustand erwartete sie von niemandem einen Brief. Der Absender stand nicht darauf.

Sie nahm den Brief fast zögernd entgegen, ihre Hand zitterte ein wenig. Sie bedankte sich beim Briefträger, schloss die Haustür und verschwand, bevor er überhaupt etwas sagen konnte. Sie hatte nicht gelächelt, und so blieb es ihm verwehrt, ihre Wangengrübchen zu sehen.

Er blieb noch einen Augenblick vor der Tür stehen, völlig verwirrt, denn die Begegnung hatte er sich ganz anders vorgestellt.

*

Lucy war aufgeregt. Während sie die Treppe hinaufging, drehte sie den Brief in den Händen, als suchte sie nach irgendeinem Zeichen, das ihr verraten könnte, von wem der Brief komme. Es liess sich jedoch nichts finden. Ausser der säuberlich, jedoch etwas unbeholfen geschriebenen Adresse des Empfängers war nichts zu sehen. Der Umschlag war aus üblichem Papier.

In ihrer Wohnung angekommen, schloss sie die Wohnungstür ab, setzte sich behaglich auf das Sofa am Fenster und schaute sich den Briefumschlag noch einmal genau an. Der verriet aber nichts. Noch einmal spielte sie im Kopf alle Möglichkeiten durch, aber niemand von denen, die sie kannte, konnte der Absender sein, niemand hatte einen Grund, ihr zu schreiben.

Seltsamerweise war es gerade die grosse Neugierde, die es ihr nicht gestattete, den Brief gleich zu öffnen. Sie legte den Brief auf den kleinen runden Tisch vor dem Sofa. In der Mitte des Tisches lag er nun, neben einer zierlichen türkisfarbigen Blumenvase, die im Zentrum eines gehäkelten sternförmigen Untersatzes aus phantasievoll angeordneten Spitzen stand.

Sie beschloss, sich noch einen Lindenblütentee zu machen und sich dabei noch einmal alles genau zu überlegen, bevor sie den Brief öffne.

Bald sass sie schon wieder auf dem Sofa, der Tee in der grossen weissen Tasse duftete angenehm. Sie wusste immer noch nicht, wer der Absender des Briefes hätte sein können.

Zuerst wollte sie den Brief aufreissen, aber dann überlegte sie es sich anders. Sie holte den hölzernen Brieföffner, den sie im kleinen Nachtkasten neben ihrem Bett aufbewahrte und den sie vorher noch nie gebraucht hatte.

Behutsam schlitzte sie den Briefumschlag auf, bemühte sich dabei, dass die Schlitzränder sauber bleiben.

Sie legte den Brieföffner auf den Tisch und entnahm dem Umschlag das zusammengefaltete Papierblatt. Dann streckte sie sich behaglich auf das Sofa und las, zuerst nur flüchtig, dann ganz langsam, dann noch einmal. Auf der Rückseite des Blattes stand nichts, der Name und die Adresse des Absenders fehlten.

Jetzt wusste sie, dass es ihn gab, ihren Traumprinzen, denn es stand nun schwarz auf weiss, dass er nicht bloss in ihrer Phantasie lebte, aber wer er war, wusste sie jetzt nicht mehr als vorher. Sie las den Brief noch einmal, und auch diesmal entdeckte sie nichts, was die Existenz ihres Erträumten hätte in Frage stellen können. Bei der zweiten Lesung fiel ihr jedoch etwas auf, was sie beunruhigte. Die erste Zeile des Briefes lautete: „Dies ist mein zweiter Brief an Dich." Der erste Brief wurde ihr also nicht zugestellt. War der Absender zerstreut, hatte er einen Fehler gemacht? Das war möglich, und doch war sie mit der Erklärung nicht zufrieden. Sollte der Unbekannte Absender wieder einmal schreiben, könnte es sich zeigen, ob er einen Fehler gemacht hatte oder ob etwas anderes vorlag.

Sie las den Brief noch einmal langsam durch, faltete das Blatt wieder sorgfältig zusammen, steckte es in den Umschlag und legte den Brief in die obere Etage der grossen doppelstöckigen Reisetasche mit dem ovalen Boden, in der sie die ihr besonders lieben kleinen Gegenstände aufbewahrte.

In der folgenden Nacht träumte sie von ihrem Prinzen wieder. Er hielt ihre Hand und erzählte ihr betörend Schönes. Zum Schluss sagte er ihr, sie müssten sich noch beide gedulden, denn die Zeit, die sie von ihrem gemeinsamen Glück trenne, berge noch viele Hindernisse.

Eine Woche später läutete der Briefträger wieder. Wieder hatte er für sie einen Brief. Es war der gleiche Umschlag wie bei dem ersten Brief, und die Adresse war von der gleichen Hand geschrieben.

Sie nahm den Brief, dankte dem Briefträger mit einfachsten Worten, schenkte ihm einen freundlichen, jedoch flüchtigen Blick, schloss die Haustür und verschwand. Dass sie aufgeregt war, konnte er nicht übersehen, denn sie war etwas blass, und ihre Stimme war leise.

Auch den zweiten Brief ihres unbekannten Traumprinzen las sie mit gleicher Hingabe mehrere Male, und auch dieser gefiel ihr wie der erste. Jede Zeile, jedes Wort darin bestätigte, dass ihr Traumprinz sie in sein Herz geschlossen hatte, dass sie ihm alles bedeutete. Dass er ihr alles bedeutete, dass es für sie nur ihn gab, wusste sie schon seit langem. Jetzt war sie der Traum ihres Erträumten. Sie durfte jenes geniessen, was nur wenigen vorbehalten ist – das vollkommene Glück, und sie tat es auch, sie schwebte in ihren Träumen, umarmte in ihren Gedanken die ganze Welt. Jetzt wusste sie, dass es sich gelohnt hatte, geduldig auf jenen zu warten, den sie haben wollte und den die Fügung für sie bestimmt hatte.

Die erste Zeile lautete dieses Mal: „Dies ist mein dritter Brief an Dich." Die Reinheit der Handschrift, die vollkommene Über-einstimmung der gleichen Buchstaben miteinander, die gleiche Grösse der entsprechenden Buchstaben und jede andere Ein-zelheit zeugten davon, dass der Verfasser jemand sein musste, der sehr sorgfältig arbeitete. Jetzt war sie noch mehr überzeugt, dass der erste Brief ihr nicht zugestellt worden war. Sie wollte aber nicht mehr daran denken, denn hie und da musste es auch vorkommen, dass ein Brief verloren gehe, da doch so viele Briefe jeden Tag geschickt wurden.

Es war ausser Zweifel, dass ihr Prinz es ernst meinte, denn eine Woche danach gab ihr der Briefträger wieder einen Brief. Es war der gleiche Briefumschlag, und ihre Adresse war mit der gleichen Schrift geschrieben. Dieses Mal lautete die erste Zeile: „Dies ist mein vierter Brief an Dich."

Auch diesmal hüpfte sie die Treppe hinunter, als der Briefträger läutete, und war nicht weniger aufgeregt als vorher. Der Briefträger hatte den Eindruck, dass sie glücklicher war als bei dem Erhalt des ersten Briefes, irgendwie gelassener und zufriedener. Offensichtlich hatte sie nun etwas, was ihr früher gefehlt hatte. Diesmal bedankte sie sich beim Briefträger nicht bloss mit einem üblichen „vielen Dank", sondern sprach ihren Dank so aus, dass man in ihren Worten ihr Glück nicht überhören konnte.

Aber auch diesmal brachte es der Briefträger nicht fertig, ihr etwas zu sagen, denn unterbrechen konnte er sie nicht, und sie verschwand gleich, nachdem sie sich freundlich bedankt hatte.

In ihrer Wohnung, auf ihrem Sofa bequem sitzend, las sie auch diesen – für sie dritten – Brief, von jenem, der ihr alles bedeutete, und ein jedes Wort darin bestätigte ihr, wovon sie schon immer geträumt hatte, dass sie für jemanden, der ihr alles bedeutete, alles war. Dass dem so war, hatte sie keinen Grund zu zweifeln, denn auch dieser Brief war ganz und gar im gleichen Ton geschrieben wie die beiden vorherigen, und der Inhalt war gleich.

Nachdem sie auch diesen Brief mehrere Male gelesen und schliesslich den beiden früheren beigelegt hatte, nahm sie sich ihrer Häkelarbeit an, die sie noch an dem Tag beenden musste. Die Dame, die bei ihr etwas bestellt hatte, hatte sie in der Bäckerei getroffen und ihr mitgeteilt, dass sie die Arbeit dringend benötigte, sie würde noch am selben Tag vorbeikommen und die Arbeit abholen.

Sie kam schnell voran, denn die Arbeit machte ihr jetzt noch mehr Freude als sonst, und sie spürte keine Ermüdung.

*

„Sie sehen prächtig aus", bemerkte die Dame, als sie zu Lucy kam, das kunstvoll angefertigte Stück abzuholen. Lucy war glücklich, denn die ungezwungene Bemerkung ihrer Kundin bestärkte noch mehr ihr Gefühl – sie sei der Inhalt der Träume dessen, von dem sie Tag und Nacht träumte. Mehr als das konnte sie sich kaum wünschen, und sie wünschte sich auch nichts mehr. Jede Arbeit, die sie anpackte, geriet gut, sie putzte die Wohnung mit Freude noch zusätzlich, obwohl schon alles tadellos sauber und in vollkommener Ordnung war. Sie achtete nun noch mehr auf ihre Erscheinung und widmete sich noch mehr der Pflege ihres Körpers, denn sie wollte nur eines – jenem immer gefallen, an den sie immer dachte. Sie schaffte sich einige Kochbücher an und versuchte, aussergewöhnliche Gerichte zuzubereiten. Wenn ihr etwas nicht beim ersten Versuch gelang, wiederholte sie es so lange, bis es schliesslich herrlich schmeckte, und genoss es dann in Gedanken zusammen mit ihrem Traumprinzen.

***

Die Zeit verging schnell, und bald waren es Jahre her, dass sie von ihrem Erträumten den ersten Brief erhalten hatte. Nach seinem vierten Brief hatte er sie um Nachsicht gebeten, er werde ihr fortan nur einmal alle zwei Wochen schreiben können, da er so viele Verpflichtungen habe und es zeitlich einfach nicht schaffe. Sie zweifelte nicht daran, dass er viele Verpflichtungen haben musste und freute sich fortan auf jeden seiner Briefe nicht weniger als vorher. Jedes Mal war jede Zeile in seinen Briefen gleich überzeugend, liess keinen Zweifel aufkommen, dass er nur an sie dachte. Dafür, dass sie und ihr Erträumter noch etwas Geduld haben mussten, hatte sie Verständnis, denn so vieles musste zuerst erledigt und in Ordnung gebracht werden, bevor man das Glück zu zweit wirklich ungestört geniessen konnte. Dessen war sie sich bewusst, und es fiel ihr nicht schwer, alles zu tun und zu warten, denn ihre Liebe für ihren Traumprinzen wurde unterstützt von der Gewissheit, dass sie ihm gleich viel bedeutete wie er ihr.

Von nun an läutete der Briefträger jeden zweiten Montag bei ihr, überbrachte ihr den ersehnten Brief, und jedes Mal las sie die zierlich geschriebenen Zeilen mit gleicher Freude, obwohl sie den Inhalt der Briefe ihres Erträumten bereits auswendig konnte. Eigentlich hätte sie die Briefe nicht mehr lesen müssen, und doch wirkte ein jedes Blatt von dem, der ihr Herz erobert hatte, überraschend, erfrischend, neu.

Der Briefträger war jener, der dafür sorgte, dass die Briefe von ihrem Traumprinzen sie überhaupt erreichten, und sie war sich dessen bewusst, welch wichtige Rolle er in ihrem Leben spielte, indem er sie mit dem Ziel all ihrer Freuden und all ihrer Träume treu und regelmässig verband.

Das hatte sie schon früh begriffen und hatte beschlossen, ihn zu einem feinen Mittagessen einzuladen und ihm für alles zu danken, was er für sie tat. Dass er das als Teil seiner üblichen Verpflichtung tat, schmälerte nicht den Wert seines Verdienstes.

Der Briefträger liess sich nicht zweimal bitten und tat sich gütlich an dem köstlich zubereiteten Gericht, lobte ihr Können, die tadellose Sauberkeit und Ordnung und bemerkte, dass bei ihr alles wohl auf jenen warten müsse, der zu ihr passe.

Lucy war überglücklich, denn auch der Briefträger selbst hatte offensichtlich gemerkt, dass sie glücklich verliebt war.

Jeden zweiten Montag genoss er von nun an ein feines Mittagessen, und jedes Mal lobte er das gute Essen, die tadellose Sauberkeit der Wohnung und die Ordnung. Gleich nach dem Essen nahm er seine grosse Ledertasche und ging weg.

Somit erhielt er wenigstens alle zwei Wochen einmal, was er sich jeden Tag wünschte. Für die Sauberkeit seiner Kleider brauchte sich der Briefträger mehr keine Sorge zu machen. Lucy sorgte auch dafür. Alles, was er nun trug, war sauber, gebügelt, und es fehlte nirgends ein Knopf.

So unterstützten sich Lucy und der Briefträger gegenseitig, er erfreute ihr Herz, sorgte dafür, dass sie immer auf etwas warten konnte, unterhielt die Flamme ihrer Lebensfreude, denn Lucy konnte damit rechnen, dass er jeden zweiten Montag unfehlbar von ihrem Traumprinzen ein edles Blatt bringen würde, auf dem die Gefühle ihres Geliebten in zärtlichsten Worten ausgedrückt waren, und die ihr, nur ihr allein galten. Was konnte ihr noch mehr bedeuten als das? Verglichen damit war alles, was sie für den Briefträger tat, gering. Zwar war es seine Pflicht, ihr jeden Brief zuzustellen, aber er hätte es trotzdem nicht tun müssen, hätte die Briefe aus Eifersucht auch vernichten oder einfach wegwerfen können. Dass solches immer wieder geschah, wusste sie. Dass er es aber nicht tat, sondern ihr regelmässig die Briefe überreichte und dadurch grosse Freude bereitete, rechnete sie ihm hoch an. Sie zweifelte nämlich nicht daran, dass der Briefträger den unbekannten Absender der Briefe, die er ihr regelmässig zustellte, für jemanden halten musste, der in sie und in den sie verliebt war.

Der Zustand seiner Kleider, bevor sie begonnen hatte, sie zu pflegen, verriet ihr, dass er keine Frau hatte, die sich um ihn kümmerte. Einen Grund, auf sie eifersüchtig und ihrem Geliebten neidisch zu sein, hatte er bestimmt, dachte sie, aber trotzdem überbrachte er unfehlbar jeden Brief. Seine Treue und seine Zuverlässigkeit bewirkten es, dass er mit der Zeit zu Lucys Vertrauten wurde, obwohl sie ihm nie ein Wort von dem Inhalt all der vielen Briefe oder sonst von ihren Gefühlen gesagt hatte.

*

Als Lucy fünfundzwanzig wurde, kam der Briefträger wie üblich mit einem Brief und blieb zu Mittagessen. Er wirkte etwas betrübt und erzählte ihr, er müsse seine Wohnung verlassen, denn das ganze Gebäude werde abgerissen, und eine andere Wohnung habe er noch nicht gefunden. Sie bot ihm an, zu ihr zu ziehen und bei ihr zu wohnen, bis er etwas finde. Er dankte ihr für ihre Freundlichkeit, und einen Tag später war er bereits bei Lucy.

Weder für Lucy noch für den Briefträger bedeutete das eine grosse Umstellung. Lucy hatte das kleinere Zimmer geleert, in dem sie vorher bloss einige Sachen gehalten hatte, die sie nur selten oder nie benutzte, und nun schlief der Briefträger dort. Sie schlief in ihrem Zimmer. Morgens stand er sehr früh auf, kleidete sich leise, steckte die belegten Brote, die ihm Lucy jeweils abends zubereitete, in seine Ledertasche und ging zur Arbeit. Er tat alles sehr leise, so dass sie ihn nie hörte. Abends kam er meistens spät nach Hause und nahm kein Abendessen. Nur zu Mittagszeit, während des Mittagessens sahen sie sich, und dann schwieg er, so dass sie seine Anwesenheit kaum spürte. Er brachte die Liebesbriefe von ihrem Traumprinzen regelmässig, und für sie war die Welt gut. Sie kochte und putzte, wusch und pflegte die Kleider des Briefträgers aus Dankbarkeit, dass er sie so treu und unfehlbar mit Liebesbriefen erfreute, und so war die Welt auch für ihn gut. Seitdem der Briefträger bei ihr wohnte, erhielt sie die Briefe von ihrem Traumprinzen nur einmal monatlich. Er hatte sich noch einmal entschuldigen müssen, denn seine Verpflichtungen hätten nochmals zugenommen und liessen es ihm nicht zu, ihr häufiger zu schreiben. Lucy musste nun etwas länger auf die ersehnten Briefe warten, aber das beunruhigte sie nicht, denn jede Zeile war wie zu Beginn voller Hingabe und Zärtlichkeit.

Es vergingen weitere Monate und Jahre, die vorläufige Unterkunft für den Briefträger wurde zur Dauerwohnstätte, die Gewohnheit bewirkte das Übliche. Die beiden hatten ausser den Briefen, die er ihr regelmässig überbrachte, nichts, was sie hätte verbinden können. Sie genügten aber, machten die beiden aufeinander angewiesen. Er fragte sie nie nach dem Absender, und das schätzte sie an ihm. Sie fragte ihn weder nach seinem Verein noch, wo er seine ganze Zeit verbringe, und das schätzte er an ihr.

Diese glückliche Ergänzung war mehr als genügend für eine solide Ehe. Sie beide wurden sich dessen bewusst und beschlossen, ihr Leben unter einem Dach auch amtlich zu bestätigen. Sie gingen auf das Standesamt und liessen sich in die Bücher der Verheirateten eintragen. Lucy war dreissig und der Briefträger vierzig Jahre alt, als ihr Schiff in den ehelichen Hafen einlief und anlegte. Das Wasser im Hafen war so ruhig und unbeweglich, dass sie ihr Schiff nicht anzubinden brauchten. Das war auch nicht möglich, denn eine Mole gab es nicht.

*

Seit der Zeit waren schon Jahrzehnte verstrichen, und es war schon vieles geschehen. In der Umgebung hatte sich vieles geändert, aber im Leben von Lucy und ihrem Ehemann war alles beim Alten geblieben.

Nun war der Briefträger bereits seit Jahren im Ruhestand, und der neue Briefträger läutete nicht mehr und überreichte die Briefe dem Empfänger nicht mehr persönlich, sondern steckte sie in den Briefkasten. Aber das änderte nichts an dem üblichen Rhythmus, denn Lucy erhielt die Briefe von ihrem Traumprinzen regelmässig wie früher. An den ehemaligen Briefträger, ihren Ehemann, hatte sie sich so sehr gewöhnt, dass er einfach zu ihrem Leben gehörte. Ausserdem brachte er sein Pensionsgeld regelmässig nach Hause, und Lucy konnte darüber frei verfügen. Sie schliefen in getrennten Zimmern, störten sich nicht gegenseitig mit Schnarchen, sprachen kaum miteinander, aber sie gehörten trotzdem zusammen.

Auch jetzt kamen die Briefe von ihrem Traumprinzen jeden Monat, und sie hatte keinen Grund daran zu zweifeln, dass er ihr treu war. Das festigte sie in ihrem Beschluss, ihm ewig treu zu bleiben. Sie blieb es auch, und sie war stolz auf sich selbst, dass sie so lange durchgehalten hatte.

Der Bäckerladen ihres einstigen Verehrers gab es nicht mehr. Ob er und seine Frau noch am Leben waren, wusste sie nicht.

Alles hatte sich geändert, die Läden, die Briefträger, die Nachbarn. Nur eines war unverändert geblieben, die Treue ihres Traumprinzen. Er schrieb ihr regelmässig jeden Monat auch jetzt. Seine Schrift war nun zwar etwas zittrig und unsicher, wofür sie auch Verständnis hatte, denn bei so vielen Verpflichtungen musste auch er gelegentlich müde sein, aber der Inhalt all seiner Briefe war noch immer derselbe. Sie hatte also keinen Grund beunruhigt zu sein, und sie war es auch nicht.

*

Auch heute war ihr Ehemann wie immer abends in seinem Verein. Beim Weggehen hat er ihr gesagt, dass er etwas länger bleiben werde als sonst. Etwas länger konnte leicht bedeuten die ganze Nacht, dass wusste sie. Sie machte sich darum keine Sorgen.

Nachdem sie die grosse Reisetasche mit doppeltem ovalem Boden wieder zurück gestellt hatte, ging sie in Jans Zimmer, um seine gebügelten Hemden in seinem Kleiderschrank aufzuhängen. Zuunterst fiel ihr ein Kästchen auf, das sie vorher nie beachtet hatte. Plötzlich wurde sie neugierig. Sie holte es hervor, öffnete es und sah einige Wenige Photos und Ausweise von Jan. Unter den Papieren war auch ein Briefumschlag, der sich wegen seiner Form und Farbe nicht übersehen liess. Sie nahm den Briefumschlag, hielt ihn einen Augenblick in den Händen, ohne sich zu bewegen, ohne zu atmen. Auf dem Umschlag stand ihre Adresse geschrieben. Dann entnahm sie dem Umschlag das zusammengefaltete Blatt. Es war der ihr vertraute Inhalt. Die erste Zeile lautete: „Dies ist mein erster Brief an Dich."

Der Inhalt war derselbe, nur die Schrift war eine ganz andere. Das war aber verständlich, denn ihr Traumprinz hatte damals nicht so viele Verpflichtungen und konnte sich mehr Zeit zum Schreiben nehmen.

„Er war doch eifersüchtig. In seinem Verein suchte er den Trost", flüsterte sie.

Eine Träne kollerte ihr die Wange hinunter.

In dem Augenblick kam es ihr in den Sinn, dass sie unmittelbar vor ihrer Trauung ein Büchlein mit Erzählungen gekauft hatte. Immer wieder wollte sie es lesen, und immer wieder wurde sie durch irgendetwas daran gehindert. Nun verspürte sie plötzlich das Bedürfnis, das Versäumte nachzuholen.

Behutsam stellte sie den ersten Brief von ihrem Traumprinzen in das persönliche Kästchen ihres Lebenspartners.

Dann ging sie in ihr Zimmer, fand im Bücherregal das Büchlein mit Erzählungen und setzte sich bequem auf das Sofa.

Im Inhaltsverzeichnis wählte sie den Titel „Der erfüllte Wunsch", schlug das Büchlein dort auf und begann zu lesen.

***

DER GERECHTE
RICHTER

Seitdem er sein Amt innehatte, war ihm die Gerechtigkeit so heilig, dass er weder auf Stand noch Herkunft, Alter oder Geschlecht Rücksicht nahm, wenn es darum ging, gerechte Urteile zu fällen.

Seine Unbestechlichkeit liebten alle, die davon träumten, sich für das ihnen einst getane Unrecht eines Tages doch noch gebührend rächen zu können.

Jede von ihm verhängte Strafe löste daher bei denen, die sich verletzt und erniedrigt fühlten, Schadenfreude und Genugtuung aus.

Einige hielten ihn sogar für eine Inkarnation des weisen Salomon, und eine Hälfte des ganzen Volkes hätte ihn am liebsten am Jüngsten Tag als Richter eingesetzt, der im Namen der himmlischen Mächte über alle das endgültige Urteil fällen sollte.

*

Als er noch Jurisprudenz studierte, kümmerte er sich wenig um das Studium und verbrachte die meiste Zeit in Bars und auf der Suche nach immer neuen Arten des Vergnügens.

Es ist aber wiederum nicht so, dass er gar kein Buch las. Während seiner ganzen Studienzeit las er sogar zwei sehr berühmte Bücher. Er schätzte sie so sehr, dass er kein Bedürfnis verspürte, noch irgendwelche anderen Bücher zu lesen. In einem der beiden Bücher beichtete der grösste und berühmteste Pater und Philosoph des Christentums offen und aufrichtig seine Sünden und Verfehlungen, die er in seinen jungen Jahren auf sich geladen hatte. In demselben Buch dankte er Gott für die unendliche Gnade, die ihm der Schöpfer hatte angedeihen lassen und die ihm geholfen hatte, seinen sündhaften Lebenswandel wenigstens in seinen späteren Jahren aufzugeben.

Einige Leser verstanden die Beichte des berühmten Mannes als das beste Beispiel dafür, wie der Heilige Geist auf einen schwer sündigen Menschen einzuwirken und was er bei einem solchen Sünder zu bewirken vermag.

Ihm persönlich bot das Buch des heiligen Paters eher die geheime Formel, wie man leben sollte, um sowohl die Freuden des Fleisches uneingeschränkt geniessen zu dürfen als auch die höchste Stufe der geistigen Vollkommenheit zu erreichen und nach dem Ableben als der Heilige höchsten Ranges verehrt zu werden.

*

Mehr als sonst etwas bewirkte bei ihm gerade dieses Buch, dass er immer mit Frauen zu tun hatte, und zwar mit mehr als bloss einer gleichzeitig, und sie alle sorgten dafür, dass er sein Geld leicht loswurde. Das bereitete ihm aber keine Sorgen, denn seine Eltern waren mehr als wohlhabend, und er war das einzige Kind. Daher konnten sie ihm einfach nichts vorenthalten – je mehr er vergeudete, desto mehr Geld stellten sie ihm zur Verfügung.

Das bewirkte, dass sein Studium dreimal länger als jenes eines Durchschnittsstudenten dauerte. Und da er sich selber eher für einen kreativen Typ hielt, verschmähte er die langwierige Schreiberei und bestellte deswegen bei einem tüchtigen Ghostwriter eine anständige Diplomarbeit. So verlief sein Studium der Rechtswissenschaften ohne irgendwelche Anstrengung und völlig reibungslos.

Nicht weniger leicht bestand er auch die erste juristische Staatsprüfung, und die praktische Ausbildung, das Referendariat, bereitete ihm keine Schwierigkeiten, denn dort wurde er von Seinesgleichen betreut, die für seine kreative Seite viel Verständnis hatten.

Sein langjähriges, anspruchsvolles Studium wurde mit einer zweiten juristischen Staatsprüfung gekrönt.

Kaum ein Jahr danach – inzwischen war er bereits vierzigjährig geworden – wurde er als Richter eingesetzt und damit ermächtigt, darüber zu entscheiden, ob jemand für schuldig oder unschuldig befunden, bestraft oder freigesprochen werden sollte.

*

Während seiner Studienzeit hatte er mit zahlreichen Frauen ein Verhältnis, aber keines dauerte lange. Sobald er sie sich gefügig gemacht und von ihnen erhalten hatte, was er von ihnen haben wollte, verliess und vergass er sie, als hätte es sie nie gegeben.

Über die Art seiner Lebensweise machte er sich keine Gedanken. Wozu auch, dachte er, da ihm sein Lieblingsbuch – geschrieben von dem grössten Religionsphilosophen und dazu einem Heiligen – doch gerade ein solches Leben nicht bloss gestattete, sondern sogar empfahl und da der freie Markt sich selbst regeln konnte und regelte und daher alles, was geschah, bloss das Resultat von Angebot und Nachfrage war. Solange ein starkes Angebot an geeigneten Frauen bestand, meinte er, wäre es verkehrt, sie nicht zu gebrauchen, und habe man sie einmal gebraucht, wäre man nicht bloss dumm, sondern auch ungerecht, wenn man ewig bei ein und derselben bliebe und so viele andere verschmähte und als ungebrauchte sich selbst überliesse.

Von jeder Frau erwartete er immer alles sofort, und wenn nicht sofort, dann mindestens nach einer sehr kurzen Zeit.

*

Die Studentinnen hielt er nicht für geeignet, denn sie wechselten oft Partner, und er wollte immer die erste Wahl sein. Auch auf die begüterten Stadtfrauen mittleren Alters, von denen junge Studenten begehrt waren, war er nicht aus, denn er selbst wollte nicht die Beute sein.

Die Rolle des Jägers, der leicht eine Beute findet, und zwar immer eine frische, noch nicht gebrauchte sagte ihm mehr zu. Daher suchte er seine Beute im Revier der Dienstmädchen.

*

Das andere der beiden Bücher, die zu seiner ständigen und einzigen Lektüre zählten, war die Biographie eines anderen berühmten Mannes.

Im Buch war die Rede davon, dass der berühmte Mann mit einer Frau lebte, die weder lesen noch schreiben konnte, die nicht einmal die Namen der Monate kannte, die alles andere als attraktiv war, mit der er jedoch nicht weniger als fünf Kinder zeugte und alle in ein Heim für Findlinge steckte, statt sich selbst um sie zu kümmern.

Derselbe Mann schrieb aber ganze Bücher, wie man die Kinder erziehen sollte und beeinflusste mit seiner Erziehungstheorie die Kindererziehung der Nachwelt stärker als sonst jemand. Auch das beeindruckte ihn sehr.

„Der Mann muss das gesunde Gefühl haben, dass er der Frau, mit der er ein Verhältnis hat, überlegen ist, und zwar in jeglicher Hinsicht – körperlich, intellektuell, materiell – und sie muss völlig von ihm abhängig sein. Ja, erst dann gibt es eine feste, gesunde Beziehung zwischen den beiden. Für diese Einsicht bin ich diesem berühmten Mann dankbar", wiederholte er im Geiste jeden Tag.

Wieso dieser selbe berühmte Mann nie müde war zu behaupten, dass alle Menschen gleich sind und gleiche Rechte haben müssen, fragte er sich nie, denn er war von dessen gesunder Einstellung zu den Frauen so beeindruckt, dass er in dessen Leben und Ansichten keine Widersprüche feststellen konnte.

*

Einmal lernte er eine junge, gesunde und ausserordentlich schöne Frau kennen, ein Dorfmädchen, das bei einer reichen Familie in der Stadt als Aushilfe angestellt war und zugleich auch auf das Kind des Ehepaares aufpasste.

Während das Mädchen einmal mit dem Kind im Stadtpark spazieren ging, erblickte er sie von hinten im Augenblick, als sie sich bückte, um das Spielzeug aufzuheben, das das Kind fallen gelassen hatte, und wusste sofort, dass er sie um jeden Preis haben musste.

Unter dem Vorwand, er suche eine Strasse, verwickelte er sie ins Gespräch, und nach einer Viertelstunde hatten sie schon ein Rendezvous vereinbart. Das Mädchen war überglücklich, jemanden kennen gelernt zu haben, dem sie offensichtlich gefiel und mit dem sie abends würde ausgehen können, denn bei Dunkelheit wagte sie sich nicht allein aus dem Haus.

Es verging kaum ein Monat, und schon hatten sie ein intimes Verhältnis miteinander.

Weil sie ihn körperlich sehr reizte, hielt er es mit ihr länger als zwei Monate aus, was vorher nie der Fall gewesen war.

Dann verliess er sie aber trotz ihres körperlichen Reizes. Der Hauptgrund, dass er es tat, war, dass ihm das angenehme Gefühl der Überlegenheit ihr gegenüber einfach fehlte. Jedes Mal, wenn er sich im Spiegel ansah, musste er im Stillen zähneknirschend zugeben, dass sie eine natürliche Schönheit, er jedoch das reine Gegenteil davon war. Das verursachte bei ihm täglich schlechte Laune.

Noch mehr als das störte ihn jedoch, dass sie während ihrer Gespräche oft Bemerkungen machte, die er nicht verstand, oder dass sie ihm Fragen stellte, die er weder verstehen noch beantworten konnte. Sie war sich dessen vollkommen bewusst, dass sie keine Bildung hatte und dass deswegen ihre Bemerkungen und Fragen sehr einfach waren und unmöglich schwer verständlich sein konnten. Umso mehr musste sie staunen, dass ein Jusstudent so einfache Dinge nicht verstehen konnte beziehungsweise nicht wusste.

*

Nachdem er sie verlassen hatte, sahen sie einander nicht mehr. Er wollte sie nicht suchen, und sie wusste nicht, wo sie ihn hätte suchen können. Zwar wartete sie mehrere Male vor dem

Gebäude der Rechtwissenschaftlichen Fakultät in der Hoffnung, ihn vielleicht doch noch zu sehen. Sie sah Heere von Jusstudenten ein- und ausgehen, aber ihn sah sie nicht. Sie hätte ihn sehr gern gesehen, denn sie brauchte Trost und Halt; sie hatte sich nämlich schon einige Male übergeben müssen, und das Gefühl hatte sie, dass sich in ihrem Bauch etwas bewegte.

***

In den Jahren danach lernte er noch viele andere Frauen kennen und hatte mit ihnen intime Beziehungen von kurzer Dauer. Und selbst während der kurzen Beziehungen hatte er nie nur eine Geliebte. Seine promiskuitive Lebensweise gestaltete er aber sehr geschickt, so dass seine Freundinnen nie voneinander erfuhren.

*

Dann lernte er aber eine Frau kennen, die anders war als alle, die er früher gekannt hatte. Sie war zwar keine Schönheit, hatte jedoch vielmehr Phantasie, wenn es um die Liebesspiele ging. Sie war zwar ungebildet, jedoch kein naives Landei.

Im Stillen hatte er bereits beschlossen, sie als die Dauerpartnerin zu behalten und zur Abwechslung gleichzeitig mit einigen anderen die Beziehung weiterhin zu unterhalten.

„Körperlich ist sie zwar nicht besonders interessant, aber für den Haushalt ist sie nicht schlecht. Ich bin nicht mehr der Jüngste und werde für den Zweck kaum eine bessere finden", war seine Überlegung.

*

Sie kannte aber nicht seine Gedanken und Pläne und hatte Angst, er könnte sie verlassen, denn sie vermutete, dass er neben ihr noch andere Frauen hatte.

Es war ihr auch bewusst, dass er reich war und dass sie nichts hatte.

Sie war nicht mehr vierzig, und er war sogar vier Jahre älter als sie, aber nach der gängigen Meinung war ihre Zeit vorbei, er aber noch im so genannten besten Alter.

„Wenn es mir nicht gelingt, ihn zu behalten, bin ich verloren. In meinem Alter finde ich höchstens einen Bettler. Ich muss etwas unternehmen; ich darf ihn nicht verlieren; ich muss ihn behalten; aber wie soll ich es bloss machen?", überlegte sie fast jede Nacht, während sie ruhig wach lag und so tat, als schliefe sie.

*

Im Gespräch mit ihren Freundinnen hatte sie gehört, dass in der so genannten Neuen Welt, jenseits des grossen Teiches, wo sich alles noch schneller ums Geld als woanders drehte, sich viele Frauen ihrer Sorte in ähnlicher Lage der unerhörten Mittel bedienten, um ihre begüterten Partner an sich zu binden und nicht zu verlieren, was zugleich bedeutete, sich somit eine bequeme Existenz zu sichern.

Sobald nämlich solche Frauen merkten, hatte sie gehört, dass ihre Partner sie mit anderen Frauen betrogen und dass für sie die Gefahr bestand, von ihnen verstossen zu werden, beraubten sie ihre Partner jenes Apparates, mit dem sie überhaupt betrügen konnten – sie entmannten sie.

Ob die Geschichten ihrer Freundinnen stimmten oder nicht, konnte sie natürlich nicht überprüfen, aber das interessierte sie auch nicht – die Idee war bestechend.

Es gefiel ihr sehr die Behauptung ihrer phantasierenden, emanzipatorisch engagierten Freundinnen, dass solche entmannten Männer nachher zu ihren Partnerinnen, von denen sie kastriert worden waren, ein sehr inniges Verhältnis hätten und vor allem dass sie ihnen ausnahmslos völlig hörig wären.

In einigen Fällen ging die Hörigkeit angeblich so weit, dass die geschwächten Männer für ihre Partnerinnen sogar geeignete Liebhaber suchten.

Von dieser letzten Idee war sie restlos entzückt.

*

Solche Geschichten beschäftigten sie täglich, und eines Tages, als ihr Partner besonders mürrisch war und keine Lust hatte, sich mit ihr überhaupt zu unterhalten, beschloss sie zur Tat zu schreiten.

Beim Apotheker, den sie persönlich kannte und der mit ihrer chronischen Schlaflosigkeit vertraut war, holte sie Schlaf- und Schmerzmittel in flüssiger Form, und er schenkte ihr als seiner treuen Kundin auch zwei Päckchen aromatischen „Eros-Tee", den ihr Partner besonders schätzte.

Ihre beste Freundin, die viele Jahre bei einem Veterinär gearbeitet und ihm aus purer Neugierde bei der Arbeit zuerst unzählige Male zugeschaut, dann aber selbst grössere und kleinere Tiere kastriert hatte, so dass sie Bescheid wusste, wie sie vorgehen sollte, bot ihr voller Begeisterung ihre Hilfe an. Auch ein Mittel für die örtliche Betäubung und eine Spritze konnte sie mitbringen, so dass eigentlich nichts schief gehen konnte.

*

„Und wenn er mich wegen der schweren Körperverletzung anzeigt, bekomme ich garantiert mehrere Jahre Gefängnis; auch verlieren würde ich ihn dann sowieso", sagte sie besorgt.

„Du brauchst keine Angst zu haben, denn alle Männer, die von ihren Geliebten, Partnerinnen oder Ehefrauen entmannt werden, schämen sich und sagen niemandem etwas davon.

Sind seine Klöten einmal weg, wird der Lümmel wie ein Bark oder Kapaun kräftig Fett ansetzen, schön brav sein und alles tun, was du willst", versicherte ihr die Freundin beruhigend. In ihrer Stimme mischten sich Begeisterung und bösartige Vorfreude, denn als aktive Frauenrechtlerin war sie zutiefst überzeugt, dass sie dadurch zur Schwächung der rücksichtslosen, arroganten Männer und zur Stärkung der Frauenposition in der Gesellschaft viel beitragen könnte.

**

„Du hast ein schönes Ränzchen angesetzt – wirst wohl zu Hause gut vergepflegt", sagte ihm eines Tages ein Arbeitskollege, freundlich lächelnd.

„Gute Kost, geregeltes Leben, die Nachteile des Wohlstands", erwiderte er und versuchte zu lächeln.

Das geschah nur einige Tage, nachdem er als Richter eingesetzt worden war.

Seine Kollegen hatten gemerkt, dass er keine Zeit mehr hatte, sich mit ihnen zu treffen, und für seine Geliebten war er nicht mehr erreichbar. Fortan spielte sich sein Leben zwischen seinem Haus und seinem Büro ab. Das war allen aufgefallen, aber niemand konnte sich den plötzlichen Wandel in seinem Lebensstil erklären.

Und noch etwas war in ihm geschehen: Er hasste den Anblick der Pärchen, die irgendwo im Park oder auf der Strasse miteinander scherzten, sich küssten oder irgendwelche Zärtlichkeiten austauschten. Wäre es ihm irgendwie möglich gewesen, hätte er sie alle ohne Wenn und Aber lebenslänglich einsperren lassen, aber noch lieber hätte er solche unzüchtigen Männer sich selbst angeglichen.

Das Gesetz sah das aber nicht vor, und alles, was er tun konnte, war, für jeden Verstoss, der nur im Entferntesten mit Sex zu tun hatte, welcher Art und Schwere auch immer, die höchstmögliche Strafe zu verhängen.

*

Heute musste er wieder einmal einen Fall behandeln, bei dem es um ein schreckliches Verbrechen ging, das mit der gestörten Sexualität zu tun hatte.

Es ging um einen jungen Mann, der ein kleines Mädchen entführt, vergewaltigt und getötet hatte.

Der junge Mann hatte zwar sofort alles gestanden und gebeten, dass man ihn sofort hinrichte, da sein Leben sowieso keinen Sinn hätte.

Den Wunsch konnte man ihm natürlich nicht erfüllen, denn das Gesetz gestattete es nicht.

Der Staatsanwalt forderte die höchste Strafe: Kastration, plus Lebenslänglich ohne eine Möglichkeit vorzeitiger Entlassung.

Genau die vom Staatsanwalt geforderte höchste Strafe wollte er auch sowieso verhängen.

Er liess aber den Verteidiger sagen, was er zu sagen hatte, denn das Gesetz sah vor, dass man unbedingt auch die andere Seite zu Wort kommen lasse.

Die Verteidigung forderte unbegrenzte psychologische und psychiatrische Behandlung in einer psychiatrischen Klinik, da der Angeklagte grundsätzlich kein böser, sondern lediglich ein verwahrloster, durch eine Verkettung von unglücklichen Umständen kaputt gemachter Mensch war, der die aufrichtige Hilfe der Gesellschaft brauchte.

*

„Der Angeklagte ist noch minderjährig, seit seinem fünften Lebensjahr verwaist. Seine Mutter starb – nahm sich das Leben – bevor er fünf wurde. Von den Pflegeeltern ist er geflüchtet, weil sie ihn geschlagen und ständig schwer misshandelt hatten. Er hat keine Bildung und ist süchtig. Er hat nie Liebe und Zärtlichkeit empfunden. Hier ist ein Bild, das den Angeklagten mit seiner Mutter zeigt, als sie noch lebte und er noch nicht fünf Jahre alt war. Man sieht, dass er wie alle anderen Kinder Unschuld ausstrahlt.

Die Mutter des Angeklagten war Dienstmädchen, als er geboren wurde, aber der Vater des Kindes ist unbekannt. Die genetische Untersuchung hat gezeigt dass der Arbeitgeber als Vater des Kindes nicht in Frage kommt.

Ich appelliere an das Gericht, die tragische Situation, in die der Angeklagte hineingeboren wurde, als mildernde Umstände zu sehen und das Urteil dementsprechend zu fällen", sagte der Verteidiger und reichte dem Richter das Photo.

Der Richter nahm das Photo entgegen, hielt es einen Augenblick, ohne sich zu bewegen, drehte es dann um, las auf der Rückseite den Namen der Frau und des Kindes und legte es langsam wie in der Zeitlupe auf den Tisch.

Dann öffnete er die Schublade seines Schreibtisches und entnahm ihr die Pistole, die er immer drin hatte und die immer geladen und entsichert war.

Bevor irgendjemand etwas sagen oder unternehmen konnte, legte er sich die Waffe an die Schläfe und schoss.

*****

DER TOD IM SPIEGEL

Am kleinen Tisch dicht am Fenster saß er und schrieb.

Gelegentlich schweifte sein Blick über die Stadtdächer, die er von seiner Wohnung aus gut überschauen konnte. Aus der zackigen Flächenkomposition ragte nur der Kirchturm empor, an dessen Spitze der Wetterhahn im launischen Südwestwind hin und her schwankte. Hoch in den Lüften zogen einsame weiße Wolkengebilde, umgeben von leuchtendem Blau. Auf den Dächern tummelten sich die Stadttauben; die Männchen mit aufgeplustertem Gefieder stellten den dünnhalsigen Weibchen nach, drehten sich dabei im Kreise, machten kurze, zuckende Kopfbewegungen, als pickten sie etwas auf, und stellten sich den Schönheiten in den Weg, wenn diese wegzugehen suchten. Dabei gurrten sie und versprachen den scheinbar uninteressierten Koketten unvergessliche gemeinsame Beglückung – er hörte es zwar nicht, wusste es jedoch.

Schon mehrere Male hatte er dieses lebendige Frühlingstreiben beobachtet und sich selbst öfters bei der Beobachtung ertappt, wusste aber nie, wie lange es eigentlich gedauert hatte. Viele von seinen beschwingten Nachbarn kannte er genau und wusste sogar, wo einige von ihnen ihren Unterschlupf hatten. Unter dem Dach des gegenüberliegenden Hauses hatten zwei von ihnen, ein Pärchen, ihr Zuhause. Jeden Tag noch vor dem Sonnenuntergang fanden sich die beiden schönen Vögel auf ihrem Balken ein. Von vorn gesehen, ähnelten ihre runden Körper zweien kleinen, grauen Kugeln. An schönen Tagen verließen sie bereits in frühen Morgenstunden ihr Lager und gesellten sich ihren Artgenossen auf den Dächern.

„Alle ihre Tage machen einen einzigen aus, keine Schule, keine Noten, kein Vertrag, der zu etwas verpflichtete, das letzte Ziel immer und in jedem Augenblick", dachte er oft, während er die schönen Vögel beobachtete.

„Auf die Gedanken kommt man nicht, wenn man sie auf der Strasse um einen großzügigen Futterspender versammelt sieht. Dort herrscht eine Art Wettkampf, denn es heißt möglichst viel erwischen", überlegte er weiter, nachdem er sich wieder einmal bei seinem inneren Monolog ertappt hatte, „dort ist alles irgendwie zielgerichtet."

Er neigte zur Ansicht, die Spender selbst seien meistens einsame, kleine Menschen mit dem Wunsch, mindestens gelegentlich, für wenige Augenblicke im Zentrum des Pferches zu sein und die Aufmerksamkeit der Welt auf sich zu lenken.

Nicht selten wagen sich die ruhigen Geschöpfe, in deren Gurren und Wesen die größte Lebensfreude und der Tod unzertrennlich vereint sind, auf die mit Körnern gefüllte Hände des Spenders, was die Passanten veranlasst, anzuhalten und dem ungewöhnlichen Geschehen zuzuschauen. Lobende Bemerkungen werden geäußert, Photoapparate hervorgeholt und Aufnahmen gemacht. Der Spender sieht das alles nicht oder tut mindestens so, als sähe er es nicht, im geheimen aber sammelt er Punkte, und die Brust schwellt ihm bis zum Selbsterticken an.

Menschen verschiedenen Alters stehen herum und schauen zu. Pensionierte Damen und Herren mit zitterndem Kinn und halboffenem Mund halten die Tat für löblich und lächeln zufrieden, an ihre eigene Jugend denkend, denn damals gab es auch Täubchen, die liebten und lebten und denen sie Hand in Hand mit ihrem Partner zuschauten. Kleine Kinder, die die beweglichen und sonst unerreichbaren Geschöpfe gern in ihren eigenen Händen halten und sie nur für sich allein haben möchten, strampeln den befiederten Wesen nach und suchen, sie zu fangen. Junge Mädchen und Burschen, denen die in keinem Buch eingetragenen Stadtbewohner nur von deren lebensfreudigsten und dem Tode nächstliegenden Seite bekannt sind, starren die Vögel entrückt an.

*

In seinem Drama war er gerade an dem Punkt angelangt, wo der Hauptheld nicht mehr imstande war, zwischen der Realität und der Illusion zu unterscheiden, weil er der letzteren allzu große Bedeutung beigemessen hatte. Was im Drama weiter geschehen sollte, wusste er genau, wie es jedoch gestaltet werden sollte, war ihm noch nicht klar. Die Konturen erschienen zwar aus dem dunklen Hintergrund und deuteten ihm das Bild an, verschwanden aber wieder, sobald er sie festzuhalten suchte, und tauchten dann wieder in einer neuen Konstellation auf. Er hatte eine Version beinahe gänzlich erfasst, und schon hatte er die Feder ergriffen, als der Hauptheld sie mit einem eindeutigen Kopfschütteln verwarf, so dass er die Feder wieder hinlegte und noch einmal zum Fenster hinausschaute, als ob er von den himmlischen Wanderern einen Ratschlag erwartet hätte – sie zogen aber ihre Wege und sangen schweigend das ewige Lied.

Sein Blick fiel auf den leeren Balken, wo jeden Tag in den späten Nachmittagsstunden zwei kleine graue Kugeln zu sehen waren.

„Bald sollten sie dort sein", dachte er, „die Sonne neigt sich langsam dem Ende ihrer Laufbahn zu. Irgendetwas wird sie wohl aufgehalten haben, vielleicht schönes Wetter. Die Tage sind jetzt auch wesentlich länger. Das spüren die Vögel, vielleicht sogar besser als wir. Wir spüren es eigentlich gar nicht, wir wissen es nur." Wiederum merkte er, dass er sich selbst unterhalten hatte.

„Er muss es versuchen, was auch immer geschehen mag. Schließlich ist er der Hauptheld. Beide Welten muss er in sich vereinigen, und tut er es nicht, so verdient er kaum seinen Namen", dachte er.

Eine große Wolke bedeckte die Sonne, und das fröhliche Farbenspiel draußen wich plötzlich dem grauen Schleier, der das ganze bunte Bild, das er von seinem Fenster aus betrachten konnte, überzog. Der Übergang war nicht zu merken; was vor kurzem noch als allein möglich galt, war auf einmal nur noch in der Erinnerung. Es lag weit zurück, so weit, dass er sich im Stillen fragte, ob er es überhaupt erlebt hatte oder ob es wieder einmal bloss etwas von ihm Erdichtetes gewesen war, ein Teil von jenem außerordentlichen Glück, um welches ihn viele beneideten und welches ihn vielen befremdend vorkommen ließ. Sein Selbstvertrauen nannten sie oft Arroganz, er aber lächelte darüber und war niemandem deswegen böse. Nur sie verstand immer alles, was er sagte. Vielleicht, ja wahrscheinlich verstünden ihn viele andere, denn die kleine Welt ist doch groß genug, um alles enthalten zu können. Ihr allein konnte er jedoch alles mitteilen, denn mit ihr teilte er sein Leben, den anderen konnte er es nur sagen.

Die Wolke war vorbeigesegelt, die tödliche Lebensquelle erschien wieder, und die Welt erhielt ein neues Kleid.

Das Fenster seines Zimmers warf ein helles Viereck auf das Haus gegenüber. Der Augenblick der Doppelheit und der Entsprechung trat ein. Alles erblickte sich selbst. Eine Taube flatterte vom Dach des benachbarten Hauses auf, machte einen unentschlossenen Kreis in der Luft und, ohne den günstigen Augenblick zu versäumen, schoss sie in kurzem, schnellem Flug der großen Scheibe seines Fensters entgegen. Kurz bevor sie aufprallte, erkannte sie die Tücke und den Irrtum und versuchte verzweifelt umzukehren, aber es war viel zu spät, denn sie befand sich jenseits der Erkenntnis, und was ist diese, wenn nicht die Grenze, die die Ewigkeit spaltet. Mit ihrer weichen Brust und mit den beiden Schwingen schlug sie wuchtig gegen die Fensterscheibe. Der starke, dumpfe Schlag riss ihn aus seiner Entrückung, denn in demselben Augenblick hatte der Hauptheld zur Wahrheit gefunden. Die Taube löste sich von der unsichtbaren Grenze und glitt wieder zum Dach zurück, von dem sie weggeflogen war. Kaum dort gelandet, legte sie die Flügel zusammen und rollte leblos das steile Dach hinunter. Der trübe, schmale Bach, der an der Wand des alten Hauses vorbeirauschte, empfing die kleine Leiche und nahm sie mit auf seinen Weg ohne Rückkehr.

*

Er stand auf, um die halbeingeschlafenen Beine zu vertreten. Die Sonne stand schon ziemlich tief, und ihre Strahlen hatten bereits viel von ihrer Kraft eingebüsst. Hände auf dem Rücken ging er im geräumigen Zimmer auf und ab.

„Es war der Augenblick des Zwielichts, die Widerspiege-lung des einen im anderen war es", dachte er. „Sie befand sich im Niemandsland, wie er im Drama. Ich durfte ihn zu nichts zwingen; er selbst musste die Entscheidung treffen. Jetzt weiß ich auch Bescheid. Die Sonnenhelligkeit und die Wolkentrübe. Die Sonne lächelte sich selbst an. Die Taube flog sich selbst entgegen. Der Held erkannte sein eigenes Wesen, indem er sich selbst aufgab und die Grenze überschritt. Und dies alles geschah gleichzeitig. Selig, wer in dir beheimatet ist, du schöne Entsprechung".

*

Mitten im Zimmer hielt er inne und richtete seinen Blick auf den roten Sonnenkreis. In den letzten schwachen Strahlen zeichnete sich auf der großen Fensterscheibe ein deutlicher Abdruck des Taubenkörpers ab. Einzelne Flügel- und Schwanzfedern, Stel-len des Aufpralls von Schnabel, einem Auge und den beiden Füßchen waren zum Erstaunen klar zu erkennen. Durch den einmaligen Abdruck des Lebens fiel sein Blick auf den Balken unter dem Dach des gegenüberliegenden Hauses. Er öffnete das Fenster, um sich zu vergewissern: Auf dem Balken war nur eine kleine, graue Kugel zu sehen.

*

Der untere Rand der roten Sonnenscheibe berührte gerade den dunklen Horizont, als er wieder das Fenster schloss und das Licht in seinem Zimmer einschaltete.

Bis zu diesem Augenblick erhielt sein Zimmer die nötige Beleuchtung von außen, jetzt aber strahlte es die Helligkeit in die Finsternis.

„Welch ein Vorrecht wird dir zuteil, du glückliche Taube, dass du alles hergegeben hast, um alles zu gewinnen", sprach er vor sich hin. Dann setzte er sich an den kleinen Tisch, nahm die Feder und fing an, den Tod ins Leben zu verwandeln, und siehe, das Gurren einer Taube wurde hörbar, obwohl es, allgemein gesprochen, kein günstiger Augenblick dazu war.

***

DER VERSPÄTETE
NARKISSOS

„Reiche mir bitte die Salzdose", sagte Lilo zu Goody, dem jungen Schimpansen, der mit ihr und ihrem Lebenspartner zusammen wohnte.

Goody nahm die Salzdose und streckte Lilo den Arm entgegen, ohne sie dabei anzusehen; mit der anderen Hand wischte er gleichzeitig die Tür des Kühlschranks.

„Er scheint zu verstehen, was du sagst, denn er hat getan, was du von ihm wolltest, ohne dich anzusehen; auch die Kühlschranktür scheint er aus eigener Initiative zu reinigen", bemerkte der Besucher.

„Das stimmt; er versteht wirklich viel; gesehen sah er, wie ich die Gegenstände reinige, und jetzt tut er aus eigener Initiative dasselbe; er ist in der Tat ein tüchtiger Kerl", erwiderte Lilo.

„Glaubst du, dass er versteht, was wir jetzt sprechen?", fragte er.

„Ich glaube nicht, dass er es versteht; nur einen Augenblick bitte; ich muss ihn fragen, welches Gemüse er heute gern zum Mittagessen hätte", sagte sie.

Bevor sie ihm die Frage stellen konnte, drückte Goody blitzschnell auf bestimmte viereckige Flächen, auf denen verschiedene Gemüsearten abgebildet waren, und fuhr dann mit dem Wischen fort.

„Er hat also doch verstanden, was wir besprachen, sonst hätte er nicht gewählt, bevor du ihn fragen konntest", sagte der Besucher.

„Das hat er verstanden, denn es ging um Gemüse und Mittagessen; das sind ihm vertraute Wörter. Sobald aber neue abstrakte Begriffe vorkommen, versteht er es nicht mehr", erwiderte sie.

„Habt ihr versucht, ihm das Sprechen beizubringen?", fragte der Besucher.

„Natürlich, und zwar sehr intensiv; wir haben mit ihm jeden Tag stundenlang geübt und ihn zum Sprechen provoziert, aber es hat nichts genützt; den Schimpansen scheinen die geeigneten Sprachorgane zu fehlen", sagte sie.

„Das ist erstaunlich, denn einige Lebewesen, die sich auf der niedrigeren Evolutionsstufe befinden – mehrere Vogelarten zum Beispiel – können die menschliche Stimme vollkommen nachahmen", sagte er.

„Das stimmt, aber die sprechenden Vögel verstehen nicht, was sie sagen; er dagegen versteht vieles, aber, eben, Schimpansen scheinen für das menschliche Sprechen die geeigneten Artikulationsorgane nicht zu besitzen", erwiderte sie.

„Wie lange ist Goody schon bei euch?", fragte er.

„Seine Mutter starb bei seiner Geburt, genau ein Jahr, bevor ich meinen Forschungsaufenthalt im Dschungel beendete. Ich nahm ihn gleich in mein Zelt und fütterte ihn die ganze Zeit und zog ihn gross. Jetzt sind es bald zehn Jahre her, dass ich zurückgekehrt bin; wir sind also bereits alte Freunde", sagte sie und warf einen Blick auf Goody.

Er war etwa zwei Schritte zurückgetreten und betrachtete die Kühlschranktür aus einer gewissen Entfernung, um festzustellen, ob sie befriedigend sauber war.

Nachdem er seine Arbeit für zufriedenstellend befunden hatte, wusch er den Lappen aus und hängte ihn zum Trocknen auf. Dann wusch er sich die Hände, trocknete sie mit dem Küchentuch für Hände ab und hob erst dann den Deckel vom Topf, in dem das Gemüse gekocht wurde. Das Wasser siedete zu stark, und er drehte den Stromschalter zurück.

Der Besucher beobachtete Goody mit einem Gesichtsausdruck, in dem sich Angst und Mitleid mischten – eigentlich war er sprachlos.

*

„Du hast so viele Jahre – eigentlich dein ganzes aktives Leben – mit den Affen verbracht; glaubst du, dass auch sie nach einer langen Entwicklungszeit die gleich hohe Stufe der Intelligenz erreichen und zu Wesen werden könnten, wie es die heutigen Menschen sind, wenn man sie in Ruhe liesse und eine spontane Entwicklung nicht stören würde?", fragte er.

„Was soll ich sagen? Bevor sie den Entwicklungszustand des heutigen Menschen erreichen würden, müssten sie ebenso unzählige ähnliche Tragödien und Dummheiten durchmachen und begehen, die der Mensch auf seinem schmerzhaften Weg durchgemacht und begangen hat. Beschritten sie einen ganz anderen Weg, würden sie dann auch einen anderen, uns unbekannten Zustand erreichen. Der jetzige menschliche Zustand hat mit der Vernunft wenig zu tun – wir sind zwar sehr schlau, jedoch nicht vernünftig. Vermutlich würden auch sie einen ähnlichen Weg beschreiten wie wir – natürlich nur, vorausgesetzt, dass es uns nicht gibt.

Ich sage das, denn ich hatte mehrmals die Gelegenheit gehabt zuzusehen, wie brutal sie in der Natur zu den kleineren Affen, aber auch zu ihren eigenen Artgenossen sein können; sie kennen den Totschlag und den Kannibalismus.

Wir ähneln ihnen, wie sie uns ähneln. Wir haben zwar verschiedene Götter erfunden und Religionen gebastelt, philosophische Systeme entworfen, grandiose literarische, musikalische und allerlei andere Kunstwerke geschaffen sowie ganze Berge von Büchern über Nächstenliebe und Menschenwürde geschrieben; auch haben wir atemberaubende technische Mittel angefertigt, aber, eben, Morden und alle anderen Gräueltaten haben wir nicht verlernt; im Gegenteil, wir praktizieren sie viel gründlicher und eleganter als in Urzeiten", erwiderte sie.

„Deine Antwort ist erschreckend", bemerkte er.

„Ich glaube es dir, und es tut mir aufrichtig Leid, dass ich dir keine erfreulichere geben kann", erwiderte sie.

*

„Welche Aufgabe hat Goody jetzt für dich?", fragte er.

„Er hat keine Aufgabe; er hat für mich aber eine grosse Bedeutung", antwortete sie.

„Was für eine?", fragte er.

„Er erinnert mich ständig an die verschwindend kleine Wahrscheinlichkeit und an die unendlich grosse Unwahrscheinlichkeit, dass jenes Wesen, das sich stolz ‚Mensch' nennt, auch wirklich einmal zum Menschen werden wird", sagte sie.

„Wenn ich dich richtig verstehe, sind jene Organismen, die sich Menschen nennen, eigentlich keine Menschen. Spreche ich richtig?", fragte er, nicht wenig erstaunt.

„Du hast vollkommen Recht: Die selbsternannten Menschen sind noch unendlich weit vom Menschen entfernt, bildlich ausgedrückt, viel weiter als irgendeine Galaxie von der Erde entfernt ist", sagte sie.

„Das sind aber sehr harte Worte; das darfst du nirgends laut sagen; Leute in hohen Positionen, jene an der Macht, die an wichtigen Konferenzen teilnehmen, massgeschneiderte Anzüge tragen, in teuren Autos fahren, in prunkvollen Villen wohnen und ständig im Rampenlicht stehen, die Sorte von Leuten, die Prominenten, könnten dich wegen der grösstdenkbaren Beleidigung umbringen lassen, obwohl du selbst wegen deiner einmaligen wissenschaftlichen Karriere zu den Prominenten gehörst, denn du bist eine Verräterin, der schlimmste Whistleblower, wenn du so redest", sagte er.

„Das ist kaum von Belang, denn jetzt bin ich schon betagt. Sollten sie mich deswegen umbringen lassen, würden sie mir einen Dienst erweisen. Dadurch würde sich jedoch nichts an der Sache ändern: Das Problem bleibt mit mir und ohne mich gleich gross", erwiderte sie.

„Was fehlt deiner Meinung nach den so genannten Menschen, um wirklich Menschen zu sein?", fragte er.

„Es fehlt eigentlich nicht viel, jedoch das, was fehlt, ist entscheidend", antwortete sie.

„Und das wäre?", fragte er.

„Die Einsicht, dass mit dem Aufkommen und Verschwinden des Bewusstseins, eben mit dem bewussten Sein, die ganze Welt – damit meine ich alles – kommt und geht. Die meisten können das bestimmt verbal wiederholen, jedoch sind sich nur die allerwenigsten der Schwere und Bedeutung dieser Einsicht bewusst", sagte sie.

„Angenommen, die Menschen hätten irgendwie die tiefe Bedeutung dieser Einsicht erlangt, was hätte das für eine Wirkung, welche Konsequenzen hätte das für unser Leben? Ich frage das, denn wahrscheinlich ist mir persönlich die Schwere dieser Einsicht auch nicht bewusst", fragte er.

„Wer diese Einsicht besitzt, kommt nicht auf den Gedanken, ein Stück der Erde für seinen Besitz zu erklären. Ebenso wenig kann ein solches Wesen das Gefühl haben, selbst der Angehörige irgendeiner Nation oder Religion zu sein. Es gäbe also nur eine Nation auf der Welt, und die hiesse Menschennation; weil es aber nur sie gäbe, gäbe es auch sie nicht, denn es fehlte eine Vergleichsmöglichkeit.

Ein solches Wesen brauchte keine Phantome – genannt Götter – zu befragen, ob sein eigenes Handeln richtig oder falsch ist, denn es hätte die Richtschnur für das richtige Verhalten in sich selbst.

Alle Tiere verteidigen ihre Reviere, und solange die Organismen, die sich irrtümlich Menschen nennen, dasselbe tun, sind sie noch einfach Tiere, sehr schlaue zwar, jedoch trotzdem nur Tiere. Allerlei Gesetzbücher mit vielen Paragraphen können unmöglich aus Tieren Menschen machen, sind wertlos.

Der wahre Mensch kann nie auf den Gedanken kommen, seinen Artgenossen zu schaden, geschweige denn sie zu töten. So aber, wie die Dinge liegen, geschieht der Totschlag unter den Lebewesen derselben Art nirgends so häufig und so leicht wie innerhalb der Art, die zwar einen Verstand, jedoch keine Vernunft hat und die sich Mensch nennt", erwiderte sie.

„Was ist der Unterschied zwischen dem Verstand und der Vernunft? Ich frage das, weil ich deinen Worten entnehme, dass das zwei verschiedene Dinge sind", sagte er.

„Der Unterschied zwischen dem Verstand und der Vernunft ist unendlich gross, und doch ist er den meisten unbekannt.

Der Verstand sorgt für die Trennung, analysiert, zerlegt die Welt sozusagen, und bedingt somit, dass wir nur Splitter erleben; die Vernunft dagegen ermöglicht, dass wir die durch den Verstand geschaffene, bunte Vielheit der Welt so zusammenfügen, dass daraus ein zusammenhängendes Ganzes entsteht, das jene, die eine Vernunft haben, trotz aller Widersprüche ständig als eine Einheit erleben", erwiderte sie.

*

„Sitzt Goody mit euch zusammen am Tisch während der Malzeit?", fragte er.

„Bestimmt; er gebraucht auch den Löffel recht geschickt", sagte sie.

Als sie das sagte, nahm Goody einen Esslöffel und führte ihn zum Mund, wahrscheinlich um dem Gast zu zeigen, dass er es könne.

„Wann werden die Schimpansen geschlechtlich reif?", fragte er.

„In dieser Hinsicht gibt es zwischen den Menschen und Schimpansen keinen grossen Unterschied, denn beide werden irgendwann zwischen zehn und vierzehn Jahren geschlechtlich reif", sagte sie.

„Dann ist Goody gerade jetzt in dem schwierigen Alter", sagte er.

„Das stimmt; jetzt müsste er eine Freundin haben, aber das Problem lässt sich kaum lösen", erwiderte sie.

„Habt ihr vielleicht an die Möglichkeit gedacht, ihn in den Zoogarten zu geben; dort hätte er seine Artgenossen?", fragte er.

„Das haben wir versucht, aber er war todunglücklich, kauerte allein in einer Ecke und wollte nicht einmal essen, geschweige mit den anderen Affen spielen. Schon nach zwei Tagen war er so schwach, dass wir beschlossen, ihn wieder nach Hause zu nehmen", antwortete sie.

„Das ist schon erstaunlich", bemerkte er.

„Nicht unbedingt, denn er hat bis jetzt einen ganz anderen Lebensweg gehabt und sich an eine ganz andere Umwelt gewöhnt. Das zeigt, wie stark die Gewohnheit ist und wie stark die Umwelt prägt. Sein Leben unterscheidet sich von dem Leben der Affen im Käfig, wie sich deren Leben vom Leben ihrer Artgenossen im Urwald unterscheidet. Er muss fortan mit den Menschen leben; anders wird es nicht gehen", sagte sie.

„Aber könnte man nicht für ihn eine Freundin aus dem Zoo bringen? Das ginge vielleicht", meinte er.

„Das ginge bestimmt nicht."

„Warum nicht?", fragte er

„Ein sehr junges Weibchen aus dem Zoo oder aus dem Urwald wäre für ihn keine geeignete Gespielin. Ein solches Weibchen in seinem Alter könnte sich hier nicht zurechtfinden. Und weil er nicht in einer Affenfamilie aufgewachsen ist und daher die sexuelle Verhaltensweise nicht kennt, ginge es nicht", erklärte sie.

„Erst jetzt begreife ich, wie viel der Mensch mit seinen besten Absichten durcheinander bringen kann", erwiderte er.

„Das stimmt, und es macht mich sehr nachdenklich, so sehr sogar, dass ich irgendwie Schuldgefühle habe. Hätte ich ihn nicht mitgenommen, wäre er bereits nach zwei, drei Tagen gestorben. So aber ist er in eine Welt getreten, in der er unmöglich ein normales Affenleben führen kann, denn er wird wegen seiner Fähigkeiten und seiner Bereitschaft, sich der menschlichen Lebensweise anzupassen, wie ein Familienmitglied behandelt, was wiederum nicht der Fall sein kann, denn er unterscheidet sich doch zu stark von denen, die sich Menschen nennen, ist also doch nicht einer von ihnen. Er passt weder hierhin noch dorthin, ist im Niemandsland", sagte sie.

*

„Du hast viel Zeit mit den Schimpansen verbracht, und wenn überhaupt jemand ihre Verhaltensweise kennt, dann bist du es; glaubst du dass die Schimpansen wirklich lachen können?", fragte er.

„Das ist eine gute Frage. Dass sie sich freuen, wenn etwas für sie Angenehmes geschieht, liegt ausser Zweifel. Man kann aber nicht mit Sicherheit sagen, dass sie lachen können, mindestens nicht in unserem Sinne des Wortes ,lachen'. Ihr Mienenspiel und ihre Gebärden sind natürlich jeweils der Ausdruck eines bestimmten Gemütszustandes, jedoch entsprechen sie nicht den menschlichen. Das sollte nicht sehr überraschen, wenn man weiss, dass es auch Völker gibt, bei denen Kopfschütteln eigentlich Bejahung und Nicken Verneinung bedeutet, obwohl bei der gewaltigen Mehrheit das Gegenteil gilt. Persönlich habe ich doch den Eindruck, dass sie lachen können", erwiderte sie.

„Lacht Goody manchmal auch?", fragte er.

„Bis vor etwa vier Monaten tat er das, ich hatte mindestens das Gefühl. Dann aber geschah etwas Seltsames, was ihn völlig veränderte. Seit dem Tag zeigt er mit keiner Gebärde, dass er sich über etwas freut", antwortete sie, und ihr Gesicht war voller Trauer.

„Was geschah?", wollte er wissen, obwohl er sich irgendwie vor der Auskunft fürchtete.

*

„Wir hatten in der Wohnung nur zwei Spiegel, einen am Wandkästchen im Badezimmer und einen im Schlafzimmer, und beide waren ziemlich hoch angebracht, so dass Goody sich selbst bis vor vier Monaten eigentlich nie im Spiegel gesehen hatte. Anders gesagt, hatte er nie vorher sein eigenes Gesicht gesehen.

Eben vor etwa vier Monaten holte John aus dem Geschäft einen grossen Spiegel, in dem man sich ganz sehen konnte – ich wollte einen solchen haben. Wir hatten vor, ihn an die Wand in unserem Schlafzimmer zu montieren, aber John hatte unerwartet einige dringende Dinge zu erledigen, so dass er es nicht gleich tun konnte.

Ohne etwas zu ahnen, bedeckte er den Spiegel mit einem dicken Tuch und liess ihn in unserem Schlafzimmer an die Wand gelehnt stehen.

Fünf Tage lang geschah nichts.

Am späten Nachmittag des sechsten Tages – es war ein Freitag – sass ich hier und schrieb an einem Artikel, den ich einer wissenschaftlichen Zeitschrift schicken musste.

Ich wollte nicht gestört werden und gab Goody eine Schachtel mit Holzklötzchen, um ihn mit etwas zu beschäftigen.

*

Einige Zeit war es ganz ruhig, ich hörte ihn nicht. Plötzlich gab es einen seltsamen Knall, der an ein jähes, nur einen Augenblick dauerndes Hagelgeprassel erinnerte. Dann wurde es wiederum ganz still.

Ich ging sofort hin nachzusehen, was geschehen war.

Als ich das Zimmer betrat, bot sich mir ein Bild, das ich nie mehr vergessen werde: Die Holzklötzchen lagen überall verstreut, die meisten unmittelbar vor dem Spiegel.

Goody lag bäuchlings am Boden – das Gesicht zwischen seinen mit dichtem Fell bedeckten Armen begraben – und schluchzte.

Dann merkte ich, dass jemand das dicke Tuch vom Spiegel weggezerrt haben musste, denn der grösste Teil der vortäuschenden Zauberfläche war nicht bedeckt.

*****

DIESELBE KLEINE ERBSE

Vor genau hundertfünfzig Jahren hatte einer seiner Ahnen sein erstes Hotel eröffnet, und in der Zeit danach baute jede neue Generation seiner Vorfahren immer neue prächtige Gasthäuser hinzu. Die Zahl der Gebäude war schon so weit gewachsen, dass es nicht mehr leicht war, einen wohl klingenden, gebührenden Namen für das jeweils neue Objekt zu finden, ohne sich zu wiederholen.

Das Vermögen des jetzigen Besitzers war riesig, denn in jeder grösseren Stadt des Landes gab es mindestens ein Etablissement, das zu seinem Imperium gehörte. Die Direktoren in allen seinen Einrichtungen waren von ihm persönlich eingesetzte, fähige, tüchtige Leute, die ihre ganze Energie für das Gedeihen des Unternehmens einsetzten. Für ihre exzellente Arbeit wurden sie entsprechend entlöhnt, und sie strengten sich immer mehr an, um ihren hohen Lohn zu rechtfertigen. Sie alle wurden von ihm angewiesen, im gleichen Stil, wie sie gewählt und behandelt wurden, auch ihre Angestellten zu wählen und zu behandeln. Somit hatten alle den Eindruck, dass der oberste Chef alles genau kontrollierte und dass es ihnen letzten Endes gerade deswegen so gut ging. Daher wünschten sie sich heimlich, er möchte nie sterben, nie heiraten und immer ihr Arbeitgeber sein.

Das ganze Unternehmen florierte, was viele erfreute, aber mindestens so viele mit Neid erfüllte, denn es herrschte eben – wie man das schön sagt – eine gesunde, starke Konkurrenz. Ob sie wirklich gesund war, ist schwer zu sagen, aber stark war sie auf jeden Fall.

*

Er war bald fünfzig, jedoch in einer Welt, in der man dank guter Ernähung und vorbildlicher Hygiene lange lebte und in der das Wort ‚alt' nicht bloss als unerwünscht, sondern geradezu als beleidigend galt, hielt er sich selbst noch immer für einen jungen Mann. Zwar hatte er mehrere sehr junge und schöne

Konkubinen, wie sich das für einen reichen Mann seines Alters ziemte, aber sie alle waren ungebildet, und keine von ihnen war eine Künstlerin; daher dachte er noch nicht an eine Heirat. Den Eindruck hatten alle seine Angestellten, und sie waren alle sehr froh darob, denn sie wussten nicht, ob es ihnen auch weiterhin so gut ginge, sollte der oberste Chef plötzlich das Gedeihen seines Unternehmens und das Wohlergehen seiner Angestellten nicht mehr für die erste Priorität in seinem Leben halten.

*

Er war reich, sehr reich, und von noch mehr Reichtum träumte er nicht, denn an materiellem Reichtum mangelte es ihm in der Tat nicht. Auch eine noch grössere Kunstsammlung als jene, die er bereits hatte, war nicht, was ihm noch fehlte.

Sein riesiges Vermögen war nur zu einem winzigen Teil das Ergebnis seiner Bemühung; alles, was er als junger Mensch zu tun brauchte, war, sich in das bereits gemachte Bett zu legen. Und da er der einzige Erbe war, brauchte er das Geerbte mit niemandem zu teilen.

*

Nun traten plötzlich andere Dinge ins Zentrum seines Interesses. Er dachte, wie hübsch es eigentlich wäre, als ein reicher Mann auch noch einen Doktortitel zu tragen und nicht bloss als ein Reicher, sondern auch als ein Intellektueller zu gelten. Das überlegte er sich nun, nur wusste er nicht, in welcher Sparte er sich einen Doktortitel zulegen sollte. In einer der Naturwissenschaften ging das nicht, denn dort musste man bestimmte konkrete Kenntnisse haben, um, falls manchmal erforderlich, mitreden zu können. Das wusste er. In der Schule hatte er nicht viel gelernt, dafür aber viel Zeit mit Surfen und Segeln, in allerlei Clubs und Nachtlokalen verbracht. Zu lernen brauchte er nicht, denn er wusste wohl, dass seine Vorfahren für ihn vorgesorgt hatten und dass er sich deswegen um seine Zukunft im materiellen Sinn nicht zu kümmern brauchte.

*

Ausser einem Doktortitel, dachte er, wäre es auch reizvoll, eine junge, schöne Frau zu haben, aber nicht eine mit konkreten mathematisch-naturwissenschaftlichen Kenntnissen oder eine mit sonst hoher Bildung. Was er sich wünschte, war eine Schöne, die mit der Kunst zu tun hatte, eine echte Künstlerin war, eine Musikerin, und zwar eine Pianistin. Die Vorstellung, im Konzertsaal ganz vorn, in der ersten Rehe, zu sitzen und zu wissen, dass unter den Hunderten von Zuhörern im grossen Saal gerade er das Vorrecht geniessen durfte, mit der reizvollen Frau auf der Bühne, die dem Klavier zauberhafte Musik entlockte und mit ihrer betörenden Erscheinung und Darbietung einen grossen Saal voll vornehmer, verwöhnter Zuhörerschaft berauschte, das Bett zu teilen, beherrschte unablässig seine Phantasie.

*

Dann gab es auch noch etwas, wovon er nicht weniger gern träumte und was er um jeden Preis erlangen wollte. Er beschäftigte sich mit dem Gedanken, wie er ein echter Adliger werden könnte. Er wusste nicht, woher seine Überzeugung stammte, aber er war überzeugt, dass irgendeiner seiner fernen Vorfahren ein Mitglied des Landadels gewesen sein musste. Es hätte ihn natürlich nicht gestört, falls es sich herausstellen sollte dass sein Ahne ein verarmter Adeliger gewesen war. Von Belang war einzig und allein, dass in den Adern seines fernen Vorfahrens echtes blaues Blut floss. Gewöhnliche Adelstitel konnte man verdienen, ja sogar kaufen, das blaue Blut jedoch nicht – man hatte es, oder man hatte es eben nicht. Er wusste aber, dass er adliger Herkunft sein musste, und er wusste es nicht bloss, er spürte es auch, tief und immer. Allein die Tatsache, dass er sich so oft mit dem Gedanken beschäftigte, war für ihn der beste Beweis, dass auch in seinen Adern echtes blaues Blut floss. Anders konnte er sich nicht erklären, dass er immer wieder denselben Traum hatte, in dem ihm jener berühmte Kommandeur aller kaiserlichen Streitkräfte während der grossen religiösen Auseinadersetzungen in der fernen glorreichen Vergangenheit seines Volkes erschien und ihm seine tiefe Freude darüber mitteilte, dass er eben in ihm endlich einmal einen Nachkommen hatte, der würdig war, den vertrockneten edlen Stammbaum zu beleben und weiter wachsen zu lassen sowie dafür zu sorgen, dass er nie zu zweigen und zu blühen aufhöre.

Durch diesen beharrlichen Traum fühlte er sich ermutigt und beauftragt, alles zu unternehmen, um den in Vergessenheit geratenen Adelstitel seiner Ahnen zum Leben zu erwecken und ihn mit Stolz zu tragen.

*

Er überlegte sich gut, was er zuerst erledigen sollte, und beschloss, zuerst einmal den Doktortitel zu erlangen.

Es gelang ihm schnell, einen tüchtigen Ghostwriter zu finden, mit dem er die Sache eingehend besprechen konnte und der ihm, ohne viel zu zögern, riet, die Doktorwürde auf dem Gebiet der Kunstgeschichte zu erlangen. Schnell kam er mit dem Ghostwriter überein, dass die Dissertation das Problem der Originalität in der modernen Malerei behandeln sollte. Der Ghostwriter sagte ihm, welche Bilderbücher er durchblättern sollte, um einen guten Überblick der modernen Malerei zu haben.

Dadurch war sein erstes Anliegen eigentlich erledigt.

*

Ebenso gelang es ihm leicht, einen pensionierten Geschichtslehrer zu finden, der sich besonders für Adelsfamilien des Landes interessierte und der, als er noch als Lehrer tätig gewesen war, seine Schüler mit Namen von Prinzen und Prinzessinnen, Fürsten und Fürstinnen, ja sogar mit ihren ehelichen und unehelichen Nachkommen drangsalierte, so dass sie alle durch seinen spannenden Unterricht den Sinn der Geschichte so tief begreifen mussten, dass sie später nie mehr auf den Gedanken kamen, ein Geschichtsbuch zu lesen.

Dieser Lehrer verstand den Wunsch seines Klienten genau und war auch willig, ihm gegen gute Zahlung zu helfen. Sobald er einen stattlichen Vorschuss erhalten hatte, machte er sich sofort an die Arbeit. Schnell fand er heraus, dass der grosse Feldherr des Kaisers mit einer schönen Kusine seiner zweiten Frau einen unehelichen Sohn gezeugt hatte, dessen direkter Nachkomme sein Klient sein musste. Der tüchtige Historiker zeichnete unverzüglich den Familienstammbaum und das Wappen und erklärte seinem Klienten genau, was er auswendig lernen musste, um jederzeit auch erklären zu können, wieso er der Nachkomme des grossen Herzogs und obersten kaiserlichen Feldherrn war. Er musste die Namen seiner Ahnen und deren Gattinnen auswendig lernen sowie bestimmte Anekdoten, die sich um ihre Personen rankten, jederzeit genau erzählen können. Natürlich war er überglücklich, denn jetzt hatte er eine vernünftige Aufgabe und etwas Festes in der Hand, so dass er nicht einmal heimlich daran zweifeln konnte, ein adliger Spross, das jüngste Glied der vornehmen Ahnenreihe zu sein.

Gleich, nachdem ihm der Historiker die Zeichnungen des Stammbaumes und des Wappens gegeben hatte, liess er nach der gezeichneten Vorlage bei einem Goldschmied die entsprechenden Modelle von Stammbaum und Wappen aus Gold anfertigen.

Damit war auch sein zweiter wichtiger Wunsch viel schneller erfüllt, als er erhofft hatte.

*

Als er noch recht jung war, verbrachte er einmal im Sommer einige Wochen auf einer ägäischen Insel und erlebte dort etwas nicht gerade Alltägliches. Während er in einer unwegsamen Gegend auf einem Stein sass und das Bild der bezaubernden Landschaft bewunderte, näherte sich ihm völlig unverhofft eine schmächtige, armselig gekleidete Frau und fragte ihn, ob er möchte, dass sie ihm wahrsage; er könne ihr dafür geben, was er wolle, betonte sie gleich zu Anfang, sie sei auch mit jeder Gabe immer zufrieden. Er fühlte sich etwas irritiert, denn er hatte geglaubt, allein und ungestört zu sein, daher empfand er das unverhoffte Auftauchen der unbekannten, nicht gerade attraktiven Frau als störend. Was sie ihm zu sagen hätte, fragte er sie. Nichts Besonderes, sagte die Wahrsagerin; sie möchte ihm nur ein Märchen erzählen.

„Wieso ein Märchen? Du wolltest mir doch wahrsagen, etwas voraussagen, oder habe ich dich falsch verstanden?", fragte er sie.

„Das ist kein Problem, ein Märchen ist schon in Ordnung, eignet sich sehr gut, wenn man etwas vorhersagen will", sagte sie.

„Aber alle Märchen erzählen von den Dingen, die sich in ferner Vergangenheit zugetragen haben", argumentierte er.

„Das ist die übliche Denkweise; in der Tat liegen die Dinge aber ganz anders", erwiderte sie.

„Wie anders?", fragte er.

„Ein echtes Märchen handelt nicht von den Dingen, die sich irgendeinmal in der Vergangenheit ereignet haben."

„Sondern?", fragte er.

„Sie handeln von etwas, was jederzeit geschehen kann und ebenso jederzeit geschieht", antwortete sie.

„Das kann doch nicht sein", sagte er.

„Wieso nicht?", fragte sie,

„Denke bloss zum Beispiel an das Märchen vom Schneewittchen; wo in unserer modernen Welt gibt es böse Königinnen,

151

Zauberspiegel und Zwerge hinter den sieben Bergen? Die wissenschaftlichen Erkenntnisse und die elektronische Vernetzung der ganzen Welt lassen für solche Kreaturen und Dinge keinen freien Lebensraum", sagte er.

„Das echte Märchen hat weder mit den modernen wissenschaftlichen Erkenntnissen noch mit der elektronischen Vernetzung der Welt etwas zu tun", erwiderte sie.

„Gerade deswegen gibt es für die Märchen keinen Lebensraum in unserer modernen Welt, weil die Naturwissenschaften und die elektronische Vernetzung alles besetzt haben. Wo kann es da noch eine freie Ecke für Märchen geben?", sagte er.

„Das echte Märchen ist kein Gegenstand, keine Hardware, und braucht deswegen keinen Raum – es lebt in jedem Wesen mit Phantasie", erwiderte sie.

„Phantasie hin, Phantasie her! Wo in der Welt gibt es böse Königinnen, wo Zauberspiegel, wo ein Schneewittchen, das bei den Zwergen hinter den sieben Bergen wohnt?", fragte er.

„Solange man sie irgendwo in der Welt sucht, findet man sie bestimmt nicht. Auch früher waren sie nirgends in der Welt anzutreffen. Erst wenn man all das in sich selbst entdeckt, besteht auch eine Möglichkeit zu verstehen, was sie eigentlich bedeuten", antwortete sie.

„Angenommen, man habe begriffen, was die böse Königen, was der Zauberspiegel, Was die Zwerge und was das Schneewittchen eigentlich darstellen, begreift man dann die Hauptaussage dieses Märchens?", fragte er.

„Nicht ganz", antwortete sie.

„Und was fehlt noch?", fragte er.

„Es gilt noch, die letzte und eben entscheidende Frage zu beantworten, und die lautet: Warum nimmt das Schneewittchen die Zwerge nicht mit, wenn sie am Ende des Märchens die Königin wird und für jeden von ihnen eine hübsche, passende Aufgabe hätte: Einer von ihnen könnte wohl für ihren Schmuck, ein anderer für ihre Kleider, und wiederum ein anderer für ihre Schuhe, wiederum ein anderer für ihre Lieblingsblumen usw. zuständig sein. Aber eben, dazu kommt es nicht. Warum nicht? Diese Frage gilt es zu beantworten, sonst ist die schöne Geschichte vom Schneewittchen blosses Geplapper", sagte sie.

„Und was ist die Antwort?", fragte er in einem etwas abschätzigen, verschmähenden Ton. Seine Worte klangen, als hätte er noch ‚auf die dumme Frage' hinzufügen wollen.

„Du wirst noch etwas Zeit haben, dir darüber Gedanken zu machen – nutze sie gut. Setze alles ein, was du an Kopf und Herz, Intellekt und Phantasie hast, und dann wird es schon gehen. Falls du dich nicht aufrichtig bemühst, wirst du die Antwort auf die für dich vielleicht etwas alberne Frage auch nie finden, und dann wird sich zeigen, dass alles sowieso umsonst gewesen ist, ein grosses, peinliches Missgeschick, dann muss wieder einmal eine kleine Erbse beweisen, was echt, was unecht ist", erwiderte sie.

*

„Von was für einer Erbse redest du?", fragte er, denn die seltsamen Worte der Wahrsagerin hatten ihn völlig verwirrt.

„Ich meine jene Erbse, die beweisen konnte, dass ein armes, in Lumpen gekleidetes, obdachloses Mädchen, das in einem Schloss um eine einzige Übernachtung bat, in der Tat eine echte Prinzessin war. Sie erwies sich so zart und feinfühlig, dass sie durch zahlreiche Matratzen, Daunen und Decken die Unebenheit – verursacht durch eine einzige Erbse – spüren konnte", sagte sie.

Eine Weile schaute er – von ihr abgewandt – in die Ferne, ohne sich zu rühren oder etwas zu sagen.

„Und was hat die Erbse mit mir zu tun?", fragte er, ohne sich umzudrehen und die Wahrsagerin anzusehen.

Nach einer Weile drehte er sich um, denn eine Antwort blieb aus.

Die Wahrsagerin war nicht mehr da.

***

Im Anschluss an eine Konferenz, die von den führenden Arbeitgebern des Landes veranstaltet worden war und in der die Referenten hauptsächlich von der aktuellen Wirtschaftslage sprachen, gab es einen Ball, zu dem zahlreiche schöne junge Frauen eingeladen worden waren.

Er war auch dabei, und es ergab sich, dass er eine schöne junge Dame kennen lernte, die genau seinen Wünschen und Vorstellungen von einer für ihn passenden Gattin entsprach.

Bald merkten beide, dass sie füreinander geschaffen waren, und als die Schöne ihm sagte, dass sie soeben ihr Studium am Konservatorium als Pianistin abgeschlossen habe, erhielt auch das i das erforderliche Tüpfelchen, und er brauchte nicht zu zögern, alles Nötige für die Hochzeit vorbereiten zu lassen.

*

Nur einige Wochen später wurde das Hochzeitsfest auf einen Samstag angesetzt, und mehr als tausend Gäste wurden eingeladen.

Da so viele günstige Dinge zusammentrafen, beschloss er, mit demselben Fest auch das runde Jubiläum der Gründung seines Unternehmens zu feiern.

Unmengen von feinsten Speisen und Getränken wurden aufgetischt, und drei Tage lang sollten die Gäste von professionellen Musikern und Komikern bei guter Laune gehalten werden.

Als Höhepunkt des Festes war vorgesehen, dass ein vom Bräutigam bestellter Redner in gewählter Sprache den Gästen verkünde, dass das Fest, das sie alle als Gäste gemeinsam genossen, für die Brautleute in mehr als einer Hinsicht von Bedeutung war und den Beginn des entscheidenden Abschnitts in ihrem Leben bedeutete.

Der mit der Ansprache betraute Redner war ein flotter, beredter Mann, der bei dem Bräutigam als Werbefachmann angestellt war und sich für die Aufgabe bestens eignete.

Er trat an das Rednerpult, schenkte den Zuhörern ein strahlendes Lächeln, wobei er die Arme weit öffnete, als hätte er sagen wollen: „Was soll man bloss sagen – besser kann es gar nicht sein."

Seine unausgesprochenen Worte erfüllten die Luft und wurden von allen vernommen.

Als Antwort auf seine Geste brach ein tosender Applaus, begleitet von Jubelrufen.

*

„Liebe Brautleute, verehrte Gäste, zuerst möchte ich mich für die Einladung herzlich bedanken – dann aber ganz besonders für die mir erwiesene Ehre, in dieser feierlichen Stunde einige Worte an unsere lieben Brautleute und zugleich an alle Gäste richten zu dürfen.

Wir haben uns hier und heute versammelt, um mit unserer Anwesenheit die Bedeutung dieses Augenblicks zu unterstreichen.

Warum ist aber dieser Tag für unsere lieben Brautleute und für uns alle so wichtig?

Zuerst einmal beginnt für unsere lieben Brautleute ein völlig neuer Lebensabschnitt. Es geht um den Lebensabschnitt, der beginnt, wenn der Einzelne beschliesst, sein gewohntes Alleinsein aufzugeben und mit einem ganz anderen Wesen ein gemeinsames Leben zu führen, ein Ganzes zu bilden.

Alleinleben verursacht unfehlbar eine Form von Narzissmus, Verliebtheit in das eigene Bild.

Daher verbringen allein lebende Menschen viel mehr Zeit vor dem Spiegel als Menschen, die ihr Leben mit jemandem teilen.

Nur wenige sind sich aber dessen bewusst, dass jenes, was wir im Spiegel sehen zuerst einmal völlig verkehrt ist, denn, was vor dem Spiegel rechts ist, ist im Spiegel links, und umgekehrt.

Noch viel interessanter und noch weniger bekannt ist es, dass jenes Bild im Spiegel gar nicht existiert, also bloss eine Täuschung ist. In der Optik, der Wissenschaft vom Licht, nennt man ein solches Bild ‚virtuell‘.

Auf ein solches täuschendes Bild verlassen wir uns aber, wenn wir feststellen wollen, wie unsere Frisur aussieht oder ob unsere Kleider gut sitzen. Wir nehmen also etwas Verkehrtes und nicht Vorhandenes als Massstab. Ist das nicht seltsam?

*

Wenn ein allein lebender Mensch beschliesst, sein Leben mit einem anderen Menschen zu teilen, wendet er sich gewissermassen von dem Spiegel ab und dem Menschen zu, mit dem er fortan sein Leben teilen möchte. Sein Lebensbegleiter dient ihm nun irgendwie als Spiegel.

Bildlich ausgedrückt, kann man sagen: Die beiden Brautleute versuchen, von jeweils eigenem Ufer aus, über den reissenden Zeitfluss dazwischen eine Brücke zu bauen, um die grundsätzliche Trennung zu überwinden und sich irgendwo in der Mitte zu treffen. Das Bauen dieser Brücke nennen wir Liebe. Die beiden Baumeister, die beiden Geschlechter, sind so verschieden, wie man nur verscheiden sein kann. Sie sind so verschieden, dass sie einander niemals gänzlich verstehen können und bis zum letzten Augenblick für einander ein Rätsel bleiben sollen; gerade das ist das eigentliche Wunder, der eigentliche Reiz des gemeinsamen Lebens. Es ist nicht schwer zu begreifen, dass eine Brücke gebaut werden kann, nur wenn es zwei verschiedene Ufer gibt, das heisst, wenn der Bau von den beiden Seiten ausgeht, was besagen will, dass die beiden Bauer der Liebesbrücke zwei völlig verschiedene Wesen sind, die sich zu einem neuen Ganzen verschmelzen können.

Sind die beiden Bauer vom selben Ufer, können sie die Liebesbrücke nicht bauen, denn in dem Fall fehlt das andere Ufer, und eine Verschmelzung zu einem neuen Ganzen ist ausgeschlossen.

Der betäubende Lärm der Welt hindert den Menschen oft, den Sinn dieser Worte zu hören. Deswegen muss man sich unermüdlich gerade darum bemühen.

Wünschen wir unseren Lieben Brautleuten viel Kraft und Ausdauer beim Bau ihrer persönlichen Liebesbrücke über den reissenden Strom der Zeit.

*

Dieses höchste Glück wird noch zusätzlich dadurch verschönert, dass unser lieber Bräutigam nach langem, ergebenem Studium der Kunstgeschichte und einer exzellenten Dissertation über den Stellenwert des Stilllebens in der holländischen Malerei den Doktorhut verdient hat.

Und noch etwas höchst Erfreuliches verleiht dem heutigen Tag eine besondere Bedeutung.

Dank der minutiösen Forschung eines begnadeten Historikers ist etwas von herausragender Bedeutung vor Vergessen und Untergang gerettet worden.

Jetzt wissen wir, dass unser lieber Bräutigam der direkte Nachkomme einer der grössten Persönlichkeiten in der ehrwürdigen Vergangenheit unseres Volkes ist. Wer der grosse Ahne ist, soll heute noch geheim bleiben. In den nächsten Tagen werden der Familienstammbaum sowie das Wappen unseres Bräutigams im Hauptsitz des Hotellerie-Unternehmens ‚Goldene Hotelkette' am Tag der offenen Türe dem breiten Publikum vorgestellt werden.

Es sei noch erwähnt, dass wir heute auch zugleich das 150. Jubiläum dieses blühenden Unternehmens feiern.

Wie Sie sehen, haben wir heute jeglichen Grund zur Freude.

Erheben wir das Glas auf das Glück unserer lieben Brautleute", sagte der Redner zum Schluss.

*

Den Applaus, der wie eine Explosion unmittelbar auf die letzten Worte des Redners folgte, hörte der Bräutigam nicht. Auch der Schrei der Braut ging im wuchtigen Applaus der Menge unter.

Jene Gäste, die neben den Brautleuten sassen, neigten sich gleich zum Bräutigam, und die übrigen Gäste deuteten das als persönliche Gratulationen und Bekundungen von Glückwünschen.

Erst einige Sekunden später merkten sie, dass die Nachbarn des Bräutigams ihm nicht gratulierten, sondern sich verzweifelt um ihn kümmerten.

Er machte zuckende Bewegungen, die der Mensch macht, wenn er erstickt. Seine Lippen waren bereits blau, und seine Finger klammerten sich wie die Krallen eines Raubvogels um die Finger jener, die ihn ratlos mit Tränen in den Augen in den Armen hielten.

Einer der Gäste, ein älterer, gepflegter Herr kam sofort, stellte sich als Arzt vor, legte die Hand auf die Brust des Bräutigams, um festzustellen, ob er überhaupt noch atme, nahm dann die Hand sanft weg und warf einen prüfenden Blick auf den Tisch. Eine überaus schöne Schale vom feinsten Meissen-Porzellan stand davor mit Salade Olivier, und daneben lagen ein zierliches Silberlöffelchen und zwei pastellgrüne Kügelchen.

„Beim Schlucken hat sich bei ihm eine Erbse in die Lunge verirrt. Das kommt zwar selten vor, aber doch häufig genug, um uns daran zu erinnern, dass manchmal eine kleine pastellgrüne Erbse grosse Entscheidungen herbeiführen kann", sagte der Arzt ruhig und ging weg.

Als er einige Schritte entfernt war, schloss sich ihm eine gepflegte, elegant gekleidete Dame an, hängte sich bei ihm ein, und die beiden spazierten gemächlich davon.

„Ich habe alles versucht, aber es hat nichts genützt; meine beiden Schwestern hatten die Länge des Fadens endgültig bestimmt", sagte sie.

***

EIN AUGENBLICK

Er öffnete das Fenster, um einen dünnen Zweig des dicht an der Hauswand wachsenden und nun ganz kahlen Sauerkirschbaumes abzuschneiden, da er im Wind schwankte und andauernd gegen die Fensterscheibe schlug.

Nur noch wenige fahle Blätter – sein letzter Schmuck – wackelten, beschwert von großen Wassertropfen, armselig auf und ab.

Den Zweig in der Hand, hielt er inne, denn er fand sich unverhofft am Bett seines Großvaters. Dieser war seit mehreren Wochen krank und musste nach ärztlicher Anweisung das Bett hüten. Der Arzt hatte der Mutter gesagt, er werde wahrscheinlich nicht mehr zu kommen brauchen.

*

Früher pflegte der Großvater zum Tee auch etwas Honig zu nehmen, jetzt lehnte er aber jede Speise ab und trank nur noch Tee, so dass er in wenigen Tagen stark abmagerte und sein Körper das Aussehen einer Mumie annahm.

Das breite Bett, auf dem der Großvater lag, war ein uraltes Möbelstück und im Familienbesitz seit Generationen; der Großvater selbst erinnerte sich gut, dass er noch in seiner frühesten Kindheit auf demselben Bett gespielt hatte. Das Bettgestell war schwer und massiv - teilweise aus Metall, teilweise aus Holz, und an jeder Ecke war eine leuchtende, messingene Kugel angebracht. Die Mutter sorgte nicht weniger für die bloße Wirkung als für die eigentliche Sauberkeit, und so waren die Kugeln immer tadellos geputzt. Er für sein Teil benutzte die Kugeln nicht selten als Spiegel, wobei ihm das Spielen mit dem eigenen verzerrten Bild großes Vergnügen bereitete, denn auch jede kleinste Bewegung verzerrte das Bild aufs Neue und ermöglichte ein unendliches Experimentieren.

Die Mutter war hinausgegangen, nachdem sie die große braune Tasse mit duftendem Kamillentee auf ein hölzernes

Tischchen gestellt hatte, und er war nun allein mit dem Großvater. Er hielt ihm die Tasse vor, sie war groß und schwer. Der
Großvater wollte nur aus dieser Tasse Tee trinken und auf die
Frage, warum es ihm aus einer anderen weniger gut schmecke,
pflegte er entschieden zu antworten, da sei nichts zu begründen,
sondern es sei einfach so, wie übrigens alles andere.

Alle lächelten jedes Mal über die seltsame Antwort des Großvaters und hielten ihn zweifelsohne für eigensinnig. Der Knabe
wusste nie warum, jedoch gefiel ihm die köstliche Antwort sehr.
Auch er begeisterte sich immer mehr für dieselbe Ansicht, denn
warum sollte etwas überhaupt einen Grund haben, wenn alles
seinen Grund sowieso in sich selbst trägt?

Der Großvater trank wenig, weniger als am Tage davor,
und dankte dem Knaben nach jedem Schluck für die Hilfe.
Während er laut schlürfte und die geschmacklose Flüssigkeit
langsam schluckte, beobachtete der Knabe seine Augen, die
leicht graubläulich geworden waren und wahrscheinlich nicht
mehr genügend Licht für ein klares Bild durchließen. Die dicken
Augenbrauen waren, bis auf wenige schwarze Borsten, ganz weiß.
Das Haupthaar fehlte fast vollständig, und nur ein schmaler, sil-
berner Kranz um den Schädel zeugte davon, dass das nun kahle
Haupt nicht immer des jugendlichen Schmuckes entbehrt hatte.
Die hohe, viereckige Stirn, unterteilt von mehreren horizontalen
Falten, zeugte von einem bewegten Leben und der Unbarmher-
zigkeit des Wandels.

Der Knabe versuchte die Stirnfalten zu zählen, jedoch gelang
es ihm nicht, da sie auf eine seltsame Weise ineinander übergin-
gen, so dass man nicht ohne weiteres bestimmen konnte, wo die
eine anfing und die andere aufhörte. Nach mehreren erfolglosen
Versuchen widmete er sich der großen, leicht gebogenen Nase,
die der mächtigen Stirn wie eine Art Stützsäule diente. Auf der
linken Wange stach aus der blassen Umgebung ein großes Muttermal mit einigen Härchen hervor, die, wahrscheinlich vom
stärker durchbluteten Gewebe genährt als die übrigen, besonders

dick und lang waren. Der Großvater wollte sie nie abrasieren lassen, und die Frage, warum er es nicht erlaubte, erzielte den gleichen Erfolg wie jene nach der schweren, braunen Teetasse.

*

Nachdem der Großvater etwa ein Drittel des Inhalts in kleinen Schlucken getrunken hatte, bedankte er sich mit einem Lächeln, das dem Knaben weder schön noch hässlich vorkam und nur einen seltsamen Beigeschmack der Ferne hatte und zu verschiedensten Deutungen Anlass gab. Der Knabe kam zum Schluss, dass in der Seele des Großvaters etwas vorging, was sich in der fernen Vergangenheit zugetragen haben musste und nur dem Großvater selbst bekannt war. Seine runzelige Stirn gewährte jedoch keinen Zutritt zur verborgenen Welt.

In der Zwischenzeit hatte der Knabe die schwere Teetasse behutsam auf den Nachttisch zurückgestellt und stand nun wieder am Bett in der Brusthöhe des Großvaters. Mit einem Ausdruck der Verklärung streckte der Großvater seine linke Hand dem Fenster entgegen und wollte etwas sagen, aber die Worte blieben ihm hinter den leicht bläulichen Lippen haften, die sich in kaum bemerkbaren, geräuschlosen Zuckungen hin und her bewegten. Ob der Großvater wusste, dass er keine Laute hervorbrachte – er war seit langem schwerhörig –, war dem Knaben nicht bekannt. Jedenfalls drehte er die müden Augen dem Fenster zu. Dieses war offen, und die erquickende Frühlingsluft erfüllte den ganzen Raum, dessen besprengter Erdboden und die weiß getünchten Wände die allgemeine Frische noch zusätzlich verstärkten.

Verglichen mit der Helligkeit draußen, war der Raum recht dunkel, so dass man das einzige Bild an einer der frisch gestrichenen Wände nicht leicht erkennen konnte, falls man vorher nur einen Augenblick nach draußen geschaut hätte.

Wie das Bett war auch das Bild seit mehreren Generationen im Familienbesitz. Es stellte zwei ringende Männer dar.

Der Knabe fragte einmal den Großvater, wer die beiden in den bitteren Kampf verwickelten Männer seien, und der Großvater erklärte ihm, einer von ihnen sei der Mensch und der andere der Engel. Der Knabe versuchte mit seiner kindlichen Phantasie festzustellen, welcher der beiden wohl der Mensch sein könnte. Es gelang ihm jedoch nicht, da beide den Anspruch darauf erheben konnten. Der Maßstab, nach dem er es zu bestimmen suchte, war der Körperbau der beiden Ringer. Er ging davon aus, dass der Ringer mit dem eher muskulösen und sehnigen Körper wohl den Menschen und jener, der eher glatt und von neutraler Beschaffenheit war, den Engel darstellen musste.

Bei näherer Betrachtung musste er aber feststellen, dass beide Ringer kräftig und von äußerst schönem Körperbau waren, und so musste er jedes Mal unverrichteter Dinge mit seinen Bemühungen aufhören. Es war natürlich nur ein vorläufiges Aufgeben, für einige Tage vielleicht, denn das Bedürfnis, es genau zu wissen, war viel zu stark, als dass er es hätte vergessen können.

Es fiel bei dem Bild auf, dass das Gesicht eines der Ringer fast ganz sichtbar war, denn er war von vorn abgebildet, während beim anderen nur die Rückseite sich dem Betrachter bot. Das sichtbare Antlitz des einen Ringers strahlte ungeheure Entschlossenheit und grenzenloses Selbstvertrauen aus, und was das Gesicht des anderen ausdrücken mochte, war für die Sinne nicht bestimmt.

Immer wieder ging der Knabe ins Schlafzimmer des Großvaters, der schon seit vielen Jahren allein auf dem schönen, großen Bett schlief, da die Großmutter schon längst tot war, und betrachtete das wundervolle Gemälde, auf dem außer den beiden anmutigen Athleten sonst nichts zu sehen war. Dem Knaben kam es vor, dass die übrige Welt, die die beiden Ringer umgab, von einem Nebelschleier verhängt war und auf den Sonnenaufgang wartete, um erschaffen zu werden. Der Großvater sagte einmal, selbst jenes, was dort abgebildet war, sei beinahe zu viel und er habe das Bild nur wegen eines einzigen Details aufgehängt. Hätte der Künstler dieses bestimmte Moment nicht so klar betont, wäre das Bild trotz der ungeheuren Spannung, die das Abgebildete erfüllte, und des Muskelspiels der beiden starken Körper nur mittelmäßig. So jedoch, wie es ist, verdiene es, immer angeschaut zu werden. Er hatte es nicht an der Wand über seinem Kopf angebracht, sondern an der ihm gegenüberliegenden, so dass er es immer betrachten konnte, wenn es ihn danach verlangte. Es war ein ziemlich großes Bild, jedenfalls groß genug, dass man vom Bett aus alle Einzelheiten gut sehen konnte.

*

Wahrscheinlich lockte die von draußen in den etwas kühlen und dunklen Raum hinein strömende Helligkeit die müden und sich langsam trübenden Augen des Großvaters, denn er wandte sein Gesicht dem hellen Viereck zu. Erst jetzt merkte der Knabe, dass die Hornhäute seiner graubläulichen Augen einen weißen Kranz hatten. Das Gesicht des Großvaters nahm den Ausdruck eines vor Freude Weinenden an, und in demselben Augenblick kollerte eine Träne seine matte Wange hinab und verschwand in einem sternartigen, nassen Fleck auf dem weißen Kissen.

Der Knabe stand sprachlos am Bett und folgte für einen Augenblick den trüben Augen des Großvaters, denen die Helligkeit, die den blühenden Obstgarten überflutete, anscheinend wohl tat.

Ohne den Kopf zu bewegen, tastete sich der Großvater am Bettrand an den Knaben heran, nahm dessen feine, kleine, kindliche Hand und drückte sie. Wieder bewegten sich die Lippen, und wie vorher war kein Laut zu vernehmen. Da seine Hand zitterte und er so tat, als ob er dem Lichte entgegen schreiten wollte, fragte der Knabe etwas lauter als sonst, ob er etwas möchte. Der Großvater gab jedoch keine Antwort, sondern strebte und strengte sich mit allen Kräften an, dahin zu gelangen, woher der süße Duft der mit zarten, weißen Blüten bedeckten Zweige

des Sauerkirschbaumes ins Zimmer strömte. Die Bienen summ-
ten im weißen Wipfel, und ihr Summen mischte sich mit dem
kaum hörbaren Rauschen – ein milder Frühlingswind eilte ziel-
los, seinen Auftrag zu erfüllen.

*

Die Hand des Großvaters, die der Hand eines Verhungerten
ähnelte, zitterte nun so stark, dass der Blick des Knaben vom
Zauber, der den Garten erfüllte, abgelenkt wurde. Die Sehnen
des Handrückens waren sehr dick, die bläulichen Äderchen einge-
trocknet und blutlos. Gelbbraune Flecken bedeckten die Haut und
ließen das jugendliche Rosa der kindlichen Hand wahr erscheinen.

Der Knabe wiederholte seine Frage, dieses Mal viel lauter,
ob er etwas brauchte, aber trotzdem erhielt er keine Antwort.
Stattdessen spürte er auf einmal den Druck des Großvaters Hand
nicht mehr und lief schnell hinaus, die Mutter zu holen.

Sie blieb nicht lange beim Großvater, und als sie zurückkam,
sagte sie ruhig zu ihm, der Großvater müsse Ruhe haben und
sollte auf keinen Fall gestört werden. Sie sagte es mit einem Ernst,
der ihr sonst fremd war und der den Knaben daran hinderte,
irgendwelche Fragen, die den Großvater angingen, zu stellen.
Der Knabe spürte, dass er vergessen hatte, etwas Wichtiges abzu-
klären, und es drängte ihn unwiderstehlich, von der Mutter zu
erfahren, wann er wieder zum Großvater gehen dürfte, aber der
Gesichtsausdruck der Mutter und die befleckte Hand des Großvaters schwebten ihm vor Augen und erlaubten ihm nicht, die
Frage zu stellen. Er verließ den Raum und ging in den Garten.

*

Die Hände in den Hosentaschen, stand er, umgeben von den
festlich gekleideten Obstbäumen, und schaute den Hang hinunter. In dem Augenblick erblickte er zwei schöne, große Hähne,

die auf Leben und Tod miteinander stritten. Die Bewegungen des einen entsprachen haargenau den Bewegungen des anderen, so dass er sich nicht des Eindrucks erwehren konnte, einer von den beiden kämpfe gegen sein eigenes Spiegelbild. In demselben Augenblick vernahm er die klangvolle Stimme seines Enkels, der zusammen mit ihm den Raum betreten hatte: Grossvati, sag mir bitte, wer die beiden Männer auf dem Bild sind?

*

Er legte die kurze Schere auf das Fensterbrett, ohne sie gebraucht zu haben, und ließ den leblosen, nassen Zweig, der bis in den Fensterrahmen reichte und dessen goldgelbe Blätter im Grau des regnerischen Herbsttages aufleuchteten, aus der Hand gleiten.

Der unsichtbare Faden riss, und einige schwere Perlen verschwanden im nassen Boden, ohne eine sichtbare Spur zu hinterlassen.

***

EINE KURZE FREUNDSCHAFT FÜR IMMER

Der nächste Besucher hatte soeben angerufen und mitgeteilt, er werde sich etwas verspäten, etwa zwanzig Minuten, es tue ihm Leid, aber etwas völlig Unvorhersehbares sei dazwischengekommen.

Gegen die Verspätung hatte er nichts einzuwenden, im Gegenteil, sie kam ihm recht gelegen.

Er ging aus dem kleinen Pavillon ins Freie. Der Pavillon, in dem er seine Besucher empfing und behandelte, war ein kleiner Bau mit weiß und gelb gestrichenen Außenwänden und befand sich mitten in einem kleinen Garten.

Vor dem Betreten des Pavillons wurden die Besucher von mehreren kleinen Blumenbeeten begrüßt. Die Blumen selbst, die man als Besucher zu sehen bekam, wuchsen ohne eine bestimmte Ordnung nebeneinander, jedoch fiel es gleich auf, dass jeder Blumenart ihr Lebensraum gewährt wurde und dass alle dadurch zur Geltung kamen.

Der Eingang des Pavillons schaute gegen Süden, so dass die Pflanzen davor immer genügend Licht erhielten. Damit keine Pflanze die andere überschatte, wurden die höchsten unter ihnen unmittelbar vor den Eingang gesetzt. So wurde der Besucher zuerst von den Stauden von den niedrigsten Blumen wie Veilchen, Vergissmeinnicht und Silbernelken begrüßt und angelächelt. Darauf folgten dann die Lavendel- und Rosmarinstauden und ganz zum Schluss, unmittelbar vor dem Eingang, Lilien, Rosen und Oleander.

*

Das Wetter war prächtig. Ein wolkenloser Himmel wölbte sich über einer friedlichen Landschaft aus Hügeln, Wiesen und Wäldchen. Von seinem Garten aus, der auf einem Hügel lag, bot sich ein freier Blick bis zum Meer hinunter, das, obwohl mehrere Kilometer entfernt, bei guter Sicht den Anschein hatte, es wäre zum Greifen nah.

Er wollte noch schnell ins Haus, in dem er wohnte, hinüber, um etwas zu holen. Das Haus selbst war kaum zehn Schritte vom Pavillon entfernt, und er brauchte nicht zu eilen.

*

Es war Mitte Oktober, und die angenehme Frische kündigte bereits die bevorstehende Zeit der Kälte an und mahnte alles Lebendige, mit dem Vorsorgen nicht zu säumen.

Er war ganz in Weiß gekleidet, wie das die Tätigkeit, der er nachging und den größten Teil seiner Zeit widmete, erforderte, und ähnelte auf den ersten Blick einer Schneefigur, die im Sonnenlicht strahlte und von weitem zu sehen war. Selbst sein Schuhwerk, ein Paar Zoccoli mit zahlreichen Löchern, von Gesundheitsaposteln entworfen und ebenso für die von ihm aus reiner Freude ausgeübte Tätigkeit empfohlen, war schneeweiß.

Im Pavillon hatte er eine von ihm selbst entworfene und eigens für ihn gebaute Liege, auf die sich ein jeder seiner Besucher während der Behandlung legen musste. Niemand wurde jedoch nach der Liege zugeschnitten, sie wurde allen angepasst. Die Schmerzen und Leiden wurden seinen Besuchern nicht zugefügt, sie wurden ihnen weggenommen. In dieser seiner Tätigkeit verfolgte er das Ziel, welches das reine Gegenteil von dem des merkwürdigen Inselbewohners aus jener alten Sage war, der die schiffbrüchigen Seefahrer rettete und in seinen Palast lockte, um sie dann der Länge seines furchtbaren Bettes anzupassen; falls die Länge des Körpers nicht haargenau der des Bettes entsprach – das war immer der Fall –, wurden alle entweder gekürzt oder gestreckt und so gründlich angepasst, dass sie sich nie mehr anzupassen brauchten.

*

Anders als bei dem erwähnten Gastgeber aus der Sage waren seine Besucher Menschen beider Geschlechter und aller Altersstufen. Allen war eines gemeinsam: Ihre Lebenssäule bereitete ihnen große Schmerzen und machte ihnen das Leben schwer. Bei ihm suchten sie Hilfe und Linderung ihrer Leiden.

Seine Beschäftigung galt der teuersten Kutsche dieser Welt, Menschenkörper genannt, jenem kostbaren Gefährt, das durch allerlei Landschaften, genannt Lebenslagen, fuhr und dank eben dieser Fahrt die Welt erfuhr, jene selbe Welt, die als solche zugleich die Kutsche prägte und selbst von der Kutsche geprägt wurde.

Dieser Gedanke war eines seiner Lieblingskinder, auf dessen Anwesenheit er nie verzichten wollte.

Er wusste zwar, dass die Kutsche den Stoff nicht erschuf, wohl aber dessen Erscheinungsart, ohne die es auch jenen nicht geben konnte. Das Köstlichste an dieser herrlichsten aller Kutschen war – das wusste er auch –, dass auch sie lediglich eine Erscheinungsart war, somit ebenso ihr eigenes Produkt, jedoch ein ganz besonderes, weil es alle anderen in sich enthielt und hervorbrachte, so dass durch sie alle waren, ohne sie keines sein konnte. Das Gepolter ihrer Räder war für ihn der große Weltgesang, in den alle Gepolter als Stimmen aller Kutschen – jeweils auf eine eigene Art und Weise – einstimmten und somit eine Stimmung schufen, die in der üblichen Sprache Dasein hieß.

*

Im vergänglichen, sich krümmenden, leidenden Körper eines jeden seiner Besucher sah er diese unendlich kostbare Kutsche, der alles entsprang, auch sie selber, auch sein Wissen, dass dem so war.

Dass ein jeder seiner Besucher eine Blume im Garten seines eigenen Daseinserlebens war, wusste er wohl, aber nicht weniger war es ihm bewusst, dass auch er selbst eine Blume war im Daseinserleben eines jeden seiner Besucher.

Ob seine Besucher sich all dessen bewusst waren oder nicht, war nicht seine Sache. Er war sich des Wunders dieser Welt bewusst, und er empfand dieses Bewusstsein als eine klare Verpflichtung, die darin bestand, sie alle als Blumen in seinem Lebensgarten zu pflegen, so gut er es als Gärtner konnte und verstand. Indem er für die Blumen in seinem Lebensgarten sorgte, wurde auch er von ihnen umsorgt und erfreut.

*

Auf einem flachen Stein neben einem Rosmarinstrauch erblickte er ganz zufällig eine prächtige Heuschrecke und hielt inne, erwiderte die stumme Begrüßung. Auf der dunkelgrauen Steinunterlage fiel sie durch ihre grünliche Farbe sofort auf. Für das winzige Wesen war das ein äußerst gefährlicher Stand, denn die Vögel hielten mit ihrem scharfen Blick immer Ausschau nach einem saftigen Happen.

Er hockte sich nieder, um den lustigen kleinen Bewohner seines Lebensgartens aus nächster Nähe anzusehen. So hockend ähnelte sein Körper einem großen leuchtenden Schneeball. Etwas großes Weißes hatte sich dem winzigen Tierchen genähert, und es rührte sich nicht.

„Warum steht sie da auf dem Stein, wo sie so gut sichtbar ist? Wo bleibt die Anpassung? Hier auf dem Stein nutzt die sonst so wirksame Tarnung nichts. Ach, klar, die Wärme der Unterlage ist vermutlich die Lösung des Rätsels. Wer sitzt nicht gern auf einer warmen Unterlage, wenn die Luft kühl ist?", dachte er und sagte es wahrscheinlich halblaut, während er das Tierchen betrachtete.

Die Heuschrecke hatte außerordentlich lange Fühler, fasst so lang wie ihr ganzer Körper. Er hatte den Eindruck, dass auch sie ihn mit ihren großen hervorstehenden runden Augen aufmerksam betrachtete. Der Augenblick gestattete nicht, dass er sich um die wissenschaftliche Richtigkeit seines Eindrucks kümmere. Die kräftigen Hinterbeine des lustigen kleinen Wesens waren angewinkelt, bereit, jeden Augenblick zu hüpfen und den ganzen Körper mit einem kräftigen Satz in eine völlig neue Umgebung zu befördern, somit der augenblicklichen Gefahr zu entkommen, ohne sich dabei zu überlegen, wo es landen könnte.

Sie sprang aber nicht weg, sondern blieb auf ihrem gefährlichen Platz sitzen, obwohl sich etwas großes, unbekanntes
Weißes bedrohlich genähert hatte. Die Haltung des Kopfes
beim Tierchen erinnerte ihn an die der feurigen Rosse der
Wüstensöhne.

*

„Im Leben der Heuschrecke ist die Zukunft im jetzigen Augenblick enthalten, und ihre einzige Aufgabe besteht wohl darin,
dem jeweils jetzigen Augenblick zu genügen, sonst nichts",
dachte er.

Obwohl er unheimliche Lust verspürte, sie mit Fingern zu
berühren, versuchte er es doch nicht, denn er liebte den Traum,
den er gerade träumte, und wusste, dass schon die kleinste
Kleinigkeit das Tierchen zum Sprung veranlassen konnte, mit
welchem auch sein Traum sich aufgelöst hätte. Stattdessen nahm
er einen dünnen Grashalm und streichelte mit dessen schmiegsa-
mer, weicher Spitze sachte und möglichst behutsam den Rücken
des winzigen Pferdchens. Der Körper des Tierchens rührte sich
nicht, nur ein Fühler, jener, der ihm näher stand, bewegte sich
langsam, wie wenn es sich an ihn wenden wollte - es war sein
Handreichen.

Aber wie sollte er diese ihm gereichte Hand nehmen, wie sie
schütteln? Er tat es, so gut er es konnte und verstand, wandte
seine Kunst an, deren Wirkung Leidende tagtäglich an ihrem
eigenen Körper erfahren konnten und erfuhren. Mit seinem
Grashalm streichelte er nochmals den Rücken des Tierchens,
diesmal allerdings etwas freier und länger, so wie wenn er sagen
wollte: „Lieber kleiner Freund, mit Freuden nehme ich die dar-
gebotene Hand an und grüsse dich herzlichst."

*

Und siehe, etwas Unglaubliches geschah: Das Tierchen hob den Rücken, als wollte es sagen: „Das tut so gut, mach es bitte noch einmal".

Und wie hätte er sich dieser Bitte und dieser Aufforderung verschließen können? Er streichelte wiederholt mit gleicher Behutsamkeit den Rücken des Tierchens und tat es jedes Mal anders, um herauszufinden, was ihm am meisten wohl tat. Dann streichelte er es auch am Bauch, und das Tierchen bekundete seine Zufriedenheit, indem es jeweils den ganzen Körper leicht anhob, wie jemand, der zum Vergnügen Liegestützen macht.

Dann hörte er für einen Augenblick damit auf, und seine Hand entfernte sich ein wenig vom Tierchen.

*

Ein zweites Wunder geschah: Das Tierchen ging seiner Hand nach und stellte sich in die unmittelbare Nähe hin.

In der Grenze, die ihn bis anhin vom Tierchen getrennt hatte, entstand plötzlich ein Spalt, durch den sie in beiden Richtungen überwindbar wurde.

Er ließ den Grashalm fallen und streichelte sanft mit der Beere seines Zeigefingers den rauen Rücken des Tierchens, vom Kopf bis zum Ende der zusammengelegten Flügel, und wiederum schien das Tierchen seine helle Freude daran zu haben.

Er war sprachlos, konnte weder denken noch sich irgendwelche Fragen stellen. Aber wie hätte man dabei noch denken können, und was für eine Frage hätte in dem Augenblick noch einen Sinn gehabt? Alles war in seiner Unendlichkeit so nah, in seiner Abgründigkeit so klar.

In dem Augenblick erschienen ihm all die vielen Bücher, in denen ausführlich erklärt wurde, dass alle Lebewesen irgendwie verwandt waren, völlig überflüssig, denn er spürte, dass es nur so sein musste und nicht anders sein konnte.

Er schwieg und rührte sich nicht. Seine Arme umarmten seine Unterschenkel, und seine Hände hingen so, dass sie gerade den Boden berührten.

*

Alles vor ihm wurde plötzlich verschwommen. Die Umrisse der Dinge lösten sich auf und wurden zu welligen Schlieren in der Flüssigkeit, die seinen Blick trübte. Sein Blickfeld wurde zum glitzernden Meer, in dem sich auch das Tierchen auflöste.

In dem Augenblick spürte er, dass etwas in winzigen Schritten seinen Zeigefinger hinaufkroch. Auf spontanes Weichen-Wollen folgte blitzschnell der Befehl, ruhig zu bleiben.

Mit der linken Hand wusch er sich die Augen trocken. Das kleine Geschöpf kroch auf dem Rücken seiner rechten Hand hinauf, immer weiter, jenem Teil seiner Kutsche entgegen, von welchem aus die Befehle gekommen waren, dem Tierchen die Beachtung zu schenken und ihm die Hand zu reichen. Er legte seine linke Hand in den Weg seines Gastes, und das Tierchen setzte seinen Spaziergang darauf fort. Er streichelte es wiederholt, und es bewegte zufrieden die Fühler.

Dann bückte er sich und berührte den Stein, auf welchem sein kleiner Freund vorher gelegen hatte: Er war gleich warm wie seine Hand, denn er empfand ihn weder als warm noch als kalt.

Behutsam stellte er das lustige kleine Wesen auf dieselbe Stelle zurück, auf der es vor der Bekanntschaft gestanden hatte, und entfernte seine Hand gleich darauf. Der Abstand zwischen der Heuschrecke und seiner Hand betrug knapp eine Handbreite.

Das blieb jedoch kaum eine Sekunde so, denn im nächsten Augenblick geschah auch das letzte Wunder: Das Tierchen wollte nicht mehr auf der neutralen warmen Unterlage bleiben, sondern kroch unentwegt auf seine Hand zu und stieg sicher und flink seinen Finger hinauf.

*

Er drehte sich um, denn der nächste Besucher war gekommen.

„Sie spielen mit Heuschrecken", hörte er ihn sagen, in einem Ton, in welchem auch das nicht Ausgesprochene kaum zu überhören war.

„Auch ich habe früher mit Heuschrecken gespielt, als ich noch klein war", fuhr er im gleichen selbstsicheren, selbstgefälligen Ton fort, „und ich übertreibe nicht, wenn ich sage, dass ich damals gerade dank Heuschrecken gelernt habe, den Golfball präzis zu treffen."

Auf die Worte und das Lachen des Besuchers reagierte er nicht, tat vielmehr so, als hätte er weder dessen Worte noch dessen Lachen gehört.

Sachte setzte er seinen kleinen grünen Freund auf einen hellgrünen Rosmarinzweig ab. Das Tierchen verschwand im grünen Strauch. Einen Augenblick blieb er noch unbeweglich stehen und starrte auf die Rosmarinstaude, sah eigentlich nichts, denn das reine Nichts war in dem Augenblick das Ziel seiner Beobachtung.

„Dankbar bin ich dir, dass du mir noch einen deiner unerforschlichen Wege gezeigt hast", sprach er leise.

*

Dann drehte er sich um und schaute den neuen Besucher an. Dieser stand etwas schief, denn seine Wirbelsäule tat ihm offensichtlich weh. Das hatte ihm der Besucher in seinem ersten Telefongespräch auch mitgeteilt, als er sich für die Behandlung anmelden wollte.

„Dies ist das erste Mal, dass ich Mühe habe, der Versuchung zu widerstehen", dachte er, „aber ich weiß, dass es lediglich eine Versuchung ist, und dann ist es doch keine."

Dann begrüßte er den Besucher und reichte ihm die Hand.

„Kommen Sie herein", sagte er darauf freundlich wie immer, „damit wir sehen, was mit Ihrer Wirbelsäule los ist", und führte ihn in den weiß-gelb gestrichenen Pavillon.

*****

DIE GEPLANTE
WEISHEIT

Es war ein herrlicher Sonntag; alles blühte, und die Vögel zwit-
scherten und flöteten zu Ehren von etwas, was sie nicht kannten,
jedoch spürten, denn die Kälte war vorbei und die Luft war
warm und angenehm; dass es bald wiederum kalt werden musste,
konnte ihr Glück nicht trüben.

Alle schliefen noch, aber er war gleich früh aufgestanden wie
an einem gewöhnlichen Wochentag.

Die Gewohnheit allein war diesmal nicht der einzige Grund,
dass er bereits auf war; um neun Uhr sollte nämlich jemand
kommen und ihn abholen, zu einer Ausstellung. Es ging in der
Ausstellung um eine besondere Ecke der Welt, die von allen
menschlichen Ballungszentren weit entfernt lag.

Dort sind die Berge besonders hoch, daher die Täler besonders tief, und der alte Schnee schmilzt nie ganz weg, bevor der
neue fällt; ein Zufluchtsort für jene war es, die auf der Flucht vor
dem Leben sich einer ausserordentlich gefährlichen und vollkommen sinnlosen Anstrengung aussetzten, indem sie die höchsten
Berge bestiegen, um dann stolz davon reden zu können, dass sie
diesen oder jenen Achttausender bezwungen hätten, obwohl der
betreffende Berg von keiner Bezwingung etwas wusste.

*

Die Luft dort ist sehr dünn, jedoch immer trächtig, denn der
Nebel ist allgegenwärtig und in allen seinen Formen ständig
belebt; in den hoch schwebenden Fetzen wohnen die luftigsten
aller Geister, von denen nicht einmal geträumt, geschweige denn
gesprochen werden kann; in den Nebelwolken darunter hausen
nur jene unsichtbaren Bewohner, von denen die stets in dicke
und schwere Kleider vermummten Menschen träumen; und
noch tiefer, in dem immer grauen, feuchten Nebelmeer, wohnen
die Geister des Alltags, die bedrückenden Hausgenossen, deren
Schwere jeder überall spürt.

*

Gerade diese niedrigsten Geister haben jemanden aus der Nachbarschaft, der übrigens eine Art Prinz war und sich daher der Bequemlichkeit des Daseins erfreuen durfte, veranlasst, allen zu erzählen, dass das Leben voller Qual und Leiden sei. Er erzählte also allen etwas, was jedem Denkenden in den grauen, bedrohlichen Bergen – aber nicht nur dort – seit eh und je wohl vertraut gewesen sein musste. Das war in der Tat allen bekannt, so sehr sogar, dass selbst jemand mit bescheidenem Urteilsvermögen in dem Teil der Welt nie auf den Gedanken gekommen wäre, über das Leben als Leiden zu reden, denn es ging um etwas restlos Selbstverständliches, da man ausser dem leidvollen kein anderes Dasein kannte und schon deswegen die einzig bekannte Möglichkeit mit keiner anderen vergleichen und daher auch nicht bewerten konnte.

*

Dieser Prinz war der Sohn eines lokalen Fürsten und verbrachte die ersten vierzig Jahre seines Lebens in Saus und Braus, und in der Zeit wurde ihm jeder Wunsch unverzüglich erfüllt. Die Vorfreude und das Warten auf die Stunde der Erfüllung seiner Wünsche waren ihm unbekannt.

Er war immer gesund und von kräftigem Körperbau, musste auch in der Hinsicht nie leiden.

Als gesunder, kräftiger junger Mann in bevorzugter Lage wurde er von den schönsten jungen Frauen des Landes umschwärmt und begehrt, was er auch nutzte und die Freuden, die sich daraus ergaben, voll genoss.

*

Als er einmal – er hatte gerade das Alter von vierzig Jahren erreicht – mit einem ausserordentlich schönen und zarten jungen

Mädchen die Nacht verbracht hatte, kam in seinem Geist ein unerwarteter Gedanke auf.

Das Mädchen, mit dem er zusammen im Bett gelegen hatte, war von besonderem Liebreiz, gerade zur Frau geworden, noch nicht vierzehn Jahre alt. Sie hätte die neueste seiner vielen Geliebten sein sollen, die sein Haupteunuch für ihn beschafft hatte.

Aber gerade das, womit ihn sein treuer Eunuch erfreuen wollte, geschah nicht, denn irgendein Dämon hatte ihn gerade in der Nacht der Spannung beraubt.

Er lag auf dem Rücken und schaute gegen die Decke. Der wunderschöne Körper des Mädchens schmiegte sich an ihn, und ihre zierliche Hand streichelte seine Scham, aber all ihre Zärtlichkeit und all ihre Reize konnten nichts bewirken – der verneinende Dämon in ihm machte ihn verstockt und gefühllos: Er bewegte sich nicht, und es geschah nichts.

„Warum bin ich so grausam bestraft worden, dass mir alles so leicht ergeht?", dachte er, während das reizvolle Mädchen vergeblich versuchte ihn vielleicht doch noch zu erwecken, indem sie seine Hoden zärtlich drückte und streichelte.

*

Er hatte bereits von allen erdenklichen Vergnügungen so viel gehabt, dass er sich nach weiteren Genüssen des Fleisches nicht mehr sehnen konnte, und er beschloss, seine Familie, und alles, was ihm früher einmal etwas bedeutet hatte, zu verlassen und das Wesentliche, die Wahrheit, zu suchen.

*

Natürlich stellte er sich nicht die Frage, was Wahrheit eigentlich sein musste und wie er sie überhaupt suchen sollte, denn er kannte sie nicht, und wie er sie erkennen würde, falls er irgendwie auf sie stossen sollte. Denn, wenn man eine Ziege sucht, weiss man, wenigstens ungefähr, was für ein Tier die Ziege ist und wie sie aussieht, aber von der Wahrheit hatte er keine Ahnung.

Er beschloss also, etwas zu suchen, ohne irgendeine Vorstellung von dem Ziel seines Suchens zu haben.

*

Eines Nachts, während alle ruhig schliefen, stand er auf, nahm sein Lieblingspferd und seinen treusten Diener und schlich sich aus dem Haus, ohne jemandem etwas zu sagen.

Nach dem kläglichen Versagen mit dem reizvollen Mädchen im Bett war er fest entschlossen, auf alle Genüsse des Fleisches zu verzichten und fortan ein ganz anderes Leben zu führen.

Der Hunger plagte ihn, und er musste versuchen, etwas Essbares zu finden. Mit einer Bettelschale in der Hand ging er von einer armseligen Hütte zur anderen – es gab nur solche – und bat um eine kleine Gabe.

Obwohl alle Menschen, an die er sich wandte, in äusserster Armut lebten, bekam er in jeder Hütte etwas.

Wenn er nicht bettelte, sass er im Wald und meditierte über die Welt und das Leben.

So vergingen seine Tage, Wochen, Monate und schliesslich auch Jahre.

Um jenes zu erlangen, wonach er sich sehnte, versuchte er, noch enthaltsamer zu leben. Die Armen hatten Mitleid mit ihm als Bettler und gaben ihm, was sie irgend geben konnten; so lebte er eigentlich viel bequemer als irgendjemand von denen, die mit ihm Mitleid hatten und ihm zu essen gaben. Weil er seine neue Lebensweise mit seinem früheren ausschweifenden Leben vergleichen konnte, war er nun überzeugt, dass er äusserst enthaltsam und tugendhaft lebte.

Nach einigen Jahren war er ein erfahrener, gut ernährter Bettler, der in Sachen tiefes Meditieren seinesgleichen suchte.

Dennoch musste er enttäuscht feststellen, dass all sein Suchen und Meditieren, seine streng asketische Lebensweise in Wäldern und nichts von alledem, was er in langen Gesprächen mit zahlreichen Weisen und Gurus gehört und gelernt hatte, seinen Durst nach Wahrheit stillen konnte.

Niemand konnte ihm befriedigend die Frage beantworten, was die Ursache des menschlichen Leidens und was der Sinn des Lebens eigentlich sein sollte, das letzten Endes ausschliesslich darauf beruhte, dass eine Lebensform eine andere zerstörte, um selbst bestehen zu können.

*

Die Frage war zum ersten Mal in ihm aufgetaucht, als er – damals noch ein kleiner Knabe – auf einem Spaziergang mit seinem Vater sah, wie eine Lerche einen wehrlos kriechenden Regenwurm auflas und davonflog. Das spielte sich unmittelbar vor ihnen ab, und sie hielten ungewollt an, denn, was sie sahen, schien wie geplant, jemanden wie er zum Nachdenken zu bewegen.

Er sah dem davonfliegenden Vogel nach und konnte sich nicht des Eindrucks erwehren, dass das kleine, von allen Menschen geliebte Geschöpf überaus glücklich sein musste. Die Lerche flog nämlich auf eine eigenartige Weise davon, indem sie abwechselnd einige Male schnell und kräftig mit den Flügeln schlug, was sie nach oben beförderte, dann aber einen Augenblick lang die Flügel nicht bewegte, was bedingte, dass sie im sanften Bogen zu sinken begann, worauf sie wieder schnell und kräftig mit den Flügeln schlug und wieder hinauf flog, so dass ihr Flug einem wahren Freudentanz in der Luft ähnelte.

*

„Herrlich! Sie tanzt buchstäblich vor Glück, dass sie einen fetten Wurm gefunden hat; jetzt kann sie damit ihre Kücken im Nest füttern; die Natur ist wirklich wunderbar", sagte sein Vater, und in seinen Worten schwang ein gewisser Stolz mit, denn er hielt sich für weise und wissend, ja sogar für eine Art persönlichen Sprecher der Natur, und nun bot sich ihm eine ausgezeichnete Gelegenheit, seinen Sohn und Erben auf etwas so anschaulich Belehrendes aufmerksam zu machen.

Der Knabe schwieg.

„Die Lerche ist ein Vogel des freien Feldes, und sie macht ihr Nest im Gras", fuhr der Vater mit seinem aufklärenden Kommentar fort.

Der Knabe erwiderte nicht und stellte keine Fragen.

*

Sie setzten ihren Spaziergang querfeldein fort. Der Himmel war blau, der Boden in saftiges Grün gehüllt, die Luft rein und würzig.

„In der Natur herrscht vollkommene Harmonie in allem, und kein Wesen hat einen Grund, unzufrieden zu sein", ergänzte der Vater seine Unterweisung.

„Vater, schau!", schrie der Knabe plötzlich, blieb stehen und zeigte mit dem Finger auf etwas am Boden.

Der Vater warf den Blick hin und sah am Boden ein Lerchennest; drin war eine Schlange gerade dabei, das letzte Kücken zu verschlingen. Der ganze Körper des Kückens war bereits tief im Rachen des Reptils, und nur die Beinchen des Opfers schauten noch hervor. Das Nest war leer, und der Bauch der Schlange wies in der Mitte eine grosse Verdickung auf.

Der Vater wollte etwas sagen, aber es gelang ihm nicht, und sie setzten ihren Spaziergang fort.

*

Als sie etwa zweihundert Schritte von dem leeren Nest entfernt waren, flog ein Bussard nur einige Meter hoch über ihren Köpfen in die gleiche Richtung, in der sie gingen, und sie konnten klar sehen, dass er in den Krallen eine Schlange trug, deren Körper eine Verdickung in der Mitte aufwies.

Sie sahen dem davonfliegenden Greifvogel nach, bis er in der Ferne im bläulichen Dunst verschwand.

*

„Wir haben eine schöne Strecke zurückgelegt, und können nun umkehren", sagte der Vater, ohne zu kommentieren, was sie unmittelbar davor gesehen hatten.

Der Knabe sagte nichts, sondern nickte bloss und folgte seinem Erzeuger, wie jedes Junge es tut.

„Man kann von der Natur sehr viel lernen – man muss nur genau hinsehen", sagte der Vater, als sie zu Hause angekommen waren.

Der Knabe bestätigte schweigend mit einem Nicken, dass er mit dem Vater einverstanden war.

***

In der Nacht nach dem Spaziergang mit seinem Vater konnte er nicht einschlafen, denn, was er damals gesehen hatte, verscheuchte ihm den Schlaf.

„Muss das Leben aus töten und getötet werden bestehen? Woher kommt all das Leiden?", fragte er sich und versuchte, eine Antwort zu finden.

Seit jener Zeit waren viele Jahre verstrichen, in denen er alle Freuden des Lebens genossen, jedoch keine Antwort auf seine Frage nach dem Ursprung des Leidens gefunden hatte.

Jetzt war er kein kleiner Knabe mehr, sondern jemand, der alles, was das Fleisch begehren kann und begehrt, über die Sättigung hinaus genossen hatte und in dieser Hinsicht keine Wünsche mehr haben konnte. Die Bequemlichkeit und Schwelgerei und alles, was ihm das Leben am Hofe seines Vaters bot, konnte ihn nicht weiter bringen. Deswegen wollte er um jeden Preis weiter suchen und ja nicht aufgeben, bis er die Antwort auf jene entscheidende Frage gefunden hatte.

*

„Wenn es mir gelungen ist, herauszufinden, was die eigentliche Ursache des Weltleidens ist, werde ich allen helfen können, auf die illusorischen Freuden der Sinne zu verzichten, und somit der eigentliche Erretter der Welt sein", dachte er.

Zwar glaubte er, eine grosse Wahrheit gefunden zu haben, nämlich dass das Leben voller Leiden sei, jedoch hatte er das Gefühl, dass diese Einsicht allein nicht genügte.

„Bloss die Feststellung, dass das Leben voller Leiden ist, bedeutet nichts, solange ich nicht weiss, was die eigentliche Ursache aller Leiden ist. Um auch das herauszufinden, muss ich wohl noch enthaltsamer leben und noch tiefer meditieren", meinte er.

Und er meinte es nicht bloss, sondern tat es auch, indem er nur so viel Nahrung zu sich nahm, dass er gerade noch sehr langsam laufen konnte. Bald wurde er sehr schwach und musste bereits nach sehr kurzen Strecken ausruhen. Seine Begleiter waren um seine Gesundheit besorgt, aber raten durften sie ihm nicht, mit seiner Askese aufzuhören, denn er war der Meister.

*

Eines Tages, als er sich äusserst erschöpft fühlte und unter einem Feigenbaum etwas ausruhen wollte, schlief er ein. Als er aufwachte, war er ein neuer Mensch, einer, der mit seinem früheren Selbst endgültig gebrochen hatte. Die Last des Wollens spürte er nicht mehr. Stattdessen hatte er das Gefühl, im frischen Morgentau gebadet zu haben.

Plötzlich wusste er, dass er nun auch die zweite wichtige Wahrheit gefunden hatte, eigentlich das, was er so viele Jahre lang eifrig gesucht hatte, denn er fühlte sich von einer Wachheit erfüllt, die sich vom gewöhnlichen Wachsein grundsätzlich unterschied, und von einer Erkenntnis überflutet, die dem gewöhnlichen Wissen der Menschen einfach völlig unbekannt war.

„Von nun an habe ich nur eine Aufgabe und nur ein Ziel vor Augen, nämlich den unwissenden Menschen zu erklären, dass die ganze Welt und alle Werte in ihr, ja sogar das eigene Selbst, die uns von unseren Sinnen vorgegaukelt werden, bloss Illusionen sind. Diese betäuben uns und scheinen uns wegen unserer mangelnden Einsicht unendlich wichtig zu sein, so wichtig, dass wir sie begehren und um jeden Preis für immer besitzen möchten. Das führt dazu, dass wir von unserer eigenen Begierde dazu verleitet werden, an dieser von unseren Sinnen erschaffenen Illusion zu hängen. Eben daraus ergibt sich, dass wir zur Strafe immer wieder von neuem in ein Meer von Leiden hineingeboren werden", dachte er.

Daran, dass das die dritte grosse Wahrheit war, zweifelte er nicht.

*

Zwar meinten einige der griechischen Frühphilosophen, dass das ganze menschliche Wissen bloss ein Scheinmeinen sei sowie dass jeder Einzelne – daher auch die ganze Menschheit – die ganze Kraft verbraucht, um die selbst erschaffene Illusion am Leben zu erhalten. Bildhaft ausgedrückt, versucht der Mensch den schweren Felsen der Existenz die steilen Flanken des Lebensberges hinauf zu rollen, muss aber schliesslich unfehlbar irgendwie ausrutschen, das heisst scheitern. Der Fels rollt jedes Mal wieder hinunter, was die naiven, unwissenden Jungen, eben die neue Generation reizt, es von neuem, auf eine originelle Art und Weise, die einen Erfolg verspricht, zu versuchen.

Das heisst, sie waren zwar der Ansicht, dass die Menschen sich von Geschlecht zu Geschlecht völlig sinnlos abplagten, aber auf den geistreichen Gedanken, die Menschen für diesen Irrtum mit einer Wiedergeburt zu bestrafen, kamen sie nicht.

Auch den Hebräern gelang es nicht zu begreifen, dass man zur Strafe für eine oberflächliche Lebensführung und dafür dass man an der Illusion des Lebens hängt, immer von neuem geboren werde. In ihrer Lehre findet man zwar die Auffassung, dass der Mensch gleich nach seinem menschlichen Bewusstwerden auch bestraft wurde, im Schweisse seines Angesichts sein Brot zu verdienen, also ein schweres Dasein zu haben, jedoch mit einer Wiedergeburt wurde er nicht bestraft.

*

Unser Held, der grosse erleuchtete Prinz-Asket, bestimmte sehr kühn und originell die Wiedergeburt als die angemessene Strafe für jede unvollkommene Lebensführung.

Nach seiner originellen Lehre bedeutete eine jede Wiedergeburt zugleich auch eine neue Gelegenheit, selbst ein Erleuchteter und von der höchsten Erkenntnis Erfüllter zu werden. Schliesslich musste – gemäss seiner eigenen Lehre – auch er selbst eine Reinkarnation gewesen sein, denn auch er selbst hatte vor seiner Erleuchtung und tiefen Einsicht ein halbes Leben oberflächlich und albern gelebt.

Was nach jeder abgeschlossenen vollkommenen Lebensführung unmittelbar folgte, war – gemäss der Lehre des grossen Meisters – das Eingehen in das Nirwana, das alles enthaltende Nichts, frei von jeder Begierde, jedem Wollen und daher jedem Irrtum und jedem Leid.

Das bedeutete zugleich auch das Ende der bestrafenden Wiedergeburten.

Nur die Unvollkommenen konnten und mussten immer von neuem geboren werden; die Vollkommenen blieben von dem Unheil verschont. Nur die Guten und Würdigen hatten also – wiederum gemäss seiner Lehre – das Anrecht auf das hohe

Vorrecht, endgültig zu sterben, richtig tot zu sein und nicht wie die Dummen und Oberflächlichen in der Welt der Illusionen herumzuspuken.

Zwar hatten die hebräischen Weisen gelehrt, dass die höchste Stufe, die der Mensch erreichen konnte, darin bestand, das Ewige im Vergänglichen zu erkennen und somit zum Schöpfer nicht bloss der Vielheit, sondern ebenso der Einheit in der Vielheit dieser Welt zu werden, womit er verdiente, nach seinem irdischen Dasein in die doppelte Leere einzugehen. Und was ist die doppelte Leere, wenn nicht die Leere in der Leere, also das Dortige schlechthin, wo auch jede Spur einer Spur irgendwelcher Einschränkung durch das irdische, eben hiesige Wollen und Begehren fehlte.

Was die Hebräer aber nicht vorsahen, war eine beliebige Anzahl von Wiedergeburten, die der Einzelne durchlaufen konnte – falls er es wollte – oder musste, um das höchste Vorrecht der Losgelöstheit zu verdienen.

Nach ihrer Meinung hatte jeder Einzelne nur sein einmaliges Leben, und in dem einmaligen Leben musste alles geschehen, was mit jedem Einzelnen zusammenhängen konnte.

Ihnen fehlte also die Phantasie unseres erleuchteten Helden, und deswegen konnten sie nicht auf den Gedanken kommen, beliebig viele Wiedergeburten einzuschalten.

*

Wie den hebräischen Weisen fehlte es auch den griechischen Philosophen an Mut und Phantasie, die Möglichkeit der Reinkarnation einzuführen. Zwar erkannten sie die Verwandtschaft aller Lebensformen und meinten, dass jemand eine dem Menschen verwandte Seele schlage, wenn er einen Hund schlage, aber nach ihrer Auflösung kehre jede Erscheinung in jenes Formlos-Unbestimmbare, dem sie nur scheinbar entsprungen sei, aus dem sie eigentlich immer bestehe.

*

„Was könnte der Mensch tun, um von dem Schwindel erregen-
den Karussell der Wiedergeburten abzuspringen? Je mehr ich mir
die Sache überlege, umso mehr neige ich zur Ansicht, dass er auf
jegliches Wollen und Begehren und vor allem auf den Wunsch
zu leben restlos verzichten muss. Er muss sich aller Lasten der
irdischen Illusion entledigen, auch der Illusion, dass er ein eigenes beständiges Selbst besitze, wenn er vom sinnlosen Rad der
Wiedergeburten abspringen will.

Und weil ein jedes Lebewesen zweifelsohne eine Wiedergeburt, eine neue Fleischwerdung eines anderen ist, muss der
Mensch streng darauf achten, niemals ein anderes Lebewesen
zu töten, da er sonst dadurch alle denkbaren Wiedergeburten
der getöteten Lebewesen selbst übernehmen und durchmachen
muss.

Dies ist bestimmt die vierte und möglicherweise die letzte
Wahrheit.

Wenn ich alles nochmals zusammenfasse, kann ich sagen:
Weil die Welt voller Leiden ist, muss sich der Mensch bemühen,
durch seine eigene Lebensweise niemandem zusätzliche Leiden
zu verursachen.

Er darf nichts begehren, nichts wollen, nichts wünschen,
nichts besitzen und an nichts hängen.

Und weil ein jedes Lebewesen bloss eine leidende Inkarnation eines anderen Lebewesens ist, das in einem früheren Leben
unvollkommen gelebt und gelitten haben muss, darf der Mensch,
der selbst ein Aufgeweckter werden möchte, niemals Lebewesen
töten und selbstverständlich kein Fleisch essen, um sich ja keine
zusätzlichen Wiedergeburten aufzubürden.

Jetzt weiss ich, was ich zu tun habe. Ich darf nur betteln und
muss streng darauf achten, dass ich nichts besitze, denn nur so
kann ich glaubwürdig sein und hoffen, die Menschen zu überzeugen, mir zu folgen und so zu leben, wie ich ihnen vorlebe.

Das ist es; das rundet die Lehre ab", dachte er, während er in der ersten Nacht nach seiner Erleuchtung unter dem glücklichen Feigenbaum auf dem Rücken lag.

*

Nun hatte er die Erleuchtung erhalten und den Plan entworfen, wie er vorgehen musste, um alle Menschen zu überzeugen, seine Lebensweise anzunehmen und ihnen somit zu helfen alle Begierden und alle Illusionen loszuwerden, nichts zu wünschen und am Leben nicht zu hängen, um ein vollkommenes Leben zu führen und somit das Nirwana zu erreichen. Das half ihm, friedlich einzuschlafen.

*

Kurz nachdem er eingeschlafen war, erschien ihm im Traum einer seiner Schüler – sein Gesicht konnte er nicht sehen, und seine Stimme war ihm nicht vertraut; er wusste lediglich, dass es einer seiner Schüler sein musste – und sprach ihn schüchtern an.

„Wenn es dir gelingen sollte, alle Menschen für deine Lebensweise zu gewinnen und aus ihnen äusserst enthaltsam lebende Bettler zu machen, wer wird ihnen etwas zu essen geben?", fragte ihn die Gestalt im Traum.

Er fuhr auf und schaute um sich.

Vom Himmel warf der Vollmond sein fahles Licht auf seine Schüler, die wie Lämmer nebeneinander schliefen.

Alles, was er hören konnte, war das Rufen einer Eule.

Als seine Schüler am Morgen aufstanden, konnten sie ihren Meister nicht mehr wecken, denn er war bereits im Reich ohne Sorgen.

***

In der Ausstellung, zu der er eingeladen worden war, ging es eben um das Leben und Wirken des Prinzen, der in den ersten vier Jahrzehnten seines Lebens alles ausgekostet und erst dann beschlossen hatte, ein enthaltsames Leben zu führen und alle Menschen zu unterrichten, dass die Welt als Ganzes und jedes einzelne Element in ihr bloss eine Illusion, eben Lug und Trug seien und deswegen abgelehnt werden sollten.

Statt also die Lebensfreuden zu geniessen, sollte der Mensch – gemäss seiner Lehre – gezielt auf alle sinnlichen Freuden verzichten, um nicht wieder geboren und somit von neuem in die von Leiden erfüllte Welt gesetzt zu werden.

*

Die plötzlich eingetretene Wende durch die Erlangung der Einsicht vollzog sich in seinem Leben nach demselben Muster wie bei vielen vor ihm und nach ihm – sobald er gemerkt hatte, dass er nicht mehr jung war.

Kein anderer war jedoch so erfinderisch und phantasievoll wie er, um Wiedergeburten als Strafe für ein oberflächliches und albernes Leben einzuführen.

Jene, die – gemäss seiner Lehre – immer wieder mit einem neuen sinnlosen Leben bestraft werden mussten, weil sie früher ein solches Leben geführt hatten, waren doch gerade dieselben, die eben nur ein solches Leben begehrten. Was er für sie als Strafe vorgesehen hatte, verstanden sie als das begehrteste Geschenk.

*

Der bestellte Wagen, der ihn abholen sollte, kam pünktlich.

Nach einer halbstündigen Fahrt hielt der Wagen vor einem prächtigen Gebäude, das einst als Kloster gedient hatte.

Als er eintrat, sah er zahlreiche Besucher, die vor ihm eingetroffen waren und nun, natürlich passend gekleidet, in Reihen

191

entlang den Wänden die Exponate mit gebührendem Interesse betrachteten.

Es ging vor allem um unzählige grossformatige, technisch hochwertige Fotos, die in mehreren gepflegten Räumen an allen Wänden in leichten Holzrahmen aufgehängt waren. Sie vermittelten Eindrücke von einer faszinierenden und zugleich lebensfeindlichen Welt, von eigenartig und äusserst einfach gekleideten Menschen, von Tieren, die es nur dort gab, von Tempeln, die den Armen in der Einöde ihres Alltags immerhin eine Illusion der Himmelsnähe vorgaukelten, sowie von allerlei Artefakten, die diese Illusion zum Greifen nah erscheinen liessen.

*

Um kein Spielverderber zu sein, verbrachte auch er eine Weile vor einigen Fotografien und betrachtete die faszinierenden Resultate der menschlichen Oberflächlichkeit, die es fertig gebracht hatte, auf betörende Weise etwas darzustellen, womit sie nichts zu tun hatte.

Da solche Resultate allgemein als bedeutende kulturelle Errungenschaften gelten, tragen die Menschen dezente Kleidung, wenn sie zu derlei Ausstellungen gehen, und wenn sie sich mit jemandem über die ausgestellten Werke unterhalten, dann reden sie nie besonders laut, denn sie wissen, dass man den Kunstwerken mit Andacht begegnen müsse.

*

Nach einer Weile beschloss er, sich nach etwas weniger Langweiligem umzusehen.

Sobald er den Schluss gefasst hatte, bot sich gleich neben ihm die Gelegenheit zu erfahren, was die elegant gekleideten und vornehm wirkenden Menschen von der Idee der Reinkarnation hielten.

Nur zwei Schritte von ihm entfernt unterhielten sich nämlich zwei Damen und zwei Herren zwar nicht besonders laut, jedoch feurig über die Seelenwanderung.

Unbemerkt trat er noch etwas näher an sie heran, um genau zu hören, was sie sagten.

„Ich habe mich intensiv mit der Reinkarnation auseinandergesetzt und bin zum Schluss gekommen, dass die buddhistische Lebensweisheit für mich persönlich besonders geeignet ist", sagte einer der Herren. Er trug einen erstklassigen, massgeschneiderten grauen Anzug, eine dunkelblaue Krawatte und besonders feine Schuhe.

„Warum meinst du, dass der Buddhismus so geeignet ist?", fragte ihn der andere Herr, der ebenso vornehm gekleidet war.

„Ich bin mir nicht so sicher, dass ich in meinem Beruf als General ein gewaltfreies Leben führen kann, wenn ich meine Pflicht tun will, und das will ich um jeden Preis. Bis jetzt habe ich im Interesse des Landes viele Male Aktionen befohlen, bei denen es Tote gab, und in der Zukunft wird es kaum anders sein. Deswegen bin ich froh, dass es eine Religion gibt, die mich für meine Lebensführung mit der Reinkarnation bestraft, so dass ich in meinem nächsten Leben es ein wenig anders machen kann, falls ich es für richtig befinde, und dass es mir anheim gestellt ist, um wie viel anders. Auch dann brauche ich nicht unbedingt wie ein Heiliger zu leben, denn ich kann ja wieder mit einer neuen Reinkarnation bestraft werden. Ich finde es grossartig, dass ich selbst höchst persönlich entscheiden kann, wie viele Male ich geboren werden soll. Im Christentum entscheidet darüber irgendein Herr in irgendeinem Himmel, der mir nur vom Hörensagen bekannt ist; damit kann ich nicht viel anfangen; ich entscheide lieber selbst", sagte der General.

Während der General sprach, war er ganz Ohr, und was er hörte, verblüffte ihn völlig, denn die Miene des hohen Offiziers verriet durch kein Anzeichen, dass er es nicht ernst meinte.

„Ist es möglich, dass ein gesund aussehender Mensch in einer so hohen Position so denken kann?", fragte er sich.

„Dein Argument überzeugt mich völlig; ich als Bankdirektor befinde mich in einer ähnlichen Lage, denn mein Beruf beruht auf Begehren, was manchem bestimmt schaden kann. Daher ist eine Religion oder Lebensphilosophie – wie du willst –, die mir ermöglicht, beliebig viele Male geboren zu werden und es beliebig viele Male genau so zu versuchen, wie es mir augenblicklich am besten passt, wirklich etwas, was ich brauche", sagte der andere Herr.

*

Die beiden angesehenen, stattlichen Herren hatten ihn ungewollt unterrichtet, welche Vorteile die Lehre des grossen Meisters den einflussreichen, soliden, gepflegten Leuten bringen könne, und er brauchte ihnen nicht länger zu lauschen.

Mit einem Mal wurde es ihm klar, warum sich die fernöstliche Lehre gerade in den reichsten Ländern, und zwar unter der so genannten Prominenz grosser Beliebtheit erfreute.

Der weise Meister hatte mit seiner Lehre – wohl ungewollt – ein Modell des Glaubens und Verhaltens geschaffen, welches auch die verwerflichsten Taten so bestraft, dass der Frevler direkt ermutigt wird, mit seiner gewohnten Lebensführung beliebig lange fortzufahren – sie sanktionierte, was sie verhindern wollte.

Er entfernte sich von dem anständigen Quartett und hielt einen Augenblick lang Umschau nach einer anderen Möglichkeit, die Zeit zu töten.

*

In einer Ecke entdeckte er eine Gruppe von Männern in langen karottenfarbigen Kleidern, deren Lebensziel es war, in ihres grossen Lehrers Fusstapfen zu treten und die ignoranten Menschen zu belehren, was sie tun sollten, um von den Leiden der bestrafenden Wiedergeburten befreit zu werden.

Als Sachverständige und typische Vertreter jener Welt, um die es in der Ausstellung ging, wurden auch sie zum Anlass eingeladen und sassen nun schön brav nebeneinander wie Schäfchen im Schatten eines Baumes während der Mittagshitze.

*

„Dies ist eine einmalige Gelegenheit, im Gespräch mit mehreren geschulten Anhängern des grossen Meisters zu erfahren, ob seine Lehre wie alle anderen religiösen Richtungen von den Anhängern verlangt, dass sie an etwas völlig Sinnwidriges glauben, oder ob sie vielleicht eher auffordert die Dinge zu hinterfragen und zu verstehen, bevor man sie annimmt oder ablehnt", dachte er, ging zu der kleinen Gruppe und sprach sie an.

Die Mönche waren glücklich, dass jemand beschlossen hatte, sich mit ihnen zu unterhalten.

Er begrüsste sie mit einer leichten Verbeugung, wobei er den Blick auf den ältesten Mönch in der Mitte richtete.

Sie erwiderten seinen Gruss ebenso mit einer leichten Verneigung, blieben aber sitzen.

„Hätten Sie etwas Zeit für mich? Ich brauche Ihre Hilfe. Ich möchte Ihnen gern ein paar Fragen stellen; ich habe ziemlich viel über Ihren weisen Lehrer und seine Lehre gelesen und mir darüber Gedanken gemacht.

Nun glaube ich, von dem, was Ihr grosser Meister lehrt, etwas zu verstehen, aber es gibt einige Fragen, die mir Schwierigkeiten bereiten. Wären Sie bereit, mir zu helfen, diese Fragen besser zu verstehen und vielleicht sogar zu beantworten?", fragte er die Mönche.

„Aber selbstverständlich; es freut uns, dass Sie an der Lehre unseres grossen Meisters interessiert sind", antwortete der älteste Mönch in der Mitte.

„Meine erste Frage wäre: Hat der Mensch Ihrer Meinung nach überhaupt eine Seele?", fragte er.

„Sicher hat der Mensch eine Seele. Ihr sterblicher Teil erlischt aber zusammen mit den Sinnen, wenn der Körper stirbt. Der unsterbliche Teil der individuellen Seele verdichtet sich zur Vijnana, dem Bewusstseinskeim, in einem gezeugten Kind, in dem die Reinkarnation geschieht. Das ist der unsterbliche Teil jeder individuellen Seele", kam umgehend die Antwort vom ältesten Mönch.

„Ist dieser unsterbliche Teil der individuellen Seele teilbar oder etwas Unteilbares?", fragte er weiter.

„Dieser unsterbliche Teil der individuellen menschlichen Seele ist eine unteilbare Einheit", kam ebenso gleich eine Antwort.

„Das freut mich sehr, denn, wäre sie etwas, was gespalten werden kann, könnte ich Ihnen die nächste Frage gar nicht stellen", sagte er lächelnd.

„Sie können sicher sein, dass die Vijnana, der unsterbliche Teil der Seele etwas Ganzes, Unteilbares ist", sagte der älteste Mönch mit freundlicher Stimme und lächelte ebenso dabei.

„Ist es wahr, dass nach dem Tode eines Menschen seine Seele den toten Körper verlässt und in einem neuen Körper aufgeht? Ich meine, ist die Seelenwanderung ernst zu nehmen?", fragte er.

„Das ist richtig: Die Seelenwanderung – einige sagen die Reinkarnation – ist ein entscheidendes Element der Lehre unseres grossen Meisters", kam gleich die nächste Antwort.

„Um 1800 zählte die gesamte Weltbevölkerung etwa eine Milliarde Menschen; Jetzt zählt sie bereis sieben Milliarden.

Wo befanden sich damals die sechs Milliarden Seelen, die sich später in den neu hinzugekommenen Menschen ansiedelten? Gab es damals eine Art Magazin für Seelenvorrat?", stellte er seine letzte Frage.

Eine sofortige Antwort blieb aus.

Er wartete geduldig eine Weile, die sehr lang zu sein schien.

Die Mönche rührten sich nicht.

„Das haben wir uns nie überlegt", sagte der älteste Mönch leise; seine Stimme klang besorgt.

196

Alle anderen schwiegen.

„Ich danke Ihnen für die freundliche Aufklärung", sagte er, verbeugte sich leicht und ging weg.

*****

ICH WILL M... WERDEN

Auf die Frage des Allgemeinbevollmächtigten, was er begehre, antwortete der Besucher, ein kräftiger Mann mit sehnigen Gliedern und entschlossenem Blick, er habe ein ganz besonderes Anliegen.

„Und worum handelt es sich etwa?", wollte der Allgemeinbevollmächtigte wissen, um ihn gleich zum zuständigen Sonderbevollmächtigten zu schicken, damit die Angelegenheit so schnell wie möglich erledigt werde.

„Wir stehen alle unter Zeitdruck, können kaum nachkommen, der Andrang ist so gewaltig, denn viele, zu viele kommen, alle mit sehr wichtigen Anliegen", erklärte der Allgemeinbevollmächtigte dem Besucher.

*

So etwa versuchte der Allgemeinbevollmächtigte an der Pforte dem verschlossenen Besucher den Inhalt seines Anliegens zu entlocken.

Es war nämlich offensichtlich, dass der Besucher nicht bereit war, den Inhalt seines Anliegens irgendeinem Bevollmächtigten mitzuteilen. Eigentlich war ihm nicht einmal der zweithöchste hoch genug.

Der Allgemeinbevollmächtigte hatte den Befehl erhalten und wohl verstanden, jeden Besucher gleich bei dessen Ankunft nach Möglichkeit auszufragen und ihn erst dann je nach dem Charakter seines Anliegens an den zuständigen Sonderbevollmächtigten zu überweisen, all das, um das Gedränge vor dem Eingang zu vermeiden.

Der Besucher liess sich aber nicht ausfragen, sondern unterstrich mehrere Male während des Gesprächs mit dem Allgemeinbevollmächtigten, über sein Anliegen könne er nur und ausschliesslich mit dem höchsten Bevollmächtigten sprechen.

Der Allgemeinbevollmächtigte sah ein, dass der Besucher ein eigensinniges und hartnäckiges Wesen hatte, und musste nachgeben. Das oberste Gesetz, welches besagte, dass jedem Besucher Gehör geschenkt werden musste, verpflichtete ihn dazu.

*

„Du willst also unbedingt zum Vorsteher aller Vorsteher, habe ich Recht?", sprach er langsam und deutlich zum Besucher und erinnerte ihn noch einmal daran, dass das kein üblicher Weg sei und dass er, der Besucher, selbst alle Folgen tragen müsse, die sich aus dem ausserordentlichen Vorgehen ergeben könnten. Das war zugleich sein letzter Versuch, den Besucher von seinem wahnwitzigen Abenteuer abzubringen.

Auch noch so schwere Folgen war der Besucher bereit zu tragen, denn er wusste um die Wichtigkeit seines Anliegens, so dass jede Folge, mochte sie noch so schwerwiegend sein, für ihn bedeutungslos war. Sein Anliegen gestattete, ja befahl die Zahlung eines jeden Preises, denn es ging um alles.

Der Allgemeinbevollmächtigte achtete nicht mehr auf die Worte des Besuchers, tat vielmehr so, als hätte er mit ihm gar nicht gesprochen, öffnete die Pforte hinter seinem Rücken und sagte nüchtern und völlig unbeteiligt zum Besucher: „Einfach geradeaus laufen". Dann schloss er die Pforte, drehte den Schlüssel zweimal im Schloss und steckte den Schlüssel in die Brusttasche.

*

Der Besucher brauchte den Weg nicht zu suchen, denn es gab nur einen einzigen, und der führte zwischen hohen Wänden, die eher geschliffenen Granitwänden als natürlichen Felswänden ähnelten. Sie waren so hoch, dass sie sich im Himmel zu verlieren schienen.

Ohne viel zu überlegen und mit dem Erfolgsgefühl in der Brust, denn er hatte den Eindruck, das erste Hindernis auf dem

Wege zum Ziel aller Ziele bereits überwunden zu haben, machte er sich sofort auf den Weg.

Energisch schritt er die gerade Strasse entlang. Sie war eben, fast glatt, und in der Ferne schienen die hohen Felswände miteinander zu verschmelzen.

Er schritt immer im gleichen Tempo, so dass jeder seiner Schritte mit dem vorangehenden praktisch identisch war. Deswegen hatte er das Gefühl, gar nicht vorwärts zu kommen, obwohl er wusste, dass er schnell schritt und gewiss gut vorankam. Er begegnete niemandem. Das überraschte ihn nicht wenig, denn der Allgemeinbevollmächtigte hatte von grossem Andrang gesprochen, von vielen, ja zu vielen, die wie er mit ihren wichtigen Anliegen kamen. Anderseits war es ihm auch verständlich, denn sein Anliegen war in der Tat ein ganz besonderes: Er wollte zum Vorsteher aller Vorsteher, und das verlangte kaum sonst jemand.

*

Wie lange er so geschritten war, wusste er nicht, aber plötzlich stand er wiederum vor einer Pforte. Es musste eine Kontrollstelle höheren Ranges sein, denn alles war viel mächtiger und erhabener als bei der ersten, und der Bevollmächtigte war wesentlich älter. Auch seine Amtstracht war nicht weiss wie bei dem Allgemeinbevollmächtigten, sondern glühend rot.

Bevor er den erhabenen, in leuchtendes Rot gekleideten Sonderbevollmächtigten begrüssen konnte, wurde er von jenem angesprochen.

„Bist du noch immer derselbe?", fragte ihn der Sonderbevollmächtigte, ohne ihn eines Blickes zu würdigen.

Der Besucher bestätigte die Frage mit einem Kopfnicken. Der Sonderbevollmächtigte merkte das Kopfnicken des Besuchers nicht, denn er schaute ihn gar nicht an, oder aber er tat bloss so.

Ob er noch immer derselbe sei, fragte der Sonderbevollmächtigte wiederholt den Besucher, ohne ihn anzusehen. Der
Besucher bestätigte diesmal die Frage auch mit Worten.

„Wenn dem so ist, dann darfst du sagen, was du begehrst",
sagte der Sonderbevollmächtigte, erhob das Haupt und sah ihn
mit ernstem Blick an. Bevor der Besucher irgendetwas sagen
konnte, fügte der Sonderbevollmächtigte zu seiner Frage mit
mahnender Stimme hinzu: „Vergiss nicht, dass ich genau weiss,
was du suchtest und begehrtest; ich frage dich lediglich, ob du
noch immer weisst, was du willst, denn inzwischen ist schon
manches passiert, und den Weg von der ersten Pforte bis hierher
hast du wahrscheinlich sehr aufregend und kurzweilig gefunden.
Ein solcher Weg lenkt ab, so dass man nur allzu leicht vergisst,
was man eigentlich anstrebt. Hier an der zweiten Pforte muss
sich jeder Kandidat über sein Ziel endgültig im Klaren sein.
In seinem Herzen darf nicht einmal der leiseste Zweifel daran
bestehen, dass das angepeilte Ziel auch wirklich jeder Mühe
wert is."

*

Der Besucher machte ihm gleich unmissverständlich klar, dass
er ihm unmöglich sagen könne, was sein Anliegen sei, denn es
ging um etwas ganz Besonderes, etwas, was nur und ausschliesslich der Vorsteher aller Vorsteher, eben der höchste Vorsteher
erfahren durfte.

„Wie du die Dinge siehst", sagte der Sonderbevollmächtigte,
„bin ich für dein Anliegen nicht hoch genug. Auch das respektiere
ich voll und ganz, möchte dich jedoch trotzdem daran erinnern,
dass du dann ganz allein die ganze Verantwortung trägst, vergiss
das nicht."

Darauf öffnete er die Türe hinter seinem Rücken, wie das der
Allgemeinbevollmächtigte getan hatte, und forderte den Besucher mit entsprechender Handbewegung auf hindurchzugehen.

Als die Tür aufging, konnte der Besucher genau sehen, dass der Raum, in den man durch die Türe gelangte, vollkommen dunkel war. Er musste sich ins Ungewisse, in die Stockfinsternis begeben. Wohin der Weg weiter führte, konnte er nicht wissen. Es war ihm unheimlich, aber sein Anliegen war für ihn von solcher Wichtigkeit, und nicht nur für ihn, sondern für alle, die auf das Entscheidende warteten – so dachte er mindestens –, dass er bereit war, so etwas zu wagen. Daher folgte er der Aufforderung des Sonderbevollmächtigten sprachlos, schritt durch die Tür, die der Sondervertraute für in offen hielt, und verschwand in der Dunkelheit.

Der Sonderbevollmächtigte schloss die massive Türe hinter sich, drehte den Schlüssel dreimal im Schloss um und steckte ihn gleich darauf in eine kleine Tasche, die er an seinem breiten Gurt befestigt trug.

*

Der Weg des Besuchers von der zweiten bis zur dritten und zugleich letzten Kontrollstelle war unheimlich und äusserst einfach, denn er war vollkommen ereignislos, bot nichts für die Sinne. Die Folge dessen war, dass der Besucher in vollkommener Ungewissheit war, wo er sich befand, wohin er ging, ob er überhaupt auf dem richtigen Weg war und wie lange es dauern sollte, bis er den Ort erreicht habe, an dem er den Vorsteher aller Vorsteher sprechen durfte.

Einfach war der Weg dorthin, weil der Boden vollkommen eben war, spiegelglatt, so dass er unmöglich über etwas hätte stolpern können. Ausserdem bewegte er sich in einer Art Korridor zwischen zwei glatten Wänden, so dass er beim Schreiten die Wände bequem mit den Händen berühren konnte. Nicht ein einziges Mal wurde die Wand unterbrochen, was er als den Beweis dafür deutete, dass es weder Weggabelungen noch Kreuzungen gab und dass er sich daher gewiss auf dem richtigen Wege zu seinem Ziel befinden musste.

*

Wie lange sein Weg bis zur dritten Kontrollstelle gedauert hatte, wusste er nicht und kümmerte sich nicht darum.

Plötzlich wurde es hell, zuerst ganz schwach, dann immer stärker, und dann erschien vor ihm ein mächtiger Bau, errichtet in einem Stil, der ihm völlig unbekannt war. Alles, was er vor sich sah, ähnelte einer Kugel. Auch hatte alles eine ihm gänzlich unbekannte Farbe, die ihn an keine in der ihm vertrauten Welt erinnerte.

Er drehte sich um, aber hinter ihm war nur eine hell erleuchtete Wand zu sehen, ohne irgendeine Öffnung darin, aus der er doch hatte kommen müssen. Darüber hatte er jedoch keine Zeit nachzudenken, denn er spürte, dass der entscheidende Augenblick gekommen war, dem die ganze Beachtung geschenkt werden musste.

Er näherte sich dem mittleren Bereich des Baus, denn dort vermutete er den Eingang. So war es auch.

*

Am Eingang wurde er von einer Kugel angesprochen. Die Stimme aus der Kugel forderte ihn auf, in den Nebenraum einzutreten und zu warten, bis er wieder angesprochen werde. Die Kugel – sie war etwa gleich hoch wie er selbst – rollte langsam neben ihm her bis vor den Eingang in den Nebenraum. Es war nicht weit, bloss einige Schritte, aber er war von der sachlichen Freundlichkeit beeindruckt. Es freute ihn, dass er die Sprache verstand, die Stimme kam ihm sogar bekannt vor.

„Und wie lange ...?", wollte er die Kugel fragen, aber sie hörte nicht auf ihn und rollte wieder vor den Eingang zurück. Die Tür, durch die er eingetreten war, ging zu. Er hörte, wie sie laut und entschieden einschnappte.

Der runde Raum, in dem er sich nun befand, war recht gross und ohne Fenster. Einen kurzen Augenblick wollte er versuchen, die

Tür zu öffnen, denn es war ihm nicht geheuer, allein in einem grell erleuchteten Raum zu sein, ohne die Möglichkeit, nach Belieben hinauszugehen. Vielleicht kam es daher, dass es an der krummen Wand des Raumes weder Bilder noch irgendwelche Verzierungen oder Gegenstände gab, die seine Aufmerksamkeit hätten in Anspruch nehmen können. Alles war glatt und blank, und die Türe, durch die er eingetreten war, war nicht mehr in der Wand auszumachen, so glatt und fugenfrei gingen die Türränder in die übrige Wandfläche über. Das hielt ihn von seinem naiven Vorhaben ab.

*

Er hatte das Gefühl, recht lange gewartet zu haben, aber es geschah nichts. Er musste staunen, dass er weder Hunger noch Durst verspürte, obwohl er sich nicht mehr erinnern konnte, wann er das letzte Mal etwas gegessen oder getrunken hatte. Die Wichtigkeit des Anliegens hatte offensichtlich selbst die notwendigsten Bedürfnisse verdrängt.

Plötzlich glaubte er, einen recht angenehmen Klang zu vernehmen, einen einzigen Ton, zuerst sehr leise, dann aber allmählich lauter und lauter.

Ebenso plötzlich brach der Ton ab, und eine Stimme, völlig neutral, jedoch angenehm, sprach ihn an. Er sah nichts, hörte bloss die Stimme, und er hatte den Eindruck, dass sie nicht aus einem bestimmten Teil der Wand oder von einer bestimmten Seite kam, sondern aus der ganzen Kugel, von allen Seiten gleichmässig.

Die Stimme fragte ihn, was er begehrte. Er sagte, er hätte ein ganz besonderes Anliegen und möchte mit dem Vorsteher aller Vorsteher, dem höchsten Vorsteher, sprechen.

Die Stimme belehrte ihn, dass er soeben mit dem höchsten aller Vorsteher spreche.

Und wie er sicher sein könne, dass er auch wirklich mit dem Höchsten spreche und nicht mit jemandem, der sich bloss für den Höchsten ausgebe.

Die Stimme erinnerte ihn daran, dass nur die Stimme des Höchsten von allen Seiten gleich herkomme und überall gleich klinge, unabhängig davon, wo man sich befinde, da für den Höchsten keine Richtung die bevorzugte sei. Und sollte all das nicht genügen, was als schlechtes Zeichen gedeutet werden müsste, sogar als Beweis, dass es dem Besucher an Phantasie fehle, und ohne Phantasie habe man sowieso schlechte Aussichten, im Bereich der sphärischen Gleichgültigkeit überhaupt etwas klar zu erkennen oder etwa zu erreichen; dann werde es für den Besucher sehr schwer sein, mit seinem Anliegen durchzukommen.

Aber wenn dem so sei, was sehr schade wäre, fuhr die ruhige Stimme aus der Kugel fort, dann habe er einfach zu glauben, dass der Höchste zu ihm spreche, und dass er, der Besucher, sich tatsächlich in einer ganz besonderen, einmaligen Lage befinde.

*

Auf weiteren Beweisen zu bestehen hatte der Besucher einfach keinen Mut, und er beschloss, dem unsichtbaren Wesen sein intimstes Anliegen mitzuteilen.

Der unsichtbare Höchste hatte dem Besucher bereits alles vom Gesicht abgelesen, selbst dessen intimste Gedanken und Hintergedanken, dieselben Gedanken und Hintergedanken, die jedem vor der Erschaffung der Welt beschert wurden, jedoch stellte er ihm Fragen aus purer Freude am Weltgeschehen, als hätte er nichts gewusst.

„Was ist also dein Anliegen? Sprich deutlich, damit dich alle hören, jetzt hast du die einmalige Gelegenheit, zu allen gleichzeitig zu sprechen, die solches hören können. Für jene, die solches nicht hören können, wird auch anders gesprochen, damit sie alles so hören, wie es gerade zu ihnen passt", sprach die Stimme aus der Kugel zum Besucher.

*

„Ich will Messias werden", sagte der Besucher, „und bin nur deswegen hierher gekommen und habe mich den Strapazen ausgesetzt. Die Strecke, die ich zurückgelegt habe, um hierher zu gelangen, muss unheimlich lang sein, denn ich erinnere mich nicht mehr ganz genau, wo und wann ich aufgebrochen bin. Ich sage dies, um zu betonen, wie sehr es mir daran gelegen ist, meinen Plan zu verwirklichen", antwortete der Besucher.

„Hohe Ziele und Pläne lassen immer aufhorchen", erklang es aus der Kugel.

„Vorher müssen wir aber noch etwas Wichtiges abklären, nämlich ob du *ein* Messias werden möchtest oder aber *der* Messias, denn für *einen* Messias ist keine Prüfung erforderlich, sondern lediglich eine tüchtige Portion Geltungsdrang und ein günstiges Zusammenspiel der Umstände, das ist übrigens zur Genüge bekannt und unzählige Male auch versucht worden.

Für *den* Messias dagegen ist die entsprechende Prüfung unerlässlich und unvermeidlich. Was möchtest du also? Bist du bereit?"

Die Stimme aus der Kugel überraschte den Besucher, denn nie vorher hatte er an den Unterschied zwischen *einem* Messias und *dem* Messias gedacht, und nun wurde es ihm plötzlich bewusst, dass es beide Möglichkeiten geben konnte und dass offensichtlich ein wesentlicher qualitativer Unterschied zwischen den beiden bestand.

*

„Ich will *der* Messias werden und bin bereit", antwortete er nach kurzem Zögern, und seine Worte ergossen sich über die ganze Welt und umspülten ein jedes Stäubchen und füllten jede Ecke des Universums aus.

„Das ist gut, dann können wir gleich mit der Prüfung beginnen, denn seit eh und je warten so viele auf den echten, auf den Messias. Die einen hoffen, dass er kommen wird, die anderen, dass er wieder kommen wird, und dieser gewaltige Unterschied trennt sie. Dass die einen wie die anderen auf ihn warten, scheint nicht stark genug zu sein, sie zu vereinigen, denn offensichtlich erwartet jede Gruppe einen eigenen, persönlichen Messias, der nur für sie bestimmt ist. Ein solcher ist aber leider nur ein Messias, nie der Messias.

Ich sehe nun aber, dass du es kaum erwarten kannst, unruhig bist und wohl überzeugt, dass dein Augenblick gekommen ist. Daher sollten wir gleich mit der Prüfung beginnen".

„Ja, wir können gleich beginnen", bestätigte der Besucher die Vermutung des Höchsten, und in der Tat war er ungeduldig geworden, denn die Rede des Höchsten hatte er etwas zu lang empfunden.

An die Atmosphäre in der Kugel hatte er sich bereits recht gut gewöhnt, und die Stimme des unsichtbaren Höchsten klang ihm mehr und mehr echt menschlich, so dass er völlig vergessen hatte, wo er sich eigentlich befand.

*

„Die Prüfung besteht aus mehreren Teilen; eine Art Hindernisse oder Hürden sind es, die der Kandidat zu überwinden hat. Man fängt immer mit den leichtesten Hindernissen an, um den Kandidaten nicht vor den Kopf zu stossen. Bist du bereit?", fragte die Stimme.

„Ich bin bereit", meldete sich der Besucher mit sicherer, fast gelassener Stimme, denn er zweifelte nicht mehr daran, dass die Prüfung eigentlich nur eine Formalität sein musste, wenn man einmal am Ziel war.

*

„Das erste Hindernis besteht darin, die folgende Frage zu beantworten: Bist du bereit, alle nur erdenklichen Demütigungen,

Erniedrigungen und Folterungen zu ertragen, um der Messias zu werden? Ich betone ausdrücklich, dass es sich dabei um Folterungen handelt, die sich selbst die lebhafteste Phantasie niemals vorstellen kann. Sie sind so furchtbar, dass, verglichen damit, selbst der Feuertod reinstes Vergnügen ist. Ausserdem ist die Dauer solcher Qualen völlig unbestimmt, das heisst, sie brauchen nie aufzuhören, man darf sie also nicht mit dem Fegefeuer verwechseln. Mit solchen Qualen ohne Ende muss man rechnen, sie verleihen dem höchsten aller Ämter seine besondere Gültigkeit."

Die Worte des Höchsten waren klar und eindeutig; der Besucher konnte aus ihnen leicht heraushören, dass die Stimme aus der Kugel nicht im Namen einer noch höheren Instanz sprach, sondern dass sie selbst zweifellos vom Höchsten kam. Er erschrak, aber gleich gedachte er der Würde dessen, was er anstrebte, und sagte, er sei bereit, solche Opfer auf sich zu nehmen.

„Das ist löblich", sagte die Stimme des Höchsten.

*

„Die zweite Frage betrifft das zweite Hindernis", ertönte es aus der Kugel.

„Einem jeden Kandidaten, der *ein* Messias werden will, steht ein mächtiger Gegner, ein mächtiger Störer im Wege, der genau die Hälfte aller Trümpfe in der Hand hat.

Wer aber *der* Messias werden will, hat den Widersacher, den Störer schlechthin, gegen sich, der alle Trümpfe in seiner Hand hat, der die Macht selbst ist.

Das einzige, was der angehende Messias dem mächtigen Widersacher entgegenstellen kann, ist seine Unschuld und die Liebe, die so rein und so stark sind, dass er den Widersacher mindestens gleich stark liebt wie den freundlichsten Helfer.

Bist du bereit, diese Herausforderung anzunehmen?"

Auch das zweite Hindernis war kristallklar geschildert, so dass sich keine Missverständnisse ergeben konnten. Und doch verlangte der Besucher eine ergänzende Erläuterung, denn er verstand nicht, warum er den Widersacher mindestens so stark lieben musste wie den liebsten Helfer, da der Widersacher die Existenz des Messias als solchen zu verhindern suchte.

*

„Es geht darum", begann die Stimme aus der Kugel, „dass es dem Widersacher gelingen muss zu triumphieren, denn er lebt in und von jedem Triumph, denn Triumph ist seine Wohnung, sein Trank und seine Speise. Fehlt der absolute Triumph, fehlt der absolute Widersacher; und ohne diesen ist der Messias überflüssig.

Wie bereits gesagt, ist er unvorstellbar mächtig, böse, unbarmherzig, dazu unermüdlich und unendlich schlau. Er sorgt dafür, dass der Messias-Kandidat sich bis kurz vor seiner Messias-Werdung durchsetzt, und erst dann versetzt er ihm einen so gut überlegten Schlag, dass der Messias-Kandidat alles verliert, und zwar so, dass alle seine Verdienste und Erfolge seinem Gegner, dem Widersacher, angerechnet werden. Alle Missetaten des Widersachers dagegen werden dem Messias-Kandidaten angelastet.

Darauf erklärt der siegreiche Widersacher den geschlagenen Messias-Kandidaten für den eigentlichen Messias-Gegner und sich selbst für den Messias, der Unendliches habe erleiden müssen und nur durch seinen festen Willen und unerschütterlichen Glauben an die Güte siegen können. Für den Widersacher ist das ein Leichtes, denn er besitzt alle denkbaren und undenkbaren Informationsquellen, so dass niemand den Schwindel durchschauen kann. Nur jener, der im wachen Zustand träumt, weiss davon, aber er weiss auch, dass niemand auf ihn hören kann, und redet daher nie davon.

Kurzum: Durch geschickte Manöver führt er vollkommene Verwechslung herbei, so dass zum Schluss in der Vorstellung aller, die auf den Messias warten, der Messias-Kandidat als Messias-Gegner, er, der Messias-Gegner, aber als der Messias gilt.

In dieser vollkommen chaotischen Lage, geladen mit äusserster Ungerechtigkeit, hilft nur eines, nämlich vollkommene Vergebung, und diese kann nur der vollkommenen Liebe entspringen. Dem Messias-Kandidaten muss auch dieses Hindernis reinste Freude bereiten, wenn er der Messias werden soll.

Fehlt diese unbegrenzte Liebe des Messias, so ist die Welt vollkommene Lüge, eigentlich wertlos.

Das wäre das zweite Hindernis, der zweite Teil der Prüfung. Bist du bereit?"

*

In der Kugel war es äusserst hell, es gab auch keine Schatten, denn die Helligkeit kam von allen Seiten gleich stark, und doch wurde es dem Besucher dunkel vor Augen. Erst jetzt merkte er, was von dem allgemeingültigen, von dem Messias schlechthin erwartet wurde.

Die Qualen wie Geisselhiebe, Folterung, Erniedrigung und Kreuzigung, die er erwartet und mit denen er gerechnet hatte, waren nichts, gehörten in der Tat zu einer anderen Ebene.

Einen Augenblick schwieg er, denn er wusste nicht, was er antworten sollte. Das zweite Hindernis enthielt das gewaltigste, überhaupt denkbare Paradox: Wer der Messias werden wollte, der musste so viel Menschenliebe haben, dass er, getragen von seiner unbegrenzten Menschenliebe, bereit war, in der Vorstellung aller, die auf den Messias warteten, der Widersacher des Messias zu sein. Nur dank der unbegrenzten Liebe des Messias konnte das äusserste Böse existieren, und dieses wiederum war die Vorbedingung für die Existenz des äussert Guten. Der Messias musste also für die Existenz des äusserst Bösen sorgen, um selbst eigentlich zu sein.

Die Aufforderung, die in dem zweiten Teil der Messias-Prüfung an den Messias-Kandidaten gestellt wurde, war offensichtlich von solch einer Wucht, dass sie, vom Standpunkt des Messias-Kandidaten aus gesehen, den Akt der Messias-Werdung jeglichen Sinnes beraubte.

Anderseits wusste er, dass er sich in der einmaligsten aller Lagen befand, nur noch einen Schritt davon entfernt, der Messias zu sein.

Jenes, was sich in einer Schale befand, wog genau gleich viel wie jenes, was die gegenüberliegende Schale der seltsamen Waage in seinem Inneren beschwerte.

Deswegen beantwortete er die Frage des Höchstvertrauten nicht mit einem „Ja" oder „Nein", wie das von ihm erwartet wurde, denn der Höchste hatte ihm eine Entscheidungsfrage gestellt, die also an keine Bedingungen und näheren Erläuterungen gebunden war, sondern eine bedingungslose Bejahung beziehungsweise Verneinung gebot.

*

„Und wie lange soll der Irrtum und das Missverständnis in den Köpfen der auf den Messias Wartenden dauern?", fragte der Besucher den höchsten Vertrauten, statt auf dessen Frage zu antworten.

„Dir schwebt offenbar die Regelung vor, die im Fegefeuer gilt", sagte die Stimme aus der Kugel.

„Es ist offenkundig, dass du mit dem zweiten Hindernis Mühe hast. Das ist auch verständlich, denn es setzt etwas ganz anderes voraus, etwas, was sich von alledem, was die übliche Erfahrung lehrt, grundlegend unterscheidet. Der Messias muss sich von allen grundlegend unterscheiden.

Das zweite Hindernis auf dem Wege zum Messias-Sein ist ein Zwillingsgeschwister des zweiten Gesetzes der Thermodynamik. Du als Studierter solltest wissen, dass ein jedes Erlebnis ein Verlust der nützlichen Energie ist, das heisst der Ordnung. Somit sind alle Erlebnisse zugleich eine Zersetzung dessen, was als Leben bezeichnet wird. Wer also etwas erlebt, zersetzt eben dadurch die grundsätzliche Möglichkeit des Lebens.

Ich frage dich zum zweiten Mal: Bist du bereit?"

*

Der Besucher war todblass geworden und zitterte am ganzen Körper. Einerseits bedeuteten ihm alle denkbaren Erfolge und Auszeichnungen, die er in seiner Welt erreicht hatte, bevor er überhaupt auf den Gedanken gekommen war, Messias zu werden, und die er später noch hätte erreichen können, nichts mehr, denn dort endete alles zwangsläufig im Staub der Nichtigkeit, völlig unabhängig davon, wie wichtig und wie grossartig der Erfolg war. Ein Weg zurück in die Welt der Nichtigkeiten kam für ihn nicht mehr in Frage. Anderseits empfand er die Vorstellung, in den Köpfen der auf den Messias Wartenden als der fundamentale Messias-Gegner zu leben, als das reine Gegenteil dessen, was er sich so sehnlich erhofft hatte und was er unbedingt sein wollte.

Das Messias-Sein, sein höchstes Lebensziel, erforderte also vom Messias-Kandidaten, auf das Ansehen des Messias-Seins bei allen, die auf den Messias warteten, zu verzichten und statt dessen für sie das reine Gegenteil des Messias zu sein, der Inbegriff des Bösen – das war einfach zu viel.

Er befand sich in einem unlösbaren Dilemma. Einige Augenblicke suchte er noch nach einer diplomatischen Zwischenlösung.

Während dessen schwieg die Kugel.

Statt also die Entscheidungsfrage des Höchstvertrauten mit einem klaren „Ja" oder „Nein" zu beantworten, hatte er eine Gegenfrage gestellt.

*

„Ein Messias-Kandidat stellt keine Fragen, er soll nur antworten. Eine jede Nichtbeantwortung der Frage mit bedingungslosem

„Ja" ist gleichwertig mit deren Verneinung, bedeutet also, dass die Teilprüfung nicht bestanden ist", liess sich nach einer Weile die Stimme aus der Kugel vernehmen.

„Um der Vollständigkeit willen solltest du wissen, dass der Irrtum, das Missverständnis grundsätzlicher Natur ist, daher für immer gilt, denn für den Messias gelten andere Gesetze. Die faulen Kompromisslösungen wie zeitliche Strafen im Fegefeuer sind der verwerflichen Lebensweise derer angepasst, die trotz allem ins Paradies zu schlüpfen versuchen.

Es kann also niemals geschehen, dass die auf den Messias Wartenden doch irgendwie einsehen, welch fundamentales und furchtbares Missverständnis in ihren Köpfen steckt.

Zum dritten Mal frage ich dich: Bist du bereit, aus Liebe zum Wesen des Menschen in den Köpfen der auf den Messias Wartenden in alle Ewigkeit der Widersacher des Messias, deines Lebenszieles, zu sein?", sprach die ruhige Stimme aus der Kugel.

*

„Neiiin!", entriss sich der hinausgezogene, Furcht erregende Schrei dem verkrampften Körper des Besuchers, und er fiel rücklings auf die leicht gekrümmte Bodenfläche der Kugel.

„Stehe auf und besinne dich!", forderte ihn die Stimme aus der Kugel auf.

Der Besucher stand auf und schaute sich um, als hätte er einen sichtbaren Gesprächspartner gesucht.

„Ihr müsst doch eine Alternative, eine Lösung für mich haben, so unbarmherzig könnt ihr doch nicht sein", bettelte der Besucher.

„Zu einem Messias ist ein beliebiger Weg, eine beliebige Zwischenlösung gut genug, zu dem Messias dagegen führt nur ein einziger, und der ist dir bereits mitgeteilt worden.

Ein Teil wird nur mit einem anderen Teil abgegolten, und du kennst nur das.

Das Ganze erfordert das Ganze, und das ist dir unbekannt."

*

Die Stimme aus der Kugel verstummte. Der Besucher sank zu Boden und rührte sich nicht mehr.

Im Inneren der Kugel wurde es dunkel. Sie setzte sich in Bewegung, rollte davon und verschwand im Dunkeln.

Aus der entgegensetzten Richtung rückte eine andere Kugel von derselben Grösse unmittelbar nach und blieb an der Stelle der abscheidenden stehen.

Im fruchtbaren Augenblick der Ablösung wurde bloss die Welt erneuert, sonst geschah nichts.

*

„Er war ein herausragender Forscher, Vorsteher unseres Institutes, Ehrenmitglied von zahlreichen Akademien, Ehrendoktor zahlreicher Universitäten und Forschungszentren, wissenschaftlicher Berater des Weltbundes, in dem die Völker vereint sein sollten, und unermüdlicher Kämpfer für die Mehrung des Wissens.

Seine Verdienste für die Erhaltung des Friedens und den Sieg der Gerechtigkeit in der Welt können nicht überbetont werden.

Alles in allem war sein ganzes Leben Arbeit, Arbeit und nochmals Arbeit.

Er ist als Tiefgläubiger im Herrn sanft entschlafen, als Vorbild und Stütze allen Gläubigen im Kampf gegen Anwandlungen und Wankelmut", sagte in seiner kurzen Leichenrede der Geistliche, ein stattlicher, beleibter Herr mit zahlreichen roten Äderchen im Gesicht, schüttelte darauf einer vornehmen Dame in Schwarz die Hand, sprach ihr seine aufrichtige Anteilnahme aus und verabschiedete sich.

*****

MIRIAM
UND DER KANTOR

Der Tempelvorsteher trat ein, ohne vorher anzuklopfen. Er war auch der einzige, der gelegentlich vorbeikam, um sich bei der Lehrerin zu erkundigen, ob alles in Ordnung war und ob sie vielleicht noch irgendetwas brauchte.

Die Lehrerin war eine junge Frau von besonderem Reiz und ausserordentlich feinen Manieren. Sie hatte ein mildes Wesen, und ihre Stimme war sanft und beruhigend.

Ihr Vater war ein Athener Kaufmann, und bereits als kleines Mädchen reiste sie mit ihm und lernte dadurch vieles kennen, wovon die meisten Erwachsenen nie etwas gehört hatten. Er gestattete ihr sogar, ein ganzes Jahr lang eine Schule für Hetären zu besuchen. Zwar wollte er nicht, dass seine Tochter für immer als Hetäre im Tempel diene, aber er war der Ansicht, dass sie dort für ihr späteres Leben etwas sehr Wichtiges lernen konnte. Er wusste es aus persönlicher Erfahrung, denn seine Ehefrau hatte auch die Schule für Hetären besucht, bevor sie ihn geehelicht hatte. So konnte er erfahren, wie sehr die dort erlangte Liebeskunst einen anspruchsvollen Mann beglücken konnte.

*

Es geschah einmal, dass das Schiff ihres Vaters in der Nähe des Hafens von Cäsarea sank, wobei er und die beiden Helfer, die immer mit ihm fuhren, ertranken. Wie durch ein Wunder überlebte nur sie, weil sie in eine Holzkiste stieg und auf dem Meer trieb. Die dortigen Fischer retteten sie, und es ergab sich, dass sie in dem Land blieb, mit dem ihr Vater viele Jahre lang gehandelt hatte. Der Vorsteher des Tempels, der auf ihren Vater gewartet hatte, nahm sich dessen Tochter an, und so blieb sie in seinem Tempel als Erzieherin der jungen Mädchen, die nach dem dortigen Brauch, unmittelbar nachdem sie die Geschlechtsreife erreicht hatten, einige Zeit im Tempel verbrachten, um sich an die züchtige Lebensführung zu gewöhnen und sich für ihre Rolle als gute Ehefrauen und Mütter vorzubereiten.

Ihre Vorgängerin war auch eine schöne junge Frau, die ihr Leben tragisch beendet hatte, nachdem sie von einer giftigen Schlange gebissen worden war.

*

Der Tempelvorsteher war froh, eine würdige Nachfolgerin gefunden zu haben.

Die Lehrerin erzählte dem Tempelvorsteher, von der Güte und dem Charme ihrer Mutter sowie, dass jene eine herausragende Näherin sei, worauf er sie mit dem ersten Schiff, das eine Fahrt nach Athen unternahm und umgehend nach Cäsarea zurückkehren sollte, bringen liess. Es dauerte jedoch anderthalb Jahre, bevor sich Mutter und Tochter wieder sehen konnten. Als gebildete, verfeinerte Griechinnen dankten sie gleich nach der Ankunft in Cäsarea dem Poseidon, dass er während der ganzen Schifffahrt das Meer ruhig gehalten sowie dem leichten Äolus, dass er das Schiff in die erwünschte Richtung gefördert hatte.

*

Nebst ihrer Tätigkeit als Lehrerin im Tempel hatte sie noch eine zusätzliche, ganz besondere Aufgabe, nämlich für die Glückseligkeit des Tempelvorstehers zu sorgen, und sie verrichtete diese Aufgabe auf so fabelhafte Weise, dass er immer bemüht war, sie mit irgendetwas zu erfreuen, um sich für ihre ausserordentliche Bemühung zu bedanken.

Sieben Jahre waren bereits vergangen, dass sie im Tempel als seine Haupthelferin tätig gewesen war.

Eines Tages sagte er ihr, er sei sich dessen bewusst, dass seine Hoden nicht mehr so kräftig seien und dass es an der Zeit wäre, ihn als Vermittler des Heiligen Geistes durch einen jungen zu ersetzen.

Auch sie hatte das gemerkt, aber als geschulte Hetäre kam sie nie auf den Gedanken, ihn darauf aufmerksam zu machen, denn eine Hetäre weist nicht auf die Mängel hin, sondern lobt auch den kleinsten Erfolg.

*

Früher kam er jeweils allein, wenn er sie besuchte. Diesmal brachte er einen sechzehnjährigen Jüngling mit.

„Ich bringe dir jemanden mit", sagte er, „mach aus ihm ein vollkommenes Werkzeug des Heiligen Geistes", fügte er noch lächelnd hinzu und verliess den Raum.

Sie wusste wohl, was er meinte und was sie zu tun hatte, denn sie hatte auf des Vorstehers Geheiss bereits einige Male besonders hübsche junge Mädchen, die sie unterrichtet hatte, für den Besuch des Heiligen Geistes vorbereitet.

Und nun brachte er ihr einen strammen, kräftigen jungen Burschen, den sie in die Kunst, die Vermittlerrolle des Heiligen Geistes würdig zu spielen, einführen sollte.

*

„Du bist schon ein herrlicher Bursche und wirst bestimmt der beste Schüler und später der beste Diener des Heiligen Geistes sein", sagte sie und nährte sich ihm so, dass sich ihre Körper berührten, und streichelte zärtlich seine glatte rosa Wange und seine prallen, sinnlich geformten, einladenden Lippen.

Die Berührung ihrer zierlichen Finger liess in ihm ein Gefühl aufkommen, das ihm völlig unbekannt war, und er wurde ganz rot vor Erregung; er sagte aber nichts, denn er konnte nichts sagen.

„Wir werden uns schon bestens verstehen", sagte sie noch, und das Funkeln in ihren Augen verriet die Vorfreude, von der sie sich durchdrungen fühlte.

*

Bereits als er noch ein kleines Kind war, merkten seine Spielkameraden und alle Erwachsenen, die ihn kannten, dass seine Stimme anders klang als die Stimme bei den anderen Kindern – sie war viel klarer und stärker.

Am Tag, als er zum Sohn des Gesetzes befördert wurde, kamen alle, die ihn persönlich kannten und sehr viele, die bloss von seiner einmalig schönen Stimme gehört hatten, um ihn singen zu hören; und sie bekamen mehr zu hören, als sie erwartet hatten.

Seit dem Tag nannten ihn alle einfach ‚Chasan‘, denn ein Sänger war er in der Tat.

Das stärkte sein Selbstwertgefühl, liess ihn sogar heimlich daran glauben, er sei etwas Besonderes.

*

Etwa drei Jahre später rief ihn der Vorsteher des Tempels eines Tages zu sich und bot ihm das Amt des Kantors an. Er werde es nie bereuen, versicherte ihm der Vorsteher.

„Hier im Tempel kannst du Dinge erleben, von denen Auswärtige nichts wissen, ja nicht einmal träumen können", sagte er.

Die Worte des Vorstehers entzündeten seine Phantasie, und nun war er noch mehr als vorher überzeugt, ein Auserwählter zu sein, der wegen seiner Auserwähltheit zu Höherem berufen war und daher auch einen ganz besonderen Lebensweg haben musste.

„Setzt das Amt des Kantors voraus, dass er die ganze Zeit im Tempel verbringe; ich meine, dass er wie ein Mönch lebe?", fragte er den Vorsteher.

Der Vorsteher wollte nicht auf die Einzelheiten eingehen, sondern sagte lediglich: „Wer im Tempel wohnen darf, bereut nichts."

*

Er hatte eine andere Antwort erwartet und glaubte, dass der Vorsteher ihn nicht genau verstanden hatte. Die ungeheuere Würde, die in der Stimme des Vorstehers mitschwang, hinderte ihn jedoch daran, irgendeine klärende Frage zu stellen.

„Ich möchte betonen, dass dein Amt als Kantor im Tempel kein gewöhnliches ist, und weil es kein gewöhnliches Amt ist, darf es nie das Gesprächsthema mit den Auswärtigen sein; ich hoffe, du verstehst, was ich sagen will", fügte der Vorsteher hinzu.

„Doch, doch, ich verstehe", antwortete er.

„Du bist jetzt sechzehn, nicht wahr? das hat mir dein Vater gesagt", bemerkte der Vorsteher.

„Ich glaube..., ja, das stimmt, ich werde in einer Woche sechzehn", bestätigte er.

„Gut. Für den Anfang hast du ein ideales Alter. Wenn du mit allem, was ich dir gesagt habe, einverstanden bist, kannst du dein Amt sofort antreten. Jetzt kannst du nach Hause gehen und deinen Eltern sagen, dass du meinen Vorschlag angenommen hast. Du brauchst keine Kleider oder sonst etwas mitzubringen; hier wirst du alles bekommen", sagte zum Schluss der Vorsteher.

*

Seine Eltern waren ausser sich vor Freude, als er ihnen mitteilte, was der Tempelvorsteher ihm vorgeschlagen hatte.

Sein Vater war schon ein betagter Mann, klein, untersetzt, begütert und viel älter als seine Frau.

Seine Mutter dagegen war eine Frau von besonderer Schönheit und noch in jeglicher Hinsicht jung.

Genau eine Woche später kam er in den Tempel und meldete sich beim Vorsteher.

Dieser führte ihn in das Zimmer, in dem er fortan allein wohnen sollte. Das Zimmer war klein, aber sauber, und es hatte ein grosses Fenster.

Er zeigte ihm einen Raum, in dem er sich waschen und sein sehr persönliches Bedürfnis verrichten konnte.

„Du brauchst nie selbst Wasser zu holen oder irgendetwas zu reinigen, dafür werden andere sorgen", erklärte ihm der Vorsteher und führte ihn gleich danach in einen Raum, in dem eine sehr schöne Frau mittleren Alters seine Masse nahm, um für ihn die entsprechenden Kleider anzufertigen. Sie fragte ihn, ob er sich darauf freute, im Tempel und für den Tempel zu arbeiten, und blickte ihm einige Male betörend schelmisch in die Augen, als hätte sie sagen wollen: ‚Wird sie es schön haben'. Sie hantierte sehr schnell, und bald konnte er mit dem Vorsteher den Raum verlassen.

*

Er wusste nicht warum, aber er wäre gern noch länger bei der Näherin geblieben, denn die wenigen Augenblicke in ihrer Nähe erlebte er als etwas ausserordentlich Angenehmes. Vor allem die Art, wie sie ihn zärtlich umfing und überall berührte, als sie seine Masse nahm, erfüllte ihn mit einem Gefühl, das ihm unbekannt war.

Beim Verlassen des Raumes drehte er sich um und sah sie an. Sie verfolgte ihn mit ihrem Blick stehend und warf ihm einen Handkuss zu. Der Vorsteher war bereits draussen und hielt die Tür für ihn offen und wartete auf ihn, bis es ihm gelang, sich von dem reizvollen Blick der schönen Näherin zu befreien.

„Ich bin mit dir einverstanden – sie ist hinreissend; du kannst sie später noch besser kennen lernen", fügte er lächelnd hinzu, denn er hatte genau gesehen, welche Wirkung das Verhalten der reizvollen Näherin auf den Jüngling gehabt hatte.

*

Dann zeigte ihm der Vorsteher die riesige Parkanlage, in deren Mitte sich der Tempel befand – sie war tadellos gepflegt.

„Hier kannst du jeden Abend ein wenig rennen und dich körperlich ertüchtigen. Ausser uns beiden und den beiden Damen, die du soeben kennen gelernt hast, wird es sonst niemand tun. Alle anderen hier im Tempel sind gewöhnliche Leute, ziemlich träge, mit wenig Sinn für Höheres. Eigentlich brauchen sie keine körperliche Ertüchtigung – sie arbeiten ja körperlich den ganzen Tag. Abends sind sie schon sehr müde und haben nur eines im Sinn – so bald wie möglich schlafen zu gehen. Das ist natürlich gut, denn Arbeit schützt vor dummen Gedanken; es ist unerwünscht, dass jene, die arbeiten müssen, von ihren praktischen Aufgaben abschweifen.

Ausser den beiden Frauen und mir gibt es noch zwölf Helfer, die hier im Tempel wohnen. Ihre Aufgabe ist es, die Anlage zu pflegen, das Gebäude zu reinigen und zu unterhalten, Wasser zu holen, das Schuhwerk für alle auszubessern und für alle zu kochen. Dies ist das Gebäude, in dem wir wohnen. Die Helfer wohnen in einem anderen Gebäude, ein paar hundert Schritte weg von hier.

Jetzt führe ich dich in den Anbau, in dem junge Mädchen alles lernen, was sie später für ein züchtiges Leben in der Familie benötigen werden; mehr als das werden sie nie brauchen", sagte der Vorsteher.

*

Zusammen mit dem Vorsteher betrat er einen grossen, hellen Raum, in dem zwölf junge Mädchen an den kleinen, niedrigen Tischen sassen, und jede von ihnen war mit etwas Speziellem beschäftigt. Eine von ihnen strickte etwas mit verschiedenfarbigen Wollfäden, eine andere häkelte, wiederum eine andere schien etwas zu nähen; eine von ihnen flocht feine wollene Zöpfe aus weissen, blauen und roten Fäden.

Er hatte den Eindruck, dass sie alle von besonderer Anmut waren. Nie vorher hatte er so viele und so schöne junge Mädchen an einem Ort gesehen.

Es war ihm bekannt, dass nach dem herrschenden Brauch alle Mädchen in einem bestimmten Alter einige Zeit in dem Tempel verbringen mussten.

Das geschah immer, wenn die Mütter der Mädchen dem Tempelvorsteher sagten, dass es an der Zeit war, da es ihren Töchtern bereits nach der Frauenart ging.

Das wusste er aber nicht.

Es war auch allgemein bekannt, dass die meisten Mädchen nur eine kurze Zeit, einige wenige aber sogar zwei Monde lang im Tempel blieben. Warum dem so war, fragte niemand, und der Vorsteher brauchte nichts zu begründen, denn er schuldete niemandem Rechenschaft.

Nach der Zeit im Tempel galten die Mädchen als mannbar, und gleich suchten die Eltern nach geeigneten Ehemännern für ihre Töchter. Das galt für jene, die sich nur sehr kurze Zeit im Tempel aufhielten

Für jene, die längere Zeit im Tempel verbrachten, suchte der Vorsteher persönlich die geeigneten Ehemänner. Als besonders geeignet galten friedliche, besonnene Männer, die einen guten Beruf hatten und der Familie ein bequemes Leben ermöglichen konnten. Auch achtete er immer darauf, dass die geeigneten Männer schon die schönsten Jahre hinter sich hatten und die besonderen Freuden der Jugend nicht mehr richtig geniessen konnten, sich aber gerade deswegen glücklich schätzten, eine junge Frau zu haben. Die Eltern solcher Mädchen waren natürlich stolz und glücklich, da sie für ihre Töchter keine Ehemänner zu suchen brauchten und weil die Ehemänner, die ihre Töchter zugeteilt bekamen, von der höchsten geistlichen Autorität bestimmt wurden. Ausserdem brauchten ihre Töchter keine Aussteuer mitzubringen.

*

Beim Verlassen des Arbeitsraumes warf er noch einen Blick auf das Mädchen in der ersten Reihe, das mit ihren zierlichen

Fingern geschickt bunte Zöpfe flocht, denn sie war ihm durch ihre anmutige Haltung und durch ihre feine Arbeit besonders aufgefallen. Keines der Mädchen hatte aufgeblickt, als sie eingetreten waren, noch geschah das, als sie hinausgingen. Er war nicht sicher, ob die jungen Damen überhaupt gemerkt hatten, dass er mit dem Vorsteher im Raum gewesen war.

„Ein Mädchen flicht bunte Zöpfe; wozu braucht man so etwas?", fragte er den Vorsteher, als sie wiederum draussen waren.

„Jenes in der ersten Reihe hat dir doch am meisten Eindruck gemacht, obwohl auch alle anderen sehr anmutig sind; das ist gut; es freut mich, dass du auch feine Unterschiede merkst. Übrigens, sie heisst Miriam", sagte der Vorsteher lächelnd.

Er errötete ein wenig, denn eine solche Antwort des Vorstehers hatte er nicht erwartet.

„Sind alle Mädchen, die zu dir in den Tempel kommen, so schön?", fragte er weiter.

„Nicht alle sind so schön. Diese, die du soeben gesehen hast, sind Auserwählte, unter vielen auserwählt; sie stammen aus verschiedenen Teilen des Landes. Die üblichen brauchen hier nicht lange zu bleiben. Auf sie wartet ein gewöhnlicher Lebensweg. Ich kann mich nicht um alle gleich kümmern. Das Leben ist ein seltsames Spiel; wer viel hat, hat auch sehr gute Aussichten, noch mehr zu bekommen, und wenn er dann sehr viel hat, kann er auch viel verlieren. Wer wenig hat, hat ebenso gute Aussichten, auch das Wenige, das er hat, zu verlieren, aber viel verliert er nicht. Das ist weder gut noch schlecht, sondern es ist einfach so, und so ist es, weil es nur so sein kann, und weil es nur so sein kann, ist es eben weder gut noch schlecht. Du siehst: eine Behauptung unterstützt die andere. Ist eine von ihnen richtig, so sind es beide; ist aber eine von ihnen falsch, muss es auch die andere sein", erwiderte der Vorsteher.

*

Die Antwort des Vorstehers machte ihn nachdenklich, denn er wusste, dass er seine schöne Stimme mit nichts verdient hatte. Nun kam er in den Tempel, nur weil er eine besonders gute Stimme hatte.

Sein Vater konnte überhaupt nicht singen, hatte kein Ohr und hielt nichts vom Singen. Seine Mutter sang hübsch, jedoch nicht besonders gut, daher konnte er seine ausserordentliche Gabe von keinem Elternteil geerbt haben. Seine Mutter hatte ihm einmal erzählt, dass sie als junges Mädchen – noch nicht ganz vierzehnjährig – zwei Monate im Tempel verbracht hatte. Er erinnerte sich, dass sie mit einem Ausdruck von Andacht und Ehrfurcht schilderte, wie sie die Ehre gehabt hatte, dreifarbige Schnürchen zu flechten und zwei Monde lang mehrmals vom Heiligen Geist durchdrungen zu werden.

*

„Sie macht feine bunte Schnürchen, die deine Amtskleidung zieren werden – sie tut es für dich, ohne zu wissen, dass sie es überhaupt für jemanden tut. Eigentlich weiss sie nicht, wozu die Schnürchen dienen sollen. Das ist aber belanglos. Wichtig ist lediglich, dass sie alle glücklich und stolz sind, im Tempel eine Aufgabe zu haben, denn sie wissen, dass sie dadurch dem Höchsten dienen, und sie sind bereit, alles mit grösster Hingabe zu tun, was im Tempel von ihnen verlangt wird", ergänzte der Vorsteher seine Erläuterung.

*

„Warum verbringen nicht auch Jünglinge eine gewisse Zeit im Tempel?", fragte er den Vorsteher.

„Männer haben im Leben eine andere Aufgabe. Sie müssen arbeiten und die Familie unterhalten. Die Frauen bleiben zu Hause. Ihre erste Aufgabe ist es doch, die Kinder zu erziehen und sich um sie zu kümmern. Die Männer haben damit weniger zu tun. Wer der Vater des Kindes ist, kann man deswegen nicht immer mit Sicherheit sagen, aber wer die Mutter des Kindes ist, weiss man nur in seltenen Fällen nicht. Daher gilt es auch bei uns, dass jemand zu unserem Volk gehört, wenn auch seine Mutter zu unserem Volk gehört – nach dem Vater fragt man nicht. Aus diesem einfachen Grund können wir mit den Jünglingen keine höheren Ziele vorbereiten, mit den Mädchen schon", erwiderte der Vorsteher. Die Jünglinge und später als erwachsene Männer führen jenes aus, was mit den Mädchen vorbereitet wird", erwiderte der Vorsteher.

„Was soll ich mir unter den höheren Zielen vorstellen?", fragte er.

„Alle Menschen, denen es gut geht, möchten, dass es immer so bleibt und dass sich ihre Bequemlichkeit auch bei ihren Kindern fortsetzt.

Alle Menschen dagegen, die unterdrückt werden oder irgendwie anders leiden müssen, sehnen sich nach einer Änderung ihrer Lage. Je grösser das Leiden, desto stärker die Sehnsucht nach einer grundsätzlichen Änderung.

Wenn das Leiden äusserst schwer ist, sehnen sich die Menschen nach einem Erretter, nach einem Gesalbten, den Gott unter den geeigneten Menschen für die grosse Aufgabe bestimmt. Kurz gesagt: In äusserster Not träumt der Mensch vom Unmöglichen, da nichts Mögliches mehr in Frage kommt.

In diesen Tagen leidet das Volk schwer, und wir müssen alles tun, damit der Erretter so bald wie möglich komme. Wir müssen unseren Teil tun, und Gott wird uns erhören. Als das Volk in Ägypten schwer litt, schickte uns Gott Jochebeds Sohn, und er führte uns aus der Knechtschaft.

In Babylon schickte uns Gott als Erretter den König selbst, den grossen Eroberer, der auch jenes Land erobert hatte, in dem wir als Gefangene zu leben gezwungen waren; und nun ist das Volk wiederum in schwerer Not; die Ankunft des Befreiers ist dringend nötig. Wir beide müssen tun, was wir können, um seine Ankunft zu beschleunigen", erwiderte der Vorsteher.

„Wollen wir eine Armee aufstellen, um unsere Unterdrücker zu bekämpfen?", fragte er den Vorsteher.

„Das wollen wir nicht, denn das käme dem Selbstmord gleich; die militärische Macht des Unterdrückers ist viel zu gross. Wir müssen etwas einsetzen, was viel stärker ist als irgendwelche militärische Macht", sagte der Vorsteher.

„Und was ist das, wovon du redest?", fragte er.

„Es ist etwas, was die jetzige Denkart aller Menschen ändern soll, somit auch die Denkart unserer Unterdrücker. Erst dann besteht die Möglichkeit, dass unser Volk und alle Völker in allen Teilen der uns bekannten Welt endlich begreifen, was die wahre Freiheit ist. Mit Waffen und Kriegen lässt sich die wahre Freiheit nicht erkämpfen", sagte der Vorsteher.

*

„Was ist die wahre Freiheit?", fragte er den Vorsteher.

„Das ist der Zustand, wenn du alle Menschen und alles, buchstäblich alles liebst; ich meine nicht, wenn du sie duldest, sondern wenn du sie liebst", unterstrich der Vorsteher seine Aussage.

„Aber wie kann man seine Feinde lieben? Wie können wir jetzt jene lieben, die unser Land besetzt haben und unser Volk unterdrücken?", fragte er, denn, was der Vorsteher sagte, war gegen die übliche Denkweise.

„Um die müssen wir uns besonders bemühen und zu begreifen versuchen, dass unsere Feinde wir selbst sind. Wir sollen sie also lieben als uns selbst und nicht wie uns selbst. Der Wunsch, sich für irgendein Unrecht zu rächen, muss aus unseren Köpfen verschwinden", erwiderte der Vorsteher.

„Aber lässt sich das überhaupt bewerkstelligen? Bedenke nur die Tatsache, dass es so im Gesetz steht und dass alle Menschen denken, man müsse das Gleiche mit Gleichem vergelten, da nur so ein gestörtes Gleichgewicht wieder hergestellt werden könne. Wer wäre schon imstande, sie zu überzeugen, dass ihre Denkweise und das, was im Gesetz steht, verkehrt ist und durch das reine Gegenteil ersetzt werden muss, falls wir frei werden wollen?", sagte er.

*

„Ich gebe zu – ein gewöhnlicher Mensch kann das nicht. Viele gewöhnliche Menschen in der Vergangenheit hatten sich für Erretter ausgegeben, aber statt zu helfen, verursachten sie noch mehr Leid, denn sie waren einfach falsch. Nur ein wahrer Helfer kann helfen", sagte der Vorsteher.

„Aber wie kann man wissen, ob jemand wirklich der wahre Helfer ist?", fragte er.

„Der wahre Helfer denkt nicht an die kurzfristigen, vergänglichen Vorteile – er wirkt im Namen und zur höheren Ehre des Ewigen.

Wer das Wesen des wahren Helfers begreift, dem kann er auch helfen, und zwar nur dem.

Wer jedoch zwischen dem Vergänglichen und dem Unvergänglichen nicht unterscheiden kann, der widmet sich immer dem Vergänglichen, das ist viel einfacher, viel leichter. In einem solchen schlummert immer ein Unterdrücker und Tyrann, auch wenn er sich für einen Menschenfreund und Wohltäter ausgibt", erwiderte der Vorsteher.

*

„Woher soll aber ein solcher Retter kommen? Ich frage das, denn ich kann es mir nicht vorstellen, dass irgendjemand von allen Menschen, die mir je begegnet sind, dazu geeignet wäre", sagte er.

„Der wahre Erretter ist schon unterwegs. Einzelne Menschen spüren bereits seine Ankunft und versuchen – so gut sie es können – die träge Masse daran zu erinnern, worum sich der Mensch bemühen sollte. Viele mahnen bereits zur Umkehr und wiederholen unermüdlich, dass jeder Einzelne den Weg für die Ankunft des wahren Erretters ebnen sollte. Noch mehr solcher Mahner wird es bald geben", erwiderte der Vorsteher.

„Aber wie soll man den Weg ebnen? Wie soll man diese Worte verstehen?", Fragte er.

„Man tut es, indem man all jene Wünsche und Absichten in sich bewusst bekämpft, die einem anderen Menschen schaden könnten. Jeder Einzelne, der solche Wünsche und Absichten bei sich selbst ausgemerzt hat, ist ein Pflasterstein für den Weg, auf dem der wahre Erretter kommen soll", erklärte der Vorsteher.

„Wie soll das aber geschehen, wenn es niemanden gibt, der als Vorbild dienen kann?", fragte er den Vorsteher.

„Auf die Frage habe ich gewartet. Unser geistiger Vater hatte kein Vorbild, und doch war er nicht von dem Lärm, das heisst der üblichen Denkweise der Welt, in der er lebte, betäubt, was mit allen seinen Mitmenschen der Fall war. Er konnte also trotz des wilden Lärms der vergänglichen Welt die leise Stimme der Ewigkeit vernehmen. Er hatte also kein Vorbild, aber er scheute sich nicht, sich ins Ungewisse zu begeben und alle nur erdenklichen Lasten und Unannehmlichkeiten auf sich zu nehmen und zu ertragen, denn er spürte, dass gerade dadurch eine neue, ganz andere kommende Welt gestaltet werden sollte. Und weil er so – eben ohne ein Vorbild – gehandelt hatte, stehen wir beide hier und unterhalten uns darüber, wie der wahre Erretter kommen soll. Er tat das Seine, indem er mutig aus sich selbst, ohne ein Vorbild, handelte, und gerade dadurch soll er uns zum Vorbild werden; an uns ist es, das Unsere zu tun, das heisst, ihm nachzueifern", erwiderte der Vorsteher.

*

„Was wird der wahre Erretter tun, um der wirklich wahre zu sein?", fragte er.

„Er wird mit seinem eigenen Leben das Vorbild dafür sein, dass der Mensch bei allem, was er in seinem vergänglichen Dasein tut, des Ewigen eingedenk sein soll, um wirklich Mensch zu sein, sogar dann, wenn gerade dadurch sein irdisches Dasein auf grausamste Weise unterbrochen zu werden droht.

Kurz gesagt: Der wahre Erretter ist der Träger der siegreichen Unschuld, also das reine Gegenteil von der weltlichen Macht, die mit Gewalt etwas errichtet, was ebenso unumgänglich mit Gewalt zerstört werden muss", sagte der Vorsteher.

*

„Aber woher soll er kommen?", fragte er.

„Die Unschuld wird ihn empfangen und gebären", erwiderte der Vorsteher.

„Die Unschuld? Wo ist die Unschuld?", fragte er.

„Ja, die Unschuld. Wir waren vorhin im Raum, wo die jungen Mädchen fleissig und voller Hingabe arbeiten und mit Freuden alles tun, was man von ihnen verlangt. Jede von ihnen ist glücklich dem Tempel zu dienen, denn sie alle wissen, dass sie dadurch zugleich der Ewigkeit dienen. Daher kann jede von ihnen von der Ewigkeit dazu bestimmt werden, die Mutter des wahren Erretters zu sein", sagte der Vorsteher.

„Aber wie soll das geschehen?", fragte er.

„Wir werden zu dem Heiligen Geist beten, er möge sich herablassen und eines von diesen Mädchen befruchten, auf dass sie den wahren Erretter gebäre. Der wahre Erretter wäre dann einerseits menschlicher Abstammung, denn seine Mutter wäre eine irdische Frau. So könnte er als echter Mensch die Anliegen der Menschen gut verstehen und sich für ihr Wohlergehen und für ihre Glückseligkeit einsetzen.

Anderseits wäre er vom Heiligen Geist gezeugt, also der Sohn Gottes, denn das Mädchen würde das Kind empfangen und wäre schwanger, bevor sie einen Mann geheiratet hat.

Das wäre natürlich etwas ganz Besonderes, Unerhörtes, das grösste Wunder. Bald würde sich die Nachricht im ganzen Land verbreiten. In der Zwischenzeit würde das Kind – es müsste ein Knabe sein – langsam heranwachsen, und wenn es fünf Jahre vollendet hat, würde ihn unser bester Lehrer Schritt für Schritt in die Herrlichkeit des Gesetzes einführen, bis er sich in allen Belangen des Lebens auskennt. Darauf würde er hier im Tempel, wo er vom Heiligen Geist gezeugt worden ist, zum Sohn des Gesetzes befördert werden. Danach würde ich mit ihm noch alles gründlich besprechen und ihm meine Ansichten, die Welt betreffend, drei Jahre lang der Reihe nach erläutern. Wenn er so alt ist wie du jetzt, würde er uns vier Jahre lang auf die gleiche Art helfen, wie du uns helfen wirst.

Dann würde ich ihm sagen, dass die grösste und heiligste Aufgabe auf ihn warte und dass er nun unerkannt im Lande von einer Ortschaft zur anderen wandern und in den Häusern der Zusammenkunft predigen soll, um das ganze Land kennen zu lernen und von vielen gehört zu werden. Ich würde ihn unterweisen, dass er überall von Liebe und Vergebung und nirgends von Hass und Rache predigen soll. Der Sinn von solchen Predigten soll sein, die Bevölkerung zu beruhigen, so dass niemand die Befreiung von den Eroberern mit Waffen zu erreichen versucht, denn das wäre unser Ende – die Eroberer sind zu mächtig und würden uns alle ausrotten, wenn wir so etwas versuchten.

Statt von Rache und Befreiung mit Waffen würde er vom Himmelreich reden, das auf alle wartet, die jetzt leiden müssen. In der zurzeit geltenden Lehre unseres Volkes fehlt genau das. Bei uns heisst es doch, dass jemand nach seinem Tode lediglich zu seinen Volksgenossen eingehe. Das ist natürlich ein schwacher Trost für die leidenden Menschen, denn das bedeutet bloss die Fortsetzung unseres elenden Zustands hier auf Erden. Ich darf das nicht öffentlich predigen, denn auf dem Sinai wurde kein

Lohn nach dem Tod versprochen, und man würde mich der Ketzerei bezichtigen. Die Zeit ist noch nicht reif dazu; wir müssen noch etwas Geduld haben, und alles wird sich von selbst regeln; das ist das Schöne und Heilige am Wandel.

Während seiner Wanderung würde sich der Erretter nirgends aufhalten. Jeweils gleich nach der Predigt würde er sofort den Ort verlassen und zu einem anderen Ort gehen, ohne sich irgendwo mit den Leuten auf ein Gespräch einzulassen. Man sollte ihn überall hören, aber niemand sollte wissen, wer er eigentlich ist. So würde man von ihm überall erzählen, aber niemand würde ihn kennen. Er würde leben wie ein GAL, wie eine eilende Welle, die immer eine Form zu haben scheint, die sie jedoch ständig ändert, so dass es bloss eine Scheinform ist. Er würde sozusagen im Sand schreiben und nicht auf Steinplatten oder auf Pergament oder Papyrusblättern. Nach seinem Tode würden die Menschen gewiss wunderbare Geschichten über ihn zuerst erzählen, und dann würden bestimmt einige über ihn auch schreiben und das Erzählte und Nacherzählte – so gut sie es können – auch festhalten. Daraus würde bestimmt eine andere Denkweise entstehen, die uns jetzt unbekannt ist.

Das Land ist voller Elend, die Tyrannen sind rücksichtslos und unbarmherzig, und eine wesentliche Änderung der Lage ist auf absehbare Zeit nicht zu erwarten. Der Erretter, den ich im Sinn habe, müsste dieser Lage genügen. Was mir vorschwebt, ist etwas, was sich nicht über Nacht erreichen lässt, sondern etwas, woran man lange, sehr lange arbeiten muss, denn gute Dinge brauchen eben viel Zeit.

In jeder Predigt würde er erwähnen, dass der Tag naht, an dem der Erretter kommen und das Himmelreich verkünden würde, jedoch niemals ein bestimmtes Datum versprechen. Kurz gesagt, würde er nur von dem kommenden und niemals von irgendeinem bereits gekommenen Erretter sprechen. Jene, die von dem bereits gekommenen Erretter sprechen, begreifen das Wesen des Erretters nicht.

Jeder, der von den anderen zum Erretter gemacht wird, muss elendiglich zugrunde gehen und im Ozean der menschlichen Wünsche im praktischen Alltag ertrinken. Kein solcher gebastelter Erretter oder Prophet macht das Leben einfacher; im Gegenteil, jeder von ihnen giesst noch zusätzlich Öl in das bereits brennende Feuer des leidvollen praktischen Daseins.

Am Ende müssen alle Anhänger irgendeines bereits gekommenen Erretters oder Propheten genau so auf einen kommenden Erretter warten, wie jene, die seit immer auf den kommenden, noch nie da gewesenen Erretter warten.

Das Wirken des wahren Erretters soll zum Ziel haben, dass sich alle nach der Ankunft des Erretters sehnen und aus der Hoffnung auf ein ewiges Lebens in Seeligkeit nach dem Tod als Belohnung für die hier erlittenen Leiden die Kraft schöpfen, trotz allem auszuharren", sagte der Vorsteher.

*

„Wann sollte der Heilige Geist kommen, um die Mädchen zu befruchten?", fragte er.

„Unter der Leitung jener reizvollen Schneiderin, die du soeben kennen gelernt hast, erhalten die Mädchen regelmässig etwas zum Erledigen. So hat jedes von ihnen bereits ein hübsches Kleid für sich selbst angefertigt, das sie an einem bestimmten Tag tragen wird. Man hat ihnen erklärt, dass es der wichtigste Tag ihres Lebens sein wird, weil an dem Tag jede von ihnen die Ehre geniessen wird, die Braut des Heiligen Geistes zu werden sowie dass der Heilige Geist sie durchdringen wird und dass sie bald danach die Frucht des Heiligen Geistes in sich spüren werde. Sie alle erwarten ungeduldig die Ankunft des Heiligen Geistes und sehnen sich nach dem Tag, an dem sie von seiner Herrlichkeit durchdrungen werden sollen. Das wird sehr bald geschehen", sagte der Vorsteher.

***

Gleich nachdem sich der Vorsteher entfernt hatte, führte ihn die Lehrerin in einen Nebenraum, den sie nach ihrem feinen Geschmack als Bad eingerichtet hatte. Der Raum war recht gross. An den Wänden standen lange, schmale Tische mit Wasserkrügen und zierliche Gefässe mit wohlriechenden Essenzen. Auf einem kleineren Tisch lagen mehrere weisse Handtücher von feinster Baumwolle sowie Porzellangefässe mit duftenden Salben.

Er fühlte sich in eine Welt versetzt, von der er vorher nie hätte träumen können, und nun war er mitten in der Welt, und eine wunderschöne junge Frau war dabei, ihn zu entkleiden.

„Ich freue mich sehr darauf, deine Lehrerin zu sein, und du wirst mich als deine Lehrerin bestimmt gern haben", sagte sie lächelnd und sah ihm dabei in die Augen.

Er war so erregt, dass er nichts sagen konnte. Das Blut schoss ihm in den Kopf, und seine Wangen glühten.

„Bei mir wirst du einen sehr speziellen Unterricht geniessen, und für jede Stunde muss man sich waschen und seinen Körper tadellos sauber halten, denn der Heilige Geist duldet keinen Schmutz; er durchdringt nur saubere Körper, jene, die ihn würdig empfangen wollen.

Jetzt bist du so, wie du eigentlich bist – Kleider täuschen immer etwas vor. Daher reizen die schönsten Kleider dazu, dass man sie ablegt.

Ich darf dir nicht etwas erzählen und selbst etwas ganz anderes tun; deswegen muss auch ich meine Kleider ablegen", sagte sie und zog sich ganz aus.

*

Nun standen sie voreinander, beide schön wie zwei glatte, pralle Äpfel oder wie Venus und Adonis.

Er sagte nichts und machte keine Bewegungen; alles, was er tun konnte, war, sie handeln zu lassen und ihr zu folgen, falls sie von ihm etwas verlangte.

Sie nahm ihn bei der Hand und forderte ihn auf, ins Becken in der Mitte des Raumes einzusteigen und sich auf einen kleinen Hocker mit der Sitzfläche aus Elfenbein zu setzen.

„So ist es richtig. Du bist gross, und erst jetzt kann ich dich bequem waschen. Ich weiss, dass du dich selbst waschen könntest, aber in der Schule bei mir muss es gelten, dass ich dich auf meine Art und Weise wasche", sagte sie und streichelte ihm den Hals.

Dann nahm sie einen Krug mit Wasser und goss es ihm zuerst auf das Haupt, um sein Haupthaar zu waschen.

Darauf wusch sie ihm das Gesicht und den Oberkörper.

Zum Schluss sagte sie ihm, er solle aufstehen, entfernte den Hocker aus dem Becken und forderte ihn auf, sich stark zu bücken und sich am Rand des Beckens zu halten.

Nun konnte sie ihm bequem jenen Teil des Körpers waschen, der die grösste Aufmerksamkeit verdient, jedoch aus Unwissen von den meisten nur äusserst selten richtig gepflegt wird.

„Du wirst ein prächtiges Werkzeug des Heiligen Geistes sein, und unzählige Geschlechter werden dank deiner Auserwähltheit jemanden haben, an den sie sich in ihrer Not wenden werden", sprach sie, während sie seine grossen, prallen Hoden und seine schön geformte Macht zärtlich wusch.

Er verstand nicht, was sie sagen wollte.

„Unmittelbar, bevor du gekommen bist, habe ich mich gründlich gewaschen, und nun sind wir beide für den Unterricht bereit", sagte sie und half ihm, aus dem Becken zu steigen.

„Fühlst du dich wohl jetzt nach dem Bad?", fragte sie ihn lächelnd.

Er sagte zwar nichts, sondern nickte bloss, jedoch war es offensichtlich, dass er sich nun etwas weniger schämte.

Sie trocknete ihn gründlich ab, und dann nahm sie von einem Tischchen ein kleines Gefäss mit irgendeiner Salbe und führte ihn in einen Nebenraum. Dort forderte sie ihn auf, sich auf dem grossen Bett auf den Bauch zu legen. Sie setzte sich auf ihn, öffnete das Gefäss, das sie mitgebracht hatte, nahm etwas Salbe daraus und massierte ihm den Rücken.

Dann sagte sie ihm, er solle sich auf den Rücken drehen, und massierte ihm ebenso die Brust und den Bauch.

Zum Schluss fettete sie ihm die Geschlechtsteile und den ganzen Intimbereich mit einer wohlriechenden Salbe ein.

Er genoss alles, was sie tat, sagte aber nichts, denn er wusste eigentlich nicht, was darauf folgen sollte.

*

„Erst jetzt sind wir rein und bereit, mit dem Unterricht zu beginnen", sagte sie und stellte das Gefäss mit der Salbe auf ein Tischchen neben dem Bett.

Dann legte sie sich neben ihn hin, streichelte ihm das Gesicht und küsste ihn auf den Mund.

„Du bist ein Mann; ich bin eine Frau. Wir sind dem Wesen nach verschieden und ganz anders gebaut. Die Frau allein ist kein Mensch, und der Mann allein ist auch kein Mensch; erst beide zusammen machen sie den Menschen aus", sagte sie.

Das hatte er vorher nie gehört.

„Du hast diesen Teil hier", fuhr sie fort und nahm dabei seine Macht und seine beiden Hoden in die Hand.

„Nennen wir das aus Spass ,Macht' oder ,grosser Nabel', wie du willst. Ich als Frau habe das nicht; ich habe jenes, was genau dazu passt. Ebenso aus Spass können wir es als ,Muschel' oder ,Orchidee' nennen. Diese Teile des Körpers passen genau zusammen, und wenn Mann und Frau vom Heiligen Geist durchdrungen sind, eben, wenn sie voller Begeisterung füreinander sind, sehnen sie sich nacheinander so sehr, dass der Mann mit seinem grossen Nabel in die Muschel der Frau eindringen möchte. Gleichzeitig wünscht sich die Frau, dass der grosse Nabel des von ihr geliebten Mannes in sie eindringe; sie möchten sich vereinigen.

Das ist aber nur möglich, falls der grosse Nabel des Mannes steif wird. Die Frau hilft, dass es dazu kommt. Das kann zum Beispiel so geschehen", sagte sie und nahm seinen grossen Nabel zärtlich in die Hand und streichelte ihn sachte auf und ab. Mit der anderen Hand streichelte sie gleichzeitig seine Hoden, und im Nu war sein grosser Nabel steif und reckte sich hoch.

*

„Siehst du. Das ist der Augenblick, wenn der grosse Nabel in die Muschel geschoben werden sollte. Die Frau mag diesen Anblick, und in ihr kommt der Wunsch auf, dass der grosse Nabel in ihre Muschel eindringe. Damit das Eindringen beiden einen Genuss bereite, muss die Muschel richtig feucht sein. Der einfachste Weg, dass zu erreichen, ist es, den Kopf des grossen Nabels und die Muschel mit der Zunge zu schlecken und sie somit mit dem Speichel tüchtig zu befeuchten. Ich zeige dir nun, wie es die Frau machen soll", sagte sie und steckte den Kopf seines grossen Nabels in ihren Mund und machte ihn richtig nass.

Dann forderte sie ihn auf aufzusitzen, und sie drehte sich auf den Rücken und legte sich ein hohes Kissen unter den Rücken und das Haupt. Dann zog sie ihre Oberschenkel hoch, so dass ihre Knie fast auf der Höhe ihrer Brüste waren. Ihr Intimer Teil war nun unmittelbar vor ihm. Mit einer Hand zeigte sie ihm die besonders empfindliche Stelle in ihrer Muschel und wie man sie streicheln sollte, sowie wo sich die eigentliche Öffnung befand, in die der grosse Nabel eindringen sollte.

Dann forderte sie ihn auf, ihre Muschel zuerst mit der Zunge zu schlecken und sie somit mit viel Speichel gründlich nass zu machen. Erst dann solle er versuchen, sie mit der Hand zärtlich zu streicheln.

Er tat es, und sie war entzückt.

„Du bist schon jetzt ein kleiner Meister, und bald wirst du ein grosser sein. Der Heilige Geist wird sich nicht eine Sekunde überlegen, dich zu durchdringen, und du wirst sofort seinen Wunsch in dir verspüren, mit der Begeisterung, die du von ihm empfangen hast, andere zu erfüllen, die er dazu bestimmt hat", sagte sie und lächelte ihn an.

Ihre Worte stärkten sein Selbstvertrauen, und der feine Duft ihrer Orchidee liess ihn sofort das volle Einwirken des Heiligen Geistes spüren.

„Dein grosser Nabel ist jetzt schön fest, und du kannst gleich versuchen, ihn in meine Orchidee einzuführen. Ich tue nur ein wenig Fett darauf, damit du es jetzt bereits am Anfang als sehr angenehm empfindest", sagte sie und fettete den Kopf seines grossen Nabels und die Zauberöffnung ihrer prächtigen Muschel ein.

„Hier unten ist die Öffnung, in die du schieben musst. Wenn ich auf dem Rücken liege, befindet sich die Öffnung unterhalb der empfindlichsten Stelle. Wenn ich knie, ist sie dann oberhalb", sagte sie, indem sie seinen grossen Nabel in die Hand nahm und ihn genau dorthin führte, wo er in sie eindringen sollte.

„So ist es gut, herrlich machst du das; jetzt einfach hinein schieben und dann herausziehen, aber nicht ganz, nur bis zum Kopf. Es ist am besten, wenn wir beide das Gefühl haben, dass deine Macht jedes Mal von neuem eindringt. Deswegen sollst du jedes Mal kräftig hinein schieben, aber etwas langsamer heraus-ziehen. Du bist schon eine Wucht. Mach nur weiter so. Herrlich! Ach, du bist schon voll des Heiligen Geistes.

Du machst es ausgezeichnet, bist bereits begeistert im wahrsten Sinne des Wortes", sagte sie und forderte ihn auf, seinen grossen Nabel aus ihr herauszuziehen und sich auf den Rücken zu legen.

Dann kniete sie über ihm so, dass ihre Orchidee direkt über seinem Mund stand und sie seinen grossen Nabel in ihren Mund stecken konnte.

„Versuche jetzt, jenen empfindlichen Punkt, den ich dir gezeigt habe, mit der Zunge zu schlecken und zärtlich zu saugen, und ich werde mich gleichzeitig mit deinem grossen Nabel und mit deinen Hoden beschäftigen", sagte sie, und in demselben Augenblick begannen beide sich gegenseitig an Hingabe zu übertreffen. Am Schluss – kein Wunder – waren beide gleich erfolgreich und teilten den Sieg.

*

„Jetzt gehen wir etwas Gutes essen – dieser Unterricht macht hungrig", sagte sie und küsste ihn auf den Mund.

„Am Anfang muss man zu viel erklären, und das verursacht viele Unterbrechungen, gestattet nicht, dass alles fein fliesst. Nächstes Mal werde ich nichts mehr erklären müssen, denn jetzt weißt du, wie was gemacht wird", sagte sie.

„Ich glaube auch, dass es noch viel besser sein wird, wenn man nichts mehr zu erklären braucht, aber selbst dieser Anfang ist wie ein Traum", stimmte er zu.

„Zuerst wollen wir uns aber waschen. Ich werde dich waschen, und du kannst mich waschen. Du sollst dich daran gewöhnen und es nie unterlassen", erwiderte sie.

„Komm, ich freue mich wirklich darauf, deine Orchidee in die Hand zu nehmen; vor Freude möchte ich singen", sagte er

„Tue es", sagte sie.

Er singt:
„In deine Hände, Heiliger Geist,
empfehl' ich mich mit Seel' und Leib;
lass mich dich spüren Tag und Nacht,
dring in mich ein mit deiner Macht.

Lass mich das, was du mir schenkst,
gleich weitergeben der Unschuld fein;
dir lass mich dienen mit ganzem Wesen,
in Liebe immer dein Diener sein."

„Herrlich hast du gesungen. Du wirst der beste Kantor, der je in diesem Tempel gesungen hat. Der Tempelvorsteher war viele Jahre lang Kantor. Jetzt spürt er das herannahende Alter, und es ist gut, dass er jemanden gefunden hat, der ihn überall ersetzen kann", sagte sie, während sie ihn prüfend betrachtete.

*

„Ich bin glücklich, dass dir mein Singen gefällt. Du hast einen verfeinerten Geschmack, und wenn es dir gefällt, dann ist es bestimmt nicht schlecht.

Ich weiss, dass der Vorsteher ein ausgezeichneter Kantor war. Das hat mir meine Mutter erzählt. Er war bereits damals ein erfahrener Kantor, etwa dreimal älter als meine Mutter, als sie hier als junges Mädchen zwei Monate verbrachte", sagte er.

„Es ist auch sehr reizvoll, dass du irgendwie eine ähnliche Gangart und Haltung hast wie er, selbst dein Haar ist lockig wie bei ihm. Das ist so wunderbar – der Heilige Geist sorgt wirklich für alles und belebt alles; ohne ihn gäbe es uns gar nicht, denn letzten Endes durchdringt und befruchtet er alle und alles; dank ihm keimt und spriesst, wächst und lebt alles.

Jetzt könnten wir bereits schlafen gehen, es ist schon dunkel. Du kannst bei mir hier schlafen, wenn du willst, aber du kannst auch in deinem Zimmer schlafen, wenn es dir dort besser gefällt – du kannst wählen", sagte sie lächelnd, als hätte sie sagen wollen: ‚Hier hättest du es aber doch schöner als bei dir'.

„Ich glaube, ich bleibe lieber bei dir", sagte er und umarmte und küsste sie auf die Lippen.

„Das ist doch besser, denn so kann ich dich ununterbrochen unterrichten, und alles, was ich dir erkläre, können wir auch gleich ausprobieren.

Morgen gehen wir einen Schritt weiter, aber jetzt gehen wir gleich schlafen, damit wir für morgen frisch und gut ausgeruht sind", sagte sie, und gleich danach sprangen sie beide nackt ins Bett.

Kaum hatten sie sich hingelegt, kamen ihm die Worte des Vorstehers in den Sinn, dass niemand, der im Tempel wohnen darf, etwas bereut.

*

„Du bist wirklich ein ausgezeichneter Schüler", sagte sie zu ihm, nachdem sie alles, was sie am Tag davor durchgenommen, am Morgen danach vor dem Frühstück nochmals gründlich wiederholt hatten.

„Falls ich ein guter Schüler bin, dann nur, weil du so eine herausragende Lehrerin bist. Wer es von dir nicht lernen kann, der kann es – vermute ich – überhaupt nicht lernen", erwiderte er.

„Heute früh hast du bestätigt, dass du dir alles gemerkt hast und dass du für die nächste Stunde bestens vorbereitet bist", sagte sie.

„Ich freue mich auf alles, was von dir kommt. Jetzt gehe ich schnell auf mein Zimmer, um dort zu erledigen, was ich dort erledigen kann, und komme gleich wieder zurück", erwiderte er.

„Das ist richtig; du machst alles genau so, wie es sein soll. Ich warte auf dich. Dann werden wir uns gegenseitig waschen und gleich danach mit der zweiten Stunde beginnen", sagte sie.

*

„Es ist unglaublich; deine Hoden sind gleich gross und fest wie vor der Wiederholung des durchgenommenen Stoffes heute Morgen; sie scheinen immer für neue Begeisterungen bereit zu sein; der Heilige Geist will an dir seine helle Freude haben, denn er liebt jene, die für ihn immer offen sind und ihn jederzeit empfangen können", sagte sie, während sie seinen intimen Teil wusch.

„Ein jedes Wort von dir und alles, was du tust, unterweist und erfreut zugleich; wo hast du die Kunst gelernt, so schön und ermutigend zu sprechen und so geschickt zu handeln?", fragte er.

„Ich bin glücklich, dass du mich so erlebst. Ich habe es zum Teil von meiner Mutter, zum Teil an der hohen Schule der Liebeskunst in Athen gelernt. Dort lernen die jungen Burschen aus reichen Familien, wie sie ihre künftigen Frauen lieben sollen, um nach Möglichkeit deren Erwartungen zu erfüllen und sie nicht zu enttäuschen. Die Harmonie in der körperlichen Beziehung zwischen den Geschlechtern ist von entscheidender Bedeutung für ein zufriedenes gemeinsames Leben; fehlt sie im gemeinsamen Leben von Mann und Frau, fehlt irgendwie auch das Glück. Oft bleiben die Paare zusammen, obwohl sie die Glückseligkeit der Vereinigung miteinander nicht erleben, weil sie durch die Umstände dazu gezwungen sind; sie dulden sich gegenseitig, aber sie lieben sich nicht. Ein solches gemeinsames Leben ähnelt der Speise ohne Geschmack; man verzehrt sie, weil es sein muss, aber man kann sie nicht geniessen.

Herrscht in der körperlichen Beziehung zwischen den Partnern gegenseitige Freude aneinander, dann hat auch die magere Speise des Alltags einen angenehmen Geschmack", sagte sie.

Dann trocknete sie ihn ab und küsste ihn zum Schluss innig auf den Mund.

„Du bist mein Adonis", sagte sie lächelnd.

„Was ist Adonis?", fragte er.

*

„In jener Welt, in der ich aufgewachsen bin, war Adonis in ferner Vergangenheit in der Phantasie der Menschen der Herr und die Verkörperung der Schönheit und des aufkeimenden Lebens sowie der Kraft der Fruchtbarkeit. Ich sage, dass du mein Adonis bist, weil du einen außerordentlich schönen Körper und sehr große und feste Hoden hast; daher bin ich überzeugt, dass du sehr fruchtbar sein musst.

Damals glaubten die Menschen, dass Aphrodite, die Göttin der Liebe, in Adonis verliebt war. Das soll nicht überraschen, denn Adonis hatte genau das, was Aphrodite begehrte, einen schönen und fruchtbaren Körper", antwortete sie.

„Ich verstehe und bin entzückt zu wissen, warum du mich deinen Adonis nennst. Darf ich dich meine Aphrodite nennen?", sagte er lächelnd.

„Ich bin begeistert, es sein zu dürfen. Komm, wasche mich; mach mich rein und würdig, dich zu empfangen", sagte sie und küsste den Kopf seiner Macht.

Dann stellte sie einen flachen hölzernen Trog auf das Becken, legte sich auf den Rücken darauf und hob ihre Oberschenkel. So dass er ihren Intimteil bequem von oben nach unten waschen konnte.

„Nun habe ich vor mir das schönste Bild dieser Welt. Allein der Anblick des schmalen rosa Spaltes deiner Muschel verursachen einen richtigen Aufruhr in meinen Hoden", sagte er lächelnd.

„Das ist gut; gleich müssen wir dafür sorgen, dass dort wiederum der glückliche Frieden einkehre, der ja für den Aufbau einer neuen erwünschten Spannung erforderlich ist", sagte sie lächelnd.

*

Sie fetteten einander mit feinen duftenden Salben ein und legten sich auf das Bett.

„In der ersten Stunde lernten wir die Geschlechtsteile etwas kennen und, wie man den Körper ermuntern kann, sich dem Heiligen Geist zu öffnen und sich von ihm erfüllen zu lassen.

Heute machen wir einen weiteren Schritt in dem Sinn.

In der ersten Stunde lag ich auf dem Rücken, und du warst oben, oder du warst unten, und ich war oben.

Heute werde ich knien, und du wirst von hinten in mich eindringen. Vergiss nicht, dass die Öffnung, in die du eindringen musst, jetzt über dem empfindlichsten Punkt liegt, jedoch nicht ganz oben. Ganz oben ist die Öffnung für den Darm, durch die jenes ausgeschieden wird, was der Körper nicht braucht.

Der Bruder meines Vaters ist Arzt. Als mein Vater noch lebte, hörte ich einem Gespräch zwischen ihnen beiden zu. Sie unterhielten sich über den Aufbau des Körpers. Mein Onkel erzählte, dass diese Öffnung und der Mund an den beiden Enden des Darmes stehen. Der Darm ist eigentlich ein Rohr, in dem die Nahrung so verwandelt wird, dass der ganze Körper davon lebt. So ist der ganze Körper im Grunde ein Rohr, in dem wahre Wunder geschehen. Ich staunte sehr, als ich das hörte. Vor allem staunte ich, als ich hörte, dass während der Formung des Kindes im Mutterkörper diese Öffnung am Ende des Darms vor dem Mund geformt wird und dass man sie in der Heilkunst oft als Urmund bezeichnet. Humorvoll könnte man sagen: Die Natur sorgt zuerst für die Abfuhr von Unerwünschtem und erst dann für die Zufuhr von Erwünschtem. Du sollst also nicht dort deine Macht hinein schieben, denn das ist die Öffnung für die Entsorgung von Unerwünschtem, sondern etwas tiefer", sagte sie lächelnd.

*

„Alles, was du sagst, ist so wunderbar und so belehrend; ich möchte dir immer zuhören. Bis jetzt war der Körper für mich nicht etwas, worüber ich mich hätte unterhalten können. Er war einfach da, und ich war mir seiner gar nicht bewusst. Jetzt ist der Körper für mich schon ein wahres Wunder, und wenn ich mehr darüber wüsste, wäre er bestimmt noch ein größeres.

Welch ein Glück, dass ich dir begegnet bin", sagte er und küsste ihre beiden schön geformten Brüste.

„Es freut mich, das zu hören. Jetzt wollen wir es versuchen. Wir sind zwar bereits gut eingefettet, aber trotzdem tue ich etwas Speichel auf den Kopf deiner Macht, und du kannst meine Muschel auch noch zusätzlich befeuchten", sagte sie und befeuchtete den Kopf seiner bereits vollkommen steifen Macht.

Darauf nahm sie seine beiden Hoden in die Hand und küsste sie.

„Seid brav und erledigt euere Aufgabe gut", fügte sie noch lächelnd hinzu.

Darauf hob sie ihre Oberschenkel und bot ihm ihre Muschel, damit er sie bequem zusätzlich befeuchten konnte. Er tat es, und nun waren sie beide für die praktische Probe bereit.

„Nur noch Knieschutz, damit ich zu deiner Größe passe", sagte sie und steckte zwei kleine runde Bündel, prall gefüllt mit Wolle, unter ihre Knie.

Ihre Arme und ihre Wange ruhten auf einer mit Wolle dick gepolsterten Unterlage, und ihr Rücken war leicht eingedellt, wie ein flacher Sattel.

„Passt dir die Höhe?", fragte sie.

„Bestens", antwortete er und schob sachte seine Macht hinein, wie er von ihr unterwiesen wurde.

„Du bist bereits ein Meister. Mach es jetzt gleich wie gestern beim ersten Versuch", sagte sie und lachte laut.

Er tat es, und mit jedem Schub steigerte sich in ihm ein unbeschreibliches Gefühl, dass irgendetwas in ihn hineinströmte, ihn gänzlich durchdrang und unmittelbar danach wieder hinauswollte, um noch mehr Platz für jenes zu machen, was sich anschickte, in ihn einzudringen und ihn gänzlich auszufüllen.

Sie unterstützte ihn, indem sie – wie es die Katzen oft tun – ihren Rücken zu einem sanften Bogen nach oben rundete, dann wiederum nach unten zu einem Sattel bog.

Das bewirkte, dass seine Macht noch mehr Reibung erfuhr und dass sich in seinen Hoden langsam ein Aufruhr anbahnte.

Sie merkte, dass der Augenblick gekommen war, den wilden Galopp zu unterbrechen und zu einer anderen Gangart zu übergehen.

„Steig ab und leg dich auf den Rücken!", sagte sie.

Darauf kniete sie über ihm, und sie beendeten die Fahrt, wie jene in der ersten Stunde.

*

Eine Weile lagen sie schweigend ineinander verschlungen, küssten sich und streichelten einander das Haupt.

„Wie hast du diese zweite Stunde gefunden?", fragte sie ihn nach der kurzen Schweigepause.

„Nach der ersten Herrlichkeit dachte ich, dass es keine andere geben könnte. So war diese zweite Herrlichkeit für mich eine wunderbare Überraschung.

„Ich höre gern, dass du beide Herrlichkeiten schätzt. Auch ich liebe beide gleich. Diese zweite Herrlichkeit wirst du später immer benutzen, wenn es darum geht, die Erfüllung durch den Heiligen Geist weiterzuleiten. In der nächsten Stunde werden wir diese zweite Herrlichkeit noch vervollkommnen und ausschmücken, damit du dann die Erfüllung durch den Heiligen Geist reichlich denen schenkst, für die sie bestimmt ist.

In allen solchen Fällen wird es keine Unterbrechung geben, wie wir sie in der zweiten Stunde gemacht haben; das heißt, du wirst deine Macht nicht herausziehen, um dich gleich darauf auf den Rücken zu legen, sondern wirst bis zum Schluss in die Muschel von hinten schieben, bis der Heilige Geist beschließt, sich aus dir in den Körper des Mädchens, zu ergießen. Verstehst du, was ich meine?"

„Ich verstehe sehr gut. Das müsste irgendwie noch angenehmer sein, denn es kostet schon eine Überwindung, etwas zu unterbrechen, was so angenehm ist", erwiderte er.

„Ich bin ganz mit dir einverstanden, aber auf dieser Stufe ist das unbedingt erforderlich.

Morgen werden wir den Stoff der zweiten Stunde wiederholen und ausschmücken.

Übermorgen werden wir dann die ausgeschmückte Form der zweiten Stunde wiederholen

Gleich darauf werden wir die ausgeschmückte Form der zweiten Stunde ohne Unterbrechung durchführen, damit du genau weißt, wie deine Aufgabe in den künftigen Fällen immer aussehen wird. Jetzt wollen wir uns aber waschen und etwas

Feines essen", sagte sie und küsste ihn auf den Mund. Er küsste ihre Brüste.

*

Nach der köstlichen Mahlzeit, die ihre Mutter zubereitet hatte, legten sie sich auf das große Bett, um nach der anstrengenden zweiten Stunde ein wenig auszuruhen und die Einzelheiten der Ausschmückung zu besprechen.

„Worin besteht eigentlich die Ausschmückung der herrlichen zweiten Stunde? Ich kann es mir nicht vorstellen, dass man sie noch vollkommener gestalten könnte", sagte er

„Ich sehe, du bis neugierig – das ist gut, denn das bezeugt, dass du voller Begeisterung bist.

Höre gut zu: In der zweiten Stunde, während du in mich eindrangst und tüchtig arbeitetest, berührtest du meine Brüste nicht. Später küsstest du sie von selbst, denn du merktest, dass sie ein wichtiges Merkmal der weiblichen Schönheit sind. Deswegen werden wir beide diese Form der Herrlichkeit noch mehr genießen, wenn du gleichzeitig auch meine Brüste streichelst und meine Brustwarzen immer wieder zärtlich zwischen den Fingern presst", sagte sie.

*

„Ich finde die Ausschmückung wunderbar. Auch ich habe bereits daran gedacht, und nun finde ich es von dir bestätigt", erwiderte er.

„Denke daran, um wie viel reizvoller unsere zweite Stunde noch sein muss, wenn du gleichzeitig mit einer Hand meine Brüste streichelst und mit der anderen jene besonders empfindliche Stelle in meiner Muschel zärtlich behandelst", ergänzte sie ihre Erläuterung.

„Ich verstehe. Du bist wirklich eine wahre Künstlerin, die beste denkbare Lehrerin", erwiderte er.

„Oder denke an die Tatsache, dass jede Frau in erster Linie eben eine Frau ist – einerlei, wie sie sich manchmal zeigt und wie sie gelegentlich in den Augen anderer erscheint. Bedenkt man das, begreift man, dass sie im Augenblick, wenn man mit Liebe und Kraft in sie eindringt, den Wunsch verspürt, dem Heiligen Geist, von dessen Kraft sie durchdrungen wird, gänzlich zu gehören.

Dieses Gefühl und diesen Wunsch kannst du bei mir wecken, wenn du meinen Haarknoten oder meinen Haarzopf – einfach mein Haupthaar – fest in einer Hand hältst und zärtlich, aber entschieden nach hinten ziehst, so dass ich meinen Kopf etwas heben und nach hinten schlagen muss, und mit der anderen Hand die empfindliche Stelle in meiner Muschel zärtlich behandelst. Das muss in mir das Gefühl und den Wunsch wecken, dir als dem Vermittler, durch den sich der Heilige Geist in mich ergießt, ganz zu gehören", erläuterte sie.

„Ich darf nicht einmal sagen, dass ich sprachlos bin", erwiderte er.

*

An den zwei darauf folgenden Tagen übte die schöne Lehrerin mit ihrem herausragenden Schüler die ausgeschmückte Form der zweiten Stunde, jedoch mit einer Unterbrechung; ihr Kalender, den sie peinlichst genau führte, befahl das.

Sie kannte ihren Körper und wusste, dass bei ihr alles pünktlich und zuverlässig wie der Umlauf der Gestirne erfolgte. Deswegen konnte sie sich auf ihre Regel verlassen.

Nur einen Tag vor dem Abschluss ihres Zyklus sagte sie zu ihm: „Jetzt bist du in alles Wesentliche eingeweiht, und nun können wir die ausgeschmückte zweite Stunde ohne Unterbrechung ausprobieren, damit du eben die Form der Beglückung und Erfüllung durch den Heiligen Geist zutiefst erlebst und sie dann in jedem einzelnen Fall tadellos durchführen kannst", sagte sie.

„Und wann sollen wir es durchführen?", fragte er etwas schüchtern, als hätte er Angst vor irgendetwas.

*

„Jetzt haben wir gerade gefrühstückt. Dafür ist es zu früh. Wir werden jetzt eine Wiederholung der zweiten Stunde mit Unterbrechung durchführen, uns dann gut ausruhen, unsere Körper gegenseitig noch zusätzlich erforschen, und am Abend, bevor wir schlafen gehen, werden wir die ausgeschmückte zweite Stunde ohne Unterbrechung durchführen. Ich möchte, dass die Durchführung etwas länger dauert und dass du dein erstes vollkommenes Erlebnis nie vergisst. Gefällt dir der Plan?", fragte sie ihn mit ihrem reizvollen Lächeln in den Augen.

„Ich bin begeistert", antwortete er.

„Ich bin glücklich. Geh jetzt auf dein Zimmer und mach alles, was du dort machen musst. Ich werde hier alles machen, was ich machen muss, und dann treffen wir uns hier und werden uns für eine schöne Wiederholung des gesamten bis jetzt durchgenommenen Stoffes vorbereiten. Dies ist die letzte Generalprobe mit der Unterbrechung. Heute Abend erfolgt der eigentliche Auftritt", sagte sie lächelnd.

*

„Du warst hervorragend", sagte sie zu ihm, als sie nach der tadellos durchgeführten letzten Generalprobe auf dem Bett lagen, um auszuruhen.

„Vielleicht war ich gut, aber du warst bestimmt besser. Falls ich gut war, dann nur dank dir und deinem Können. Was du tust, ist eine ganz besondere Begabung. Dir ist es gelungen, aus einem völlig unwissenden Jungen einen bewussten Diener und ein geeignetes Werkzeug des Heiligen Geistes zu machen. Ich bin dir für immer dankbar. Jetzt bin ich ein anderes Wesen. Und du hast mich nicht bloß unterrichtet, sondern hast mir gleichzeitig die höchste Freude und den größten denkbaren Genuss geboten. Dank dir habe ich sehr viel über den menschlichen Körper gelernt und zugleich das Eindringen des Heiligen Geistes in meinen eigenen Körper zutiefst erlebt. Jetzt verspüre ich ein unstillbares Verlangen, mit derselben Begeisterung, die der Heilige Geist in mir auslöst, eine reizvolle Frau zu durchdringen", sagte er und küsste sie auf ihre sinnlichen Lippen.

„Ich bin glücklich, das von dir zu hören. Wir beide, der Vorsteher und ich, sind glücklich und froh, dass du ein gesunder, kräftiger Junge mit guten Hoden bist, der den Vorsteher würdig ersetzen kann. Nur dank deinen gesunden Hoden kann dieser Tempel weiter bestehen und einen Sinn haben, denn der Heilige Geist ergießt sich gern nur in einen solchen Burschen wie du.

Ohne einen guten Unterricht geht es natürlich nicht, aber ich war bei dir mit meinem Unterricht erfolgreich, nur weil du das nötige Zeug dazu hast. Beide, der Schüler und der Lehrer, müssen die nötige Begabung mitbringen, erst dann zeigt sich der Heilige Geist bereit, seinen Segen zu spenden.

Nach der heutigen Generalprobe folgt eine fünftägige Pause der Enthaltsamkeit. In dieser Zeit wirkt der Heilige Geist still in dir und sammelt sich in deinen Hoden. Während dieser fünf Tage werden wir beide im Park unten spezielle Übungen zur körperlichen Ertüchtigung machen, damit du dann für deinen ersten eigentlichen Auftritt bereit bist. Jeden Tag werde ich dich nach meinen Vorschriften waschen, und meine Mutter wird für uns beide kochen, damit du für die Ankunft des Heiligen Geistes tadellos vorbereitet bist", sagte sie.

*

„Was soll nach den fünf Tagen der Enthaltsamkeit geschehen?", fragte er.

„Ich muss es dir genau erklären. Alle jene zwölf Mädchen, die du mit dem Vorsteher besucht hast, sind sehr gesund und sehr schön. Sie alle sind für ein höheres Ziel ausgesucht worden…"

„Das hat mir der Vorsteher auch gesagt", fiel er ein.

„Siehst du; du weißt schon, dass sie nicht einfach da sind; es geht um etwas unendlich Wichtiges. Für jedes von ihnen führe ich genau das Buch, wie es mit ihrer Gesundheit steht, und wann sie bereit ist den Heiligen Geist zu empfangen. In genau fünf Tagen hat eine von ihnen ihren besonderen Tag. An dem Tag wird sich der Heilige Geist aus deinen Hoden in sie ergießen und sie erfüllen. Das wird für sie der wichtigste Tag ihres Lebens sein, und zugleich für dich der Beginn eines heiligen Abschnitts in deinem Leben. Danach wird der Heilige Geist dich mehrere Male mit seiner Herrlichkeit füllen, und du wirst genau diese selbe Herrlichkeit mehrere Male in sie ergießen. Das wird mindestens einen Mond, wahrscheinlich zwei, vielleicht sogar drei Monde lang dauern, bis wir sicher sind, dass der heilige Geist sie mit seinem Segen auch wirklich erfüllt hat. Dann wird sie nach Hause gehen und jenem Mann zur Ehefrau gegeben werden, den der Vorsteher für sie ausgesucht hat", erwiderte sie.

*

„Wie wird sie aber wissen, wie sie sich verhalten soll, um von dem Heiligen Geist erfüllt zu werden?", fragte er.

„Ich habe sie schon in allem unterwiesen. Während dieser fünf Tage, wo du dich der körperlichen Vereinigung enthalten wirst, werde ich sie noch zusätzlich unterrichten.

An dem Tag wird sie an den Altar kommen und dort niederknien; sie weiß bereits genau, wann sie kommen und wo sie niederknien soll. Das haben wir schon mehrere Male geübt.

Dann wird ein Engel kommen und ihr mitteilen, dass sie auserwählt ist, vom Heiligen Geist erfüllt zu werden. Sie erwartet ungeduldig den Tag der Erfüllung, und wenn sie das hört, wird sie überglücklich sein und sagen: „Es geschehe mir nach deinem Wort".

Dann wird der Engel sie auffordern, sich auf den Rücken zu legen. Auch das weiß sie genau – sie hat es schon probiert.

Der Engel wird dann ihr weites Kleid hochschlagen und ihre Arme und ihren Kopf zudecken. Ihre Brüste und ihr ganzer Unterkörper werden nackt vor dir liegen. Darauf wird der Engel ihre Oberschenkel heben, so dass du bei ihr bequem das tun kannst, was du bei mir getan hast. Tue das gründlich, denn das wird sie gut vorbereiten. Sauge ein wenig länger an ihrer besonders empfindlichen Stelle. Der Engel wir dir ein Zeichen geben, wenn du aufhören sollst.

Du wirst dich gleich hinter der Wand verstecken, so dass sie dich nicht sieht, wenn sie aufsteht.

Der Engel wird dann wiederum ihr Kleid hochschlagen und sie auffordern niederzuknien.

Dann wird er wiederum ihre Arme und ihren Kopf völlig zudecken und ihr sagen: „Jetzt wird sich der Heilige Geist in dich ergießen, sei bereit!"

Sie wird darauf antworten: „Ich bin bereit; es geschehe mir nach deinem Wort."

Sie wird genau so knien, wie ich kniete als du in der zweiten Stunde in mich eindrangst – mit aller Ausschmückung und ohne Unterbrechung

Dann wirst du von hinten kommen und in sie eindringen, sachte und langsam, aber entschieden, damit sie sowohl die Milde als auch die Kraft des Heiligen Geistes spürt.

Ich habe sie gründlich vorbereitet und habe ihren ganzen Körper gesehen. Sie hat ein traumhaftes Gesäß, und es wird dir unbeschreibliche Freude bereiten, die noch verschlossene Türe ihres Paradieses zu öffnen und in ihr Paradies einzugehen. Gehe möglichst tief hinein, es ist sehr wichtig.

Ich werde sie vorher auf alle Einzelheiten vorbereiten. Sie hat das bereits geübt und weiß genau, wo und wie.

*

Wenn du den Segen des Heiligen Geistes in sie ergossen hast, wirst du noch einige Augenblicke unbeweglich bleiben und dann auf das Zeichen des Engels sofort verschwinden. Sie darf dich nicht sehen, sonst könnte sie meinen, du seiest der Heilige Geist. Wir alle drei, der Vorsteher, du und ich, sind bloß Diener und Werkzeuge des Heiligen Geistes. Der Heilige Geist erfüllt und erregt uns und lässt uns wirken, aber er ist unsichtbar. Das ist sein wunderbares Wesen.

Der Engel wird sich danach um das Mädchen kümmern. Du wirst damit nichts mehr zu tun haben.

***

Für ihn und das auserwählte Mädchen dauerten die fünf Tage sehr lange, aber dann waren sie doch vorbei.

Am späten Nachmittag des fünften Tages ging das schöne junge Mädchen – wie abgemacht – gewaschen und duftend wie eine Mandelblüte in ihrem Festkleid allein zum Altar.

Dort angekommen, kniete sie gleich nieder und legte ihre Hände zusammen.

„Heiliger Geist, erfülle mich mit Liebe und Kraft und mach mich würdig, deinen heiligen Segen zu empfangen; ich bin bereit, dir zu dienen", flüsterte sie in sanfter Demut.

Als sie das letzte Wort ausgesprochen hatte, näherte sich ihr eine zierliche ganz in Weiß gekleidete Gestalt – auch das Gesicht und das Haar der Gestalt schienen schneeweiß zu sein – und sprach zu ihr: „Du bist auserwählt worden, den Segen des Heiligen Geistes zu empfangen und wirst bald in dir die lebendige Frucht seines Segens fühlen."

„Selig bin ich und bereit, die Dienerin zu sein; es geschehe mir nach deinem Wort", sprach sie verzückt und mit dem gegen den Himmel gerichteten Blick. Dabei hielt sie ihre zierlichen

Arme weit offen, als wollte sie einen lieben Gast herzlich empfangen und an den Busen drücken.

*

Der Engel schlug ihr weites Kleid hoch und forderte sie auf,
sich auf die bequeme, weich gepolsterte Fläche auf den Rücken
zu legen.

Mit dem hochgeschlagenen Kleid bedeckte der Engel die
Arme und den Kopf des Mädchens.

Dann gab er ihm das Zeichen, er solle kommen.

*

Zwar hatte er bereits sehen können, dass alle Mädchen besonders
schön waren, aber was nun vor ihm lag, war nicht einfach ein
schöner Körper, es war ein himmlisches Bild.

Der Engel hob die Beine des Mädchens und schlug sie weit
zurück.

Er netzte ihre herrlich geformte, zierliche Muschel mit der
Zunge und saugte einige Male an ihrer empfindlichsten Stelle.

Er streichelte die kleinen, festen Brüste des Mädchens und
biss zärtlich an ihren Brustwarzen.

Der Körper des Mädchens wölbte sich leicht nach oben zu
einem flachen Bogen, und ihre Brüste schienen hinaufzustreben.

Der Engel gab ihm das Zeichen, wieder in das Versteck zu
gehen, und forderte darauf das Mädchen auf aufzustehen und
auf der bequemen Unterlage daneben niederzuknien.

Das Mädchen tat es, und der Engel bedeckte ihr wieder die
Arme und den Kopf mit dem hochgeschlagenen Kleid.

Wiederum gab er ihm das Zeichen, aus seinem Versteck
hervorzukommen.

Jetzt konnte er den wunderschönen jungen Körper des Mädchens von der anderen Seite sehen – der Anblick bot einfach zu viel.

„Jetzt wird sich der Heilige Geist in dich ergießen; bist du bereit?" fragte sie der Engel.

„Ich bin bereit zu dienen; es geschehe mir nach deinem Wort", antwortete sie.

Er näherte sich dem herrlichen Gesäß des Mädchens. Der Anblick wirkte sofort, und seine Macht wurde im Nu steif.

Der Engel nahm seine Macht in die Hand und legte sie sachte dort an, wo er eindringen sollte.

Er machte einen ersten Versuch und spürte einen leichten Widerstand. Der Engel merkte das und ermunterte ihn mit einem Kopfnicken fortzufahren.

Er schob etwas kräftiger, zog sich etwas zurück und drückte von neuem, diesmal noch kräftiger.

Der Engel gab ihm das Zeichen, dass er auf dem richtigen Weg sei, und umfasste gleichzeitig mit einer Hand von hinten seine Hoden und mit der anderen Hand kümmerte er sich zärtlich um die empfindlichste Stelle des Mädchens.

So erhielten beide gleichzeitig die Hilfe des guten Engels.

Die Hilfe wirkte offensichtlich, denn der Körper des Mädchens begann plötzlich sich zu winden, und die Macht des Jünglings überwand das Hindernis und trat ins Paradies ein.

*

Der Engel nahm noch etwas Fett von einem Gefäß auf dem Altarsims und streichelte nun noch intensiver die empfindlichste Stelle in der Muschel des Mädchens, und der Jüngling führte schnellere und kräftigere Stöße aus, wie er es von seiner Lehrerin gelernt hatte.

Während der Engel auf seine engelhafte Weise den beiden half, ihre Vereinigung noch mehr zu genießen, streckte der Jüngling seine Arme und streichelte die betörend schön geformten Brüste des Mädchens und drückte gelegentlich zärtlich die kleinen Brustwarzen zwischen seinen Fingerbeeren.

257

*

Nach mehreren kräftigen Stößen begann der Körper des Mädchens sich stark zu winden, und in den Hoden des Jünglings baute sich ein mächtiger Aufruhr auf.

Der Engel merkte das und verstärkte seine Hilfe zusätzlich.

Kurz darauf bog sich der Rücken des Mädchens stark nach unten und ähnelte für einige Augenblicke einem flachen Sattel, und sie stieß nochmals leise dieselben Worte aus, die sie gleich nach der Verkündigung des Engels mit Entzücken ausgesprochen hatte: „Ich bin deine Magd, und es geschehe mir nach deinem Wort".

Vom Engel bekam er das Zeichen, einige Augenblicke ganz still zu verweilen. Erst als der Körper des Mädchens sich nach der starken Erregung völlig beruhigt hatte, gab ihm der Engel das Zeichen, seine Macht sachte herauszuziehen und wegzugehen. Der Engel hielt das Mädchen in seinen Armen, bis der Vermittler verschwunden war, half ihr dann aufzustehen und führte sie ab.

*

„Wie hast du deinen ersten Auftritt als der Vermittler des Heiligen Geeistes erlebt?", fragte ihn die Lehrerin, als sie nebeneinander auf dem Bett lagen.

„Seitdem ich hier im Tempel bin, erlebe ich einen herrlichen Traum nach dem anderen. Ich bin mir nicht ganz sicher, ob das wirklich der Körper eines schönen Mädchens oder bloß ein Gesicht war, denn der Körper war viel zu schön, um wahr zu sein, und ich verging buchstäblich, als ich in sie eindrang", antwortete er.

„Sie war nicht bloß eine Vision, sie war eines jener Mädchen, die du mit dem Vorsteher besucht hast. Ihr Name ist Miriam. Sie hat etwas Hübsches für Dein Festkleid geflochten, einen dünnen bunten Zopf aus farbigen Wollfäden – ich zeige es dir", sagte sie, stand auf und holte sein Festkleid, das er anhatte, als er Miriam mit dem Segen des Heiligen Geistes erfüllte.

„Zeige mal!", sagte er.

„Hier ist der zierliche Zopf, angenäht an die Brustseite deiner schönen Amtstracht; ich sage Amtstracht, denn du wirst dieses Gewand immer anhaben, wenn du deine Amtspflicht tust, und das heißt, wenn du ein Mädchen mit dem Segen des Heiligen Geistes erfüllst", sagte sie und schaute ihn lächelnd an.

„Und wie viele Male werde ich sie noch mit der Begeisterung des Heiligen Geistes erfüllen dürfen?", fragte er seine schelmische Lehrerin.

„Dazu müsst ihr beide von dem Verlangen nach dieser Erfüllung durch den Heiligen Geist durchdrungen sein. Du musst mir sagen, wenn du die Begeisterung in deinen Hoden spürst. Dann werde ich Miriam fragen, ob sie auch das Verlangen verspürt, wieder einmal von der Begeisterung des Heiligen Geistes erfüllt zu werden. Mindestens einmal wöchentlich wird es schon erforderlich sein.

Je häufiger ihr beide das Verlangen nach der Erfüllung verspürt und sie zu Ehren des Heiligen Geistes erlebt, umso größer sind die Aussichten, dass sie die Frucht dieser Erfüllung bald spürt. Wir hoffen, dass das nach zwei Monden geschehen wird", sagte sie und lächelte ihn an.

„Ich bin bereit, jeden Tag dem Heiligen Geist fleißig zu dienen", sagte er voll entschiedener Bereitschaft,

„Als ich deine Hoden sah, wusste ich, dass der Heilige Geist nicht zögern werde, dich ständig mit seiner Begeisterung zu erfüllen und dich aufzufordern, jene Mädchen zu erfüllen, die er für dich auserwählt hat", sagte sie lächelnd.

„Du bist schon ein Engel", sagte er, umarmte sie und küsste sie auf den Mund.

„Welch ein Glück, dass du in mir einen Engel siehst, denn nur dank deinem Gefühl bin ich einer", erwiderte sie,

„Der Engel, der dort am Altar bediente, war sehr freundlich und bewegte sich wie du. Als ich ihn sah, dachte ich, du seiest es", sagte er.

„Ich bin ob dieses Vergleichs überaus glücklich. Ich bin unter anderem auch eine ausgebildete Schauspielerin und könnte bestimmt auch die Rolle eines Engels übernehmen", erwiderte sie.

*

„Wohin geht Miriam nach ihrem Aufenthalt hier im Tempel?", fragte er.

„Der Aufenthalt hier im Tempel ist für diese Mädchen die Vorbereitung auf ihr Familienleben. Für jede von ihnen hat der Vorsteher einen geeigneten Mann gefunden, mit dem sie ein ruhiges und geregeltes Leben haben wird", erklärte sie.

„Und wenn sie alle weg sind?", fragte er fast besorgt.

„Sobald diese weg sind, werden viele neue kommen, und der Vorsteher wird wiederum zwölf besondere aussuchen, von denen eine den Erretter gebären könnte", erwiderte sie.

„Und weiß man irgendwie im Voraus, welche von ihnen die Mutter des Erretters sein wird?", fragte er.

„Das kann man nicht wissen. Der Heilige Geist wird entscheiden, welche von ihnen den Erretter gebären wird. Das ist aber nicht unsere Aufgabe. Alles, was wir tun können und soeben mit Begeisterung tun, ist, einen geeigneten Burschen mit gesunden Hoden zur Verfügung zu stellen, der als Vermittler zwischen dem Heiligen Geist und den geeigneten Mädchen dient", sagte sie.

„Darf ich nochmals singen?", fragte er.

„Sing bitte, und zwar am liebsten, was du bereits nach der ersten Stunde gesungen hast", sagte sie.

Er singt:
„In deine Hände, Heiliger Geist,
empfehl' ich mich mit Seel' und Leib;

lass mich dich spüren Tag und Nacht,
dring in mich ein mit deiner Macht.

Lass mich das, was du mir schenkst,
gleich weitergeben der Unschuld fein;
dir lass mich dienen mit ganzem Wesen,
in Liebe immer dein Diener sein."

*****

RONDO AM MITTAG

Seit vier Jahren war sie mit einem Photographen verheiratet,
einem ausserordentlich gross gewachsenen, leicht hinkenden
Mann, dessen ganzes Leben dem Schein des Scheins galt, und,
obwohl erst zweiundzwanzigjährig, bereits die Mutter eines sie-
benjährigen Mädchens.

*

Es war Mitte Mai. Wieder einmal war ihr Mann weg von zu
Hause und wie immer auf der Suche nach geeigneten Motiven;
sein Arbeitgeber wollte nämlich bereits jetzt alles für den kommenden Herbst haben. Im Herbst galt es dann wie immer, an
den Frühling zu denken.

Die Zeit, genannt ‚jetzt‘, hatte in seinem Leben keine Bedeutung, daher auch keinen Platz. Er lebte immer in einer Welt, die
erst kommen sollte, nie in jener, die gerade geschah.

*

Mit ihrer kleinen Tochter sass sie nun auf einer bequemen Sitzbank im Schatten eines hohen, dichten Lorbeerbaumes und
ruhte aus, obwohl sie eigentlich keinen Grund hatte, müde zu
sein. Die rundlichen Rosmarin- und Lavendelstauden mischten
sich mit winzigen Veilchenbeeten und Ginsterstäuchern vor
ihren Augen und hoben sich scharf ab vom weissen Kiesboden
der sorgfältig gepflegten Parkanlage.

*

Heute vor genau acht Jahren war sie am selben Ort; die Sonne
schien damals angenehm warm wie jetzt, und das Zirpen der
unsichtbaren kleinen Wesen, versteckt in den Borkenspalten
der alten Kiefern, paarte sich mit Ginsterduft sinnbetörend.
Und doch war es ein anderer Ort, denn damals gab es keine

Sitzbänke, und die nun gepflegte Parkanlage war damals freies Gelände.

*

Wieso es dazu kam, dass sie völlig nackt auf dem Boden lag, wusste sie nicht. Die Kronen der Bäume bewegten sich, als würden sie tanzen, zuerst langsam, dann aber immer schneller und wuchtiger, begleitet vom Gezirp des Zikadenorchesters, das alles von sich hergab, um dem Tanz zu genügen.

Mit einer letzten verzögerten Schwingung hielten die Baumwipfel inne, und die Zikaden verstummten.

*

Ein „Herrlich" schnitt in die Stille der Unschuld.

Der Knabe entriss sich ihren Armen, und sie streckte den Arm nach ihrem Kleidchen und suchte es fieberhaft anzuziehen.

Die Grillen fingen wiederum an, mit voller Kraft zu zirpen, als hätten sie jemanden wegscheuchen wollen, einen unangenehmen, frevelnden Eindringling, der unerlaubt den geweihten Ort betreten hatte.

*

Nur einige Schritte von ihr entfernt stand ein gross gewachsener, schlanker Mann mit einer teuren Filmkamera in der Hand und lächelte zufrieden, mit dem Kopf nickend, wie jemand lächelt, der sich im Besitze von etwas Einmaligem weiss.

Der Knabe sprang auf, ergriff einen faustgrossen Stein und schleuderte ihn mit aller Wucht gegen den Mann. Dieser erschrak und fiel zu Boden. Der Stein traf ihn nicht, sondern die Kamera. Beim Fall zerbrach die Brille des Mannes, und die beschädigte Kamera fiel ihm aus den Händen. Er selbst war hart

265

aufgeschlagen, und nun lag er mit einem seltsam gebeugten Bein auf dem Boden. Die Hüfte tat ihm so sehr weh, dass er sich nicht rühren konnte.

*

Der Knabe ergriff die Kamera, drehte sie mit aller Kraft am Riemen und schlug mit ihr gegen den steinigen Boden. Das teuere Kästchen öffnete sich, und durch die Wucht des Aufpralls brachen mehrere Teile ab und flogen auseinander.

Dann drehte er das seltsame Gerät kräftig einige Male am Riemen und schleuderte es dann ins Meer.

Der Mann am Boden stöhnte und bewegte sich nicht.

Der Knabe zog hastig seine Kniehose an und verschwand.

*

Sie spürte, dass für sie etwas völlig Neues begonnen hatte. Es war zwar dasselbe Leben, jedoch hatte plötzlich alles ein anderes Tempo. Die unsichtbaren Wesen in der rauen Borke der alten Kiefern bestätigten es, indem sie ihr Konzert wie auf ein Kommando in einem ganz anderen Rhythmus fortsetzten.

Sie zog das Kleidchen aus und sprang ins Wasser. Im kühlen Nass löste sich der Traum auf.

*

„Sollten wir nicht gehen, Mami?", fragte ihre kleine Tochter, ein reizendes Kind mit besonders schön geformtem Kopf, breiten, geschwungenen Augenbrauen und süssem Kirschenmund. Ein winziges Muttermal beim rechten Ohr verlieh ihr etwas Einmaliges.

Vor ihrer Abreise hat ihr Mann mehrere Male wiederholt, sie solle auf die Kleine gut aufpassen und sie nicht einen Augenblick allein lassen.

266

*

Sie schaute auf die Uhr, nahm die kleine Tochter bei der Hand und stand mit etwas Überwindung von der bequemen Sitzbank auf. Dann begaben sie sich zum kleinen Marktplatz vor der alten Kirche im Zentrum des Dorfes. Dort konnte man alles sehen, was es im Dorf zu sehen gab.

Die silbergrauen Steinwände des Kirchgebäudes atmeten die Milde. Die einst scharfen Kanten der behauenen Kalksteinsimse waren vom härtesten und unbarmherzigsten aller Zähne rund geschliffen, und die Fassade bröckelte ab. Von der einstigen Strenge war nichts mehr zu spüren. Die reifen, irgendwie transparent erscheinenden Mauern schienen sagen zu wollen, jeder gut gemeinte Schritt sei der richtige.

*

Der Platz war fast leer, nur der Verkäufer von Kristallen und allerlei aus Schalen von Meertierchen angefertigten Schmuckgegenständen und Souvenirs weilte noch immer in seiner Ecke.

Es war ein junger Mann, kaum ein Jahr älter als sie, sah jedoch viel älter aus. Er trug blaue Hosen, und auf dem Kopf hatte er einen breitrandigen Strohhut. Sein weisses Hemd leuchtete im grellen Mittagslicht. Vor ihm stand ein kleiner Tisch voll bedeckt mit Gefässen toter Schönheit, betörenden Kindern der mit sich selbst spielenden Ewigkeit.

Ein etwa siebenjähriger Knabe kam plötzlich herbeigerannt und brachte eine Holzschachtel mit einigen besonders schönen Schneckenhäuschen. In einer anderen Schachtel trug er einige grosse frische Feigen.

Der ersten Schachtel entnahm er ein prächtiges perlmuttfarbenes Schneckenhäuschen, in welchem unzählige bläuliche, violette und rosa Bänder aus Nichts eingeflochten zu sein schienen, und blies in das ungewollte Wunder. Ein leiser, sanfter Ton, wie aus der fernsten Ferne kommend, schlich sich in die Mittagsstille. Dann schaute er das hübsche fremde Mädchen an, und ihre Lächeln verschmolzen.

*

Das Mädchen streckte aufgeregt und neugierig die Hand nach der seltsamen Flöte. Der Knabe lächelte und zog die Hand zurück. Das Mädchen folgte ihm und versuchte das Schneckenhäuschen aus seiner Hand zu nehmen. Er wich jedoch jedes Mal geschickt aus und lachte dabei. Das Spiel bereitete ihm offensichtlich grosses Vergnügen. Die beiden Kinder liefen um die Mutter des Mädchens herum.

Die geschwungenen Augenbrauen des Knaben ähnelten zweien Blutegeln, und ein Muttermal neben dem Läppchen des rechten Ohrs verriet die nächste Verwandtschaft mit dem Kristallverkäufer.

*

Als das Mädchen müde wurde und mit Tränen in den Augen aufgeben wollte, gab er ihr das leuchtende Schneckenhäuschen. Darauf hielt er ihr die Schachtel mit Feigen entgegen, und ihre Blicke begegneten einander. Jedes der beiden Kinder hatte das Gefühl, das Gesicht vor sich irgendwo bereits gesehen zu haben. Sie schwiegen. Dann streckte das Mädchen langsam, beinahe ängstlich die Hand nach der Schachtel und nahm eine Feige daraus. Der Knabe nahm dann noch eine, die grösste und schönste von allen, und gab sie ihr.

Der Kristallverkäufer suchte in einem riesigen Korb nach irgendetwas und schien nicht zu merken, was sich vor ihm abspielte.

*

Sie nahm ihre kleine Tochter bei der Hand und ging fort. Bevor sie um die Ecke bog, sah sie sich noch einmal um. Der Knabe stand, wo er geblieben war, und hielt die Schachtel mit Feigen noch immer in der Hand, und der Kristallverkäufer suchte noch immer im grossen Korb nach etwas.

Dann verschwanden die beiden Damen um die Ecke.

Der Knabe blieb noch einige Augenblicke unbeweglich stehen und schaute den beiden nach, aber sie waren nicht mehr zu sehen. Dann warf er einen Blick in die beiden Schachteln, um sich zu vergewissern.

Er stellte die beiden Schachteln neben den Tisch des Kristallverkäufers und verschwand wild rennend in einem der schmalen, schattigen Gässchen, die in den Platz mündeten.

Die Turmglocke schlug zwölf Uhr.

*****

WALBURGAS
ERINNERUNGEN

Nun ist es wieder einmal Frühling, man spürt ihn, alles duftet, aber die Blumen sehe ich fast nicht mehr. Der Arzt hat mir gesagt, dass ich bald erblinden werde und dass man in meinem Fall nichts dagegen tun könne.

Eigentlich konnte ich auch als Kind nicht besonders gut sehen. Die Aussenwelt sprach mich fast ausschliesslich über das Ohr an; ich hörte sie besonders klar, jedoch sah ich sie nur verschwommen.

Zu dieser angeborenen Schwäche gesellten sich später noch viele andere Leiden, und nun sind sie so zahlreich und so stark, dass ich die Welt eigentlich gar nicht mehr sehen möchte.

*

Immer wieder machte ich einen Anlauf, der Öffentlichkeit meine Erinnerungen mitzuteilen, denn immer wieder dachte ich, sie könnten viele interessieren. Und jedes Mal, wenn ich mich anschickte, sie niederzuschreiben, änderte ich plötzlich meine Meinung, denn warum sollten meine Erinnerungen überhaupt jemanden interessieren, da jeder Mensch seine eigenen Erinnerungen hat, und alle Erinnerungen sind einmalig und deswegen auch interessant und kostbar, nicht weniger als die meinigen.

*

In etwa zweieinhalb Monaten werde ich 74 Jahre alt sein, und nun habe ich das Gefühl, dass die Zeit für mich gekommen ist, doch meine Erinnerungen niederzuschreiben und dem Papier jenes anzuvertrauen, was ich bis jetzt niemandem erzählt habe. Ich möchte der ganzen Welt beichten, obwohl ich kein schlechtes Gewissen habe.

Die Last des Geheimnisses spüre ich so stark, wie sie der Friseur des Königs Midas gespürt hatte. Er konnte sie nicht mehr tragen; mir geht es nicht anders.

*

Nun lebte jener Friseur zu einer Zeit, als es vollkommen genügte, das Geheimnis der Erde anzuvertrauen. Die Erde teilte es dann allen mit, die etwas Phantasie hatten.

Wir aber leben in einer Zeit, wo alles schwarz auf weiss stehen muss, um vielleicht ernst genommen zu werden.

Einige werden das, was ich erzähle, für möglich halten und vielleicht sogar sagen, sie hätten es immer vermutet; die anderen werden möglicherweise darüber höhnisch lächeln und sagen, die Dinge würden immer toller.

Das Wasser im Teich der Geschichte ist schwer und träge, lässt sich nicht leicht bewegen, dennoch glaube ich, dass meine Erinnerungen im gestandenen, ruhenden Wasser des wohl vertrauten Teiches der Gewohnheit kleine Wellen schlagen werden. Auch nachdem sie sich gelegt haben, werden ihre Spuren, obwohl unsichtbar, nie ganz verschwinden.

Natürlich ist es im Grunde genommen völlig belanglos, ob diese Geschichte den so genannten Tatsachen entspricht oder ob sie – wie man das schön sagt – aus der Luft gegriffen ist, denn alle Dinge, besonders die allerherrlichsten, kommen aus dem grenzenlos Unbestimmbaren – das lehrten bereits vor vielen Jahrhunderten die ersten Philosophen. Man kann sich nicht dorthin begeben, um die so genannte Wahrheit zu finden, denn dort ist eben alles grenzenlos und unbestimmbar; nur falls man dort immer ist, merkt man, dass alles stimmt.

Sei dem so oder so, dürfen wir jedenfalls das Vorrecht geniessen, ,Eine kleine Nachtmusik' zu hören.

***

Meine Erinnerungen beginnen mit einer langen Reihe von hellen und dunklen Stäbchen, auf die mein Vater meine Hände legte und mit meinen Fingern auf die Stäbchen drückte, wobei ein

Klang zu hören war. Er erklärte mir, dass die Stäbchen Tasten hiessen. Bald merkte ich, dass jede Taste einen anderen Klang ergab. Erstaunlich schnell stellte ich ebenso fest, dass bestimmte Tasten, wenn nacheinander betätigt, eine angenehm klingende Reihe, eine Art Klangeinheit darstellten. Noch später wurde es mir bewusst, dass es unendlich viele Möglichkeiten gab, solche Klangeinheiten zu finden und zusammenzustellen.

So begannen meine ersten Erinnerungen mit Klavierspielen; das begleitete mich all die Jahre meines späteren Lebens hindurch und hörte bis zu diesem Augenblick nicht auf.

*

Als ich fünf Jahre alt war, merkte ich, dass meine Mutter einen grossen Bauch hatte. Auf meine neugierige Frage, warum ihr Bauch so gross war, sagte sie mir, dass sie ein Kind erwartete, was hiess, dass ich bald entweder eine kleine Schwester oder einen kleinen Bruder haben sollte.

„Ausser dir habe ich noch fünf Kinder geboren, aber sie sind alle gestorben. Ich freue mich sehr auf mein nächstes Kind. Auch dir wird es mehr Spass machen, nicht immer allein zu sein", meinte sie.

Darauf erwiderte ich nichts, denn einen anderen Zustand als allein zu sein kannte ich nicht, und es fehlte mir deshalb jede Möglichkeit eines Vergleichs.

*

Mein Vater wurde von seinen Eltern für den geistlichen Beruf bestimmt, erzählte er mir.

„Ich hätte schlimmstenfalls Pfarrer, aber, falls irgend möglich, etwas Höheres, wenn nicht gerade Kardinal, dann mindestens Bischof werden sollen. Das war meines Vaters bescheidener Wunsch", sagte er einmal.

Um seinen Wunsch zu verwirklichen, schickte er meinen Vater in die Jesuitenschule.

„Ein Geistlicher wurde ich nicht, aber bei den Jesuiten lernte ich viel; mehr hätte ich nirgends lernen können", pflegte mein Vater immer wieder zu sagen.

Vor allem erhielt er solide Kenntnisse in Mathematik und Musik. Diese beiden Betätigungen erfordern eben eiserne Disziplin und nichts weniger als grenzenlose Liebe für Vollkommenheit. Dass mein Vater diese beiden Eigenschaften im höchsten Masse besass, konnte ich feststellen, als er mich Musik unterrichtete.

„Die niedrigste Note, die bei den Jesuiten gerade noch ernst genommen wird, heisst ‚vorzüglich'. Wer das nicht mag, kann sich bei den Jesuiten nicht wohl fühlen, und daher kommt es häufig vor, dass viele, die weder der Disziplin noch dem anspruchsvollen Unterricht der Jesuiten gewachsen sind, später – meistens nach vielen Jahren – behaupten, sie seien von ihren Lehrern missbraucht worden. Solche sagen natürlich nie, warum sie nicht sofort weggegangen waren, sobald sie die böse Verhaltensweise ihrer Lehrer erfahren hatten.

Es scheint, dass viele gemerkt hatten, dass sich mit solchen Beschuldigungen eine hübsche Summe Schmerzensgeld erschwindeln lässt."

Auch das hörte ich von meinem Vater.

Nun, das ist ein anderes Thema, und darüber liesse sich bestimmt ein dickes Buch schreiben.

Und warum er die Jesuitenschule verlassen hatte, wollte ich von ihm wissen.

„Bestimmt nicht, weil mich dort jemand etwa malträtiert oder irgendwie missbraucht hätte, sondern weil ich kein Geistlicher werden wollte", war seine Antwort.

*

„Mein Vater schickte mich zu den Jesuiten, weil er persönlich seinen Beruf als Buchbinder nicht mochte, und er mochte ihn nicht, weil er sehr viel Zeit und Energie in die Arbeit steckte, für die er sehr wenig verdiente, so dass wir als Familie äusserst bescheiden leben mussten.

Danach studierte ich ein Jahr lang Philosophie oder, besser gesagt, ich war an der Philosophischen Fakultät immatrikuliert, aber ich kümmerte mich nicht besonders um die Vorlesungen. Mein Hauptinteresse galt der Musik, und ich hatte nur ein Ziel vor Augen: Ich wollte in der Stadt, in der ich studierte, Hofkapellmeister werden.

Mit einundzwanzig Jahren trat ich als Musiker in den Dienst des damaligen Domherrn ein. Besonders glücklich war ich dort aber nicht, denn ich diente nicht bloss der Muse, sondern musste ebenso als Kammerdiener aufwarten, was ich nicht selten als recht erniedrigend empfand. Deswegen suchte ich eine andere Anstellung, die eher meinen Fähigkeiten entsprach.

Nach vier Jahren wechselte ich in die erzbischöfliche Hofkapelle über. Dort musste ich mich mit dem Platz des vierten Violinisten begnügen. Ausserdem erteilte ich den Sängerknaben Violinunterricht. Später wurde ich zum Hofkomponisten und zum zweiten Violinisten befördert. Das Höchste, was ich dort erreicht hatte, war, dass ich schliesslich zum Vizekapellmeister befördert wurde – höher ging es nicht. Kapellmeister wurde ich nie.

Das schmerzte mich ungemein, denn ich wusste, dass ich mit Abstand der Fähigste von allen war, die für den Posten überhaupt in Frage kamen. Ich erlebte, wie sieben Kapellmeister einer nach dem anderen gewählt wurden und gingen, und spürte, wie man mich verschmähte", führte mein Vater weiter aus.

*

Wie bereits erwähnt, war meine Mutter sieben Mal guter Hoffnung und gebar sieben Kinder, aber die guten Hoffnungen

endeten sehr traurig. Fünf meiner sechs Geschwister starben. Nur
ich und mein fünf Jahre jüngerer Bruder überlebten. Mein Vater
unterrichtete mich Musik, und ich spielte bereits mit fünf Jahren
recht gut Klavier; ausserdem hatte ich eine schöne Stimme, weswegen ich von meinen Freundinnen ‚Nachtigall' genannt wurde.

Meine Eltern freuten sich auf das Kind, als meine Mutter
zum siebten Mal guter Hoffnung war, und beteten jeden Tag zu
Gott, er möge ihm gute Gesundheit schenken, denn nach fünf
verstorbenen Kindern waren ihre Herzen voller Trauer.

Natürlich hatte mein Vater vor, das Kind, das bald kommen
sollte, Musik zu unterrichten, wie er mich, seine einzige Tochter,
unterrichtet hatte.

Um meinem kommenden Geschwister und mir ein gutes
Lehrbuch zu geben, das uns später helfen sollte, die Beherrschung
des Geigenspiels zu vervollkommnen, schrieb unser Vater eine
gründliche Violinschule. Es ergab sich, dass mein Bruder und
das Buch etwa gleichzeitig geboren wurden.

*

Wäre mein Vater zum Hofkapellmeister gewählt worden, wäre
sein Wunsch in Erfüllung gegangen; er wäre zufrieden gewesen,
wäre am Hofe geblieben, und wir beide, seine Kinder, wären
den üblichen Weg gegangen – alles wäre anders verlaufen. Dazu
kam es aber nicht.

Er wollte seinen Kindern um jeden Preis ein bequemeres
Leben ermöglichen, als er es in seiner Kindheit in seinem Eltern-
haus gehabt hatte. Das war sein erstes und wichtigstes Ziel. Um
das Ziel zu erreichen, musste er eine feste, gut bezahlte Anstellung haben, und das war nur möglich bei reichen Adligen oder
bei hohen kirchlichen Würdenträgern. Also musste er die Armen
meiden und sich an die Adligen und Reichen halten, denn nur
sie hatten Geld, und für ein bequemes Leben mussten wir, seine
Kinder, später bestimmt viel Geld haben.

Aber er schien sich offensichtlich dessen bewusst gewesen
zu sein, dass wir später als erwachsene, reife Menschen, obwohl
ausgezeichnete Musiker, nicht sicher sein konnten, dank unserer
musikalischen Fähigkeiten auch wirklich entsprechend aner-
kannt und entlöhnt zu werden. Er selbst war ein gutes Beispiel
dafür, dass das Können nicht unbedingt entsprechend gewür-
digt wird. Manchmal habe ich sogar das Gefühl, dass er gerade
wegen seiner hervorragenden musikalischen Fähigkeit nicht zum
Kapellmeister gewählt wurde.

„Die vielen Hyänen rotten sich gern gegen einen Löwen
zusammen und machen ihm das Leben schwer; bei den Menschen scheint es nicht viel anders zu sein", sagte er einmal

*

Den üblichen Weg, den des langsamen, geduldigen Vor-
wärtskommens wollte er mit uns, seinen Kindern, also nicht
beschreiten; das konnte er vergessen. Er musste es ganz anders
machen, so, wie es niemand in der Geschichte gemacht hatte.
Er beschloss, uns persönlich zu erziehen und auszubilden und
unseren Unterricht sehr eng zu fassen und ganz auf virtuose
Leistung zu richten. Wer im zarten Alter ein Musikinstrument
virtuos spielen kann, ist ein Wunder; ein erwachsener Virtuose
ist kein Wunder. Er war sich dessen bewusst.

Sollten aber wir, seine Kinder, der allererste Fall der Wunderkinder sein, dann würden wir auch das Interesse des breiten
Publikums wecken, und aus dem Interesse der Menge sollte es
möglich sein, Kapital zu schlagen. Sollten wir berühmt werden,
würde man mit uns immer auch ihn erwähnen, denn er wäre
nicht bloss unser Erzeuger, sondern jemand, der uns zu dem
gemacht hat, was wir sind; dann müsste auch er mit uns in die
Geschichte eingehen.

Alle, die uns später nachahmen sollten, würden eben bloss
die Nachahmungen sein, und eine jede Nachahmung musste

minderwertig sein, selbst wenn sie dem Original in nichts
nachstünde.

Das waren wohl seine Überlegungen.

Um zu verhindern, dass in der Öffentlichkeit das Gefühl
entstehe, er betreibe mit seinen Kindern eine Art Dressur und
missbrauche uns dadurch eigentlich, betonte er bei jeder Gelegenheit, wo ihn viele hören konnten, er fühle sich verpflichtet,
das Wunder und die Liebe, die Gott allen Menschen durch
die zwei besonderen Kinder hat angedeihen lassen, der ganzen
Gemeinschaft mit Freuden zu zeigen.

*

Natürlich war er sich auch dessen bewusst, dass unzählige Schüler in allen Ländern und Städten Musikunterricht nahmen und
tüchtig studierten mit dem Ziel, später als anerkannte Künstler
ein bequemes Leben zu haben und eben bewundert und für Aus-
sererwählte, Begnadete gehalten zu werden. Selbstverständlich
wollten sie alle um jeden Preis berühmt werden und somit nie
in Vergessenheit geraten. Nun aber gelingt gerade das nur den
allerwenigsten, und es ist nicht gesagt, dass es gerade den Besten
gelingt. Das galt damals, gilt heute, und in der Zukunft wird es
wohl nicht anders sein.

Nein, den üblichen Weg durften wir, seine Kinder, nicht
gehen.

Wenn jemand erwachsen ist und ein Musikinstrument gut
spielt, dann ist es irgendwie – obwohl sehr gut – doch nichts
Verblüffendes, eben ein Normalfall.

Wenn jemand aber mit sechs Jahren ein ganzes Musikstück
leidlich gut am Kaiserhof vor der hohen Gesellschaft spielt, dann
wirkt das wie ein wahres Wunder. Dann ist es verständlich, dass
sich die Reichen und Mächtigen daran ergötzen, und man kann
auch hoffen, dass sie das Wunderkind danach auch grosszügig
beschenken.

Daher hoffte er bestimmt, dass mein Bruder nach mehreren solchen gelungenen Auftritten bereits als sehr junger Bursche auch mit einer festen Anstellung rechnen konnte, denn es hätte keine Konkurrenz gegeben, er wäre das einzige Wunderkind gewesen.

Das musste, glaubte er, der Weg sein, seinen Kindern eine feste Anstellung und ein bequemes Leben zu ermöglichen.

Wir mussten also mit unserem ausserordentlichen Können in einem Alter, in dem andere Kinder noch buchstäblich zu nichts fähig sind, etwas noch nie da Gewesenes leisten, und er musste uns natürlich dazu befähigen.

Das erforderte selbstverständlich, dass wir mehrere Stunden täglich üben; anders konnte es wohl nicht gehen, und der Preis, den man dafür zahlen musste, war unvorhersehbar.

*

Mein Vater sorgte dafür, dass niemand erfahre, dass und wie er mit uns geübt hatte. Alles, was die Öffentlichkeit erfahren durfte, war, dass wir es wie durch ein Wunder zustande bringen konnten, dass durch uns das Unwahrscheinliche sich ereignete, dass Gottes Gnade und Liebe sich durch uns offenbarten.

Das war ein Teil seines Plans, eine Hälfte, die uns später als Erwachsenen ein bequemes Leben ermöglichen sollte.

*

Der andere Teil seines Planes peilte etwas noch Höheres an, denn es ging ihm nicht bloss darum, uns zu befähigen, bestimmte Musikinstrumente zu beherrschen und die bereits vorhandenen Musikwerke zu interpretieren, sondern ebenso um das Komponieren, das heisst um die Kreation der Musikwerke selbst. Dieser zweite Teil war für die Verwirklichung seines Ziels gleich wichtig, gleich unerlässlich wie der erste.

Wenn man als Kleinkind ein Musikstück spielt, braucht man nicht zu wissen, was das Stück zu vermitteln hat; dann ist eben schon ein leidlich gutes Spielen mehr als genug. Das zarte Alter entschuldigt schon alle Unzulänglichkeiten.

Kleine, süsse, völlig naive Sachen kann man auch als Kind komponieren oder improvisieren, und alles klingt hübsch, und die Zuhörer sind begeistert.

Will man jedoch ein Werk von Dauerwert komponieren, dann ist ein bestimmtes Quantum an Wissen unerlässlich. Ohne eine Bildung geht das nicht.

Von ihm konnten wir schon lernen, den Bogen richtig zu halten und zu führen, auf die bestimmten Tasten in einer bestimmten Reihenfolge auf eine bestimmte Art zu drücken und das Pedal zu betätigen, aber für das Komponieren von grossen Werken genügte das nicht; uns fehlte und musste uns auch später fehlen die dazu erforderliche Bildung, denn wir hatten ausser seinem Unterricht keine weitere Schule besucht.

Mein Vater hatte offenbar auch daran gedacht und sich genau überlegt, wie er auch dem beikommen sollte.

*

Als mein Bruder geboren wurde, war mein Vater 37 Jahre alt. Seit seinem zwanzigsten Lebensjahr war er intensiv als Komponist aktiv und hatte schon eine lange Liste von Opern, Violinkonzerten, Klavierkonzerten, Symphonien, Sonaten und vielen anderen grösseren und kleineren Werken verschiedenen Schwierigkeitsgrades und Umfangs fertig komponiert. Mit seiner Hilfe konnten wir, seine Kinder, diese Werke lesen und gründlich kennen lernen. Mit uns besprach er die fertigen Werke ausführlich, so dass wir sie zu unserem geistigen Gut machten.

Nicht von mir, dafür aber von meinem Bruder verlangte er später, dass er sie sorgfältig und säuberlich abschreibe und dabei keine Korrekturen mache, so dass sie gerade dadurch als wahre Wunder aus einem Guss wirkten, nicht konstruiert, wie das bei den anderen Komponisten der Fall ist, bei denen man beliebig viele Korrekturen und Abänderungen findet, sondern komponiert.

Wie bereits erwähnt, hatte mein Vater schon damals zahlreiche Werke vollendet gehabt und hatte vor, noch viele weitere zu komponieren, sobald wir Wunderkinder irgendeinen Auftrag in dem Sinne erhalten sollten.

*

Gelegentlich lauschte ich, während sich meine Eltern miteinander unterhielten.

„Die Kleine braucht nicht berühmt zu werden. Sie wird sowieso jemanden heiraten und braucht keine grosse Karriere zu machen. Für sie genügt es vollkommen, wenn sie so viel weiss, dass sie Klavierunterricht geben kann. Ich muss also in erster Linie an Theos Karriere denken und dafür sorgen, dass er um jeden Preis berühmt werde. Was ich bereits komponiert habe und noch zu komponieren gedenke, genügt gerade als angemessen für ein Wunderkind beziehungsweise später, wenn er dem Kindesalter entwachsen ist, für ein ausserordentliches Genie, das unter allen anderen begabten Komponisten wiederum hervorragt und alle anderen in jeglicher Hinsicht bei weitem übertrifft. Wenn beide berühmt werden sollten, würde es aber nicht genügen; dann müsste ich nochmals so viel komponieren, und dann natürlich ganz anders, eben so, wie es sich für ein Mädchen ziemt. Dann wäre der Ruhm halbiert, und jedes von ihnen hätte einen geteilten Ruhm. Wenn aber nur Theo den ganzen Ruhm haben sollte, würde die Wirkung nicht zweimal, sondern zehnmal grösser sein, denn es ginge um etwas Einmaliges. Ein hundertkarätiger Edelstein ist viel teurer als fünf kleine je zwanzig Karat.

*

Was mir vorschwebt, hat seinen Preis, dessen bin ich mir wohl bewusst. Ich weiss, dass sie beide sehr trainierte Ohren und Finger haben werden, jedoch kaum imstande sein, einen einzigen Satz richtig zu schreiben. Das muss ich in Kauf nehmen, aber das sollte niemand merken. Er wird nie Reden oder Vorträge halten müssen. Ebenso wird man von ihm bestimmt nicht erwarten, dass er etwas sprachlich Anspruchsvolles schreibt. Sollten seine Briefe später einmal veröffentlicht werden, wird man sie vorher korrigieren, so dass die Leser sie in leidlich korrekter Form werden lesen können.

Solange die beiden noch klein sind und als Wunderkinder gelten können, müssen sie jeden Tag üben, damit sie Geigen- beziehungsweise Klavierspiel möglichst gut beherrschen. Jetzt ist das natürlich entscheidend.

Das Wunderkind-Alter ist aber schnell vorbei, und bald wird Theo Aufträge erhalten, Werke zu komponiere, und deswegen muss ich ihn unterweisen, wie er sie dirigieren soll, denn auch das wird er wahrscheinlich manchmal tun müssen.

In dieser Zeit muss ich tüchtig noch weitere Stücke kompo- nieren, die zwar einem sehr frühen Alter entsprechen und doch verblüffend reif sind. Ich will nicht, dass er bloss als ein Wun- derkind in die Geschichte eingehe, das im zarten Alter Violine beziehungsweise Klavier gut spielen konnte, dann aber vergessen wird, sondern ebenso als ein einmalig guter Komponist. Alle sollen vor dem Rätsel stehen, wie es ihm überhaupt gelungen ist, so viele grossartige Werke zu komponieren.

Ich führe diszipliniert ein Tagebuch und vermerke täglich etwas Aussergewöhnliches und Verblüffendes, was Theos Ein- maligkeit unterstreicht. Es geht dabei nicht um ein eigentliches Tagebuch, denn drin sollte nicht unbedingt stehen, was sich tatsächlich zugetragen hatte, sondern, was Theo gezielt in einem bestimmten Licht darstellt und für seine Karriere nützlich zu sein verspricht. Mein Tagebuch sollte die einzige Quelle sein, aus der, sei es die jetzige Welt, sei es die Nachwelt Auskunft über Theo erhalten kann.

ERZÄHLUNGEN

*

Als Kleinkind sollte er mit seinem Spielen die ganze Welt ins
Staunen versetzen, und nach seinem Ableben sollte die Welt nicht
weniger über den riesigen Umfang der von ihm komponierten
Werke staunen. Wenn er erwachsen ist, werde ich noch alles mit
ihm ausführlich besprechen. Die Werke kann man natürlich mit
beliebigen Entstehungsdaten versehen. Nur wir beide sollen den
eigentlichen Sachverhalt kennen.

Ich muss an all das denken, denn er war und ist fast immer
krank und es ist möglich, dass er nicht lange leben wird. Dadurch
soll alles noch verblüffender erscheinen, denn die Fähigkeit, ein
solch gewaltiges Werk in so kurzer Zeit zu schaffen, wird jeder-
mann übermenschlich vorkommen. Es ist übrigens allgemein
bekannt, dass wir, ganze Familie, mehr auf Reisen als zu Hause
und, wenn zu Hause, dann nicht selten krank waren.

All das sollte bei der ganzen Welt und Nachwelt die Vorstellung von einer übernatürlichen, einmaligen Genialität, eben von
einem wahren, einzigen, nicht zu übertreffenden Wunderkind
und Wunderkomponisten schaffen, dessen Auftauchen als einer
der Gottesbeweise dienen könnte", hörte ich meinen Vater sagen.

*

Mein Vater unternahm mit uns allen, mit der ganzen Familie,
zuerst Reisen in die benachbarten grossen Städte, in denen es
weltliche Herrscher und hohe kirchliche Würdenträger, Universitäten und prunkvolle Schlösser gab, in denen man fleissig
musizierte, wo ganze Musikkapellen unterhalten wurden und wo
Hofkomponisten als verpflichtete Musiker lebten und wirkten.

Dort versuchte er die Reichen und Mächtigen zu beein-
drucken und hoffte dann, nachdem wir beide einmal als
Wunderkinder berühmt geworden wären, aus unserem ungewöhnlichen Ruhm Kapital zu schlagen.

284

Natürlich ging es dabei vor allem um Theo und seine Karriere, denn ich begleitete ihn lediglich auf dem Klavier, spielte nur eine untergeordnete Rolle.

Danach folgten lange Reisen ins Ausland. Eine solche Reise dauerte über drei Jahre. Auf einer solchen Reise starb meine Mutter.

Überall, wo wir auftraten, geizte man nicht mit Lob, Bewunderung, Staunen, hübschen Geschenken und Medaillen, dafür aber umso mehr mit dem, was mein Vater von ihnen zu erhalten hoffte – Geld.

Mein Vater erkundigte sich in jeder grossen Stadt vorsichtig, ob Theo vielleicht eine Dauerstelle als Kapellmeister oder Hofkomponist bekommen könnte, aber überall bedauerte man, dass es keine Vakanz gab.

Ich persönlich erlebte unsere Auftritte und Fahrten von Ort zu Ort, wie die Zirkusleute wahrscheinlich ihre Reisen und Auftritte erleben. Sie wissen nämlich, was die sesshafte Bevölkerung von den fahrenden Artisten aller Art denkt: Man erlebt die Zirkusleute eine kurze Zeit als faszinierend, als Sensation, jedoch immer ebenso als unheimliche Gäste, und nach der Unterhaltung ist man eigentlich froh, dass sie wegziehen.

Ein hoher Adeliger, ein Erzherzog, schien nicht ganz abgeneigt, meinem Bruder eine feste Anstellung auf seinem Hofe zu bieten, aber die Mutter des Erzherzogs, die Kaiserin, riet ihrem Sohn davon ab, die herumziehenden Bettler am Hofe zu halten.

*

Nach dem Tode meiner Mutter hatten mein Bruder und ich keine Lust mehr, weiter so rastlos zu leben.

Mein Bruder wollte heiraten, aber unser Vater war dagegen, denn Theo hatte noch keine feste Anstellung. Es fehlte ihm jenes, was unserem Vater als das Allerwichtigste erschien und wofür er uns jahrelang erfolglos herumgeschleppt und wie kleine, ganz besonders gut abgerichtete, geniale Äffchen dem parasitären Hofgesinde gezeigt hatte.

Theo heiratete die Frau, die er heiraten wollte, und zog in das Zentrum des Reiches, wo er die letzten zehn Jahre seines Lebens als freier Musiker verbrachte. Dort gab er Klavierunterricht und versuchte, Aufträge zu bekommen; leicht hatte er es nicht. Es wird oft gesagt, dass er dort seine wichtigsten Werke komponiert hatte. So denken natürlich jene, die den eigentlichen Sachverhalt nicht kennen, die dem Gespräch meiner Eltern nicht lauschen konnten.

Wann hätte es mein Bruder überhaupt tun können? Klavierunterricht ist zeitraubend. Ausserdem war er immer auf der Suche nach Auftraggebern, verbrachte viel Zeit mit Billard- und Kartenspiel. Auch dem Eislaufen war er nicht abgeneigt. Und oft war er krank.

Jene, die daran interessiert waren, dass er so schnell wie möglich verschwinde, haben ihn wahrscheinlich auch vergiftet. Das hat er selbst gespürt und es meiner Mutter und mir gesagt. Er spürte, dass es kein gewöhnliches Leiden war, als er einmal plötzlich erkrankte. Die Übeltäter haben auch dafür gesorgt, dass man seine Leiche nie finde. Kein Wunder, dass man nicht weiss, wo er begraben wurde. Ein Arzt hat mir gesagt, dass seine Gegner ihm an einem Abend während des Kartenspiels feines Pulver aus Mutterkornpilz in den Wein gemischt hatten und dass er daran gestorben ist. Ob das stimmt oder nicht, kann ich nicht wissen. Eines ist aber sicher: Die ohnehin zerbrechliche Gesundheit meines Bruders wurde durch die langen Reisen noch zusätzlich geschwächt, ja völlig ruiniert, denn wir ernährten uns während der Reise schlecht, tranken nicht immer reines Wasser, schliefen nie richtig und konnten uns praktisch nie waschen. All das musste seine Folgen haben. Für einen so geschwächten Körper reichte auch eine kleine Dosis von nicht besonders starkem Gift.

Als ich heiraten wollte, war mein Vater mit meiner Wahl nicht zufrieden und zwang mich, jemanden zu heiraten, den ich nicht liebte.

So verbrachte ich mein Leben mit einem Mann, der vorher zweimal verheiratet war und für den ich keine Liebe empfand.

*

Mein Vater war ein begnadeter Musiker, aber zugleich ein armer Mensch.

Jahrelang richtete er uns Kinder, vor allem meinen armen Bruder – ich war ja nur ein notwendiges Anhängsel – äusserst streng ab mit der Absicht, aus uns Wunderkinder zu schaffen, um den Reichen und Mächtigen Eindruck zu machen, und hoffte, uns dadurch eine feste Anstellung und ein hohes Einkommen zu sichern. Das sollte uns – das wird er wohl gehofft haben – eine vorteilhafte Heirat ermöglichen.

Das war sein Plan.

Er wollte uns geben, was er selbst für sich nicht erreichen konnte.

Auch komponierte er wie ein Verrückter sein ganzes Leben lang und setzte die riesige Menge seiner Werke, eigentlich sein ganzes Leben ein, um für meinen Bruder eben dieses Ziel zu erreichen.

*

Manchmal habe ich das Gefühl, dass er heimlich versucht hatte, uns beiden irgendwie zu ermöglichen, durchs Hintertürchen in die Kammern des Adelsstandes zu schlüpfen.

Eben dieses Gefühl hatte ich zum ersten Mal, als meinem Bruder und mir von der Kaiserin prunkvolle Kleider geschenkt wurden, die eigentlich für einen Prinzen und eine Prinzessin in etwa unserem Alter bestimmt waren. Als mein Vater uns beide in teuren Hüllen sah, geriet er vor Freude völlig aus dem Häuschen. Damals wird er wohl in uns beiden schon einen Prinzen und eine Prinzessin gesehen haben.

Schnell waren wir aber den teueren Klamotten entwachsen, und damit verloren sie jeglichen Sinn. Sie blieben im Kleiderschrank, und wir fuhren weiter auf der Suche nach Anerkennung und Glück.

Schnell, wie sie aufgekommen war, kühlte die Begeisterung der Kaiserin für die fahrenden Wunderkinder ab. Plötzlich waren da andere Dinge, die sie und alle gekrönten Häupter beschäftigten, denn in der Luft schwebte bereits der schreckliche Gedanke, dass niemand von Gottes Gnaden war sondern dass alle Menschen gleich waren. Als ihr Sohn sie fragte, ob er meinen Bruder anstellen sollte, riet sie ihm wie bereits erwähnt, davon ab, mit den fahrenden Bettlern etwas zu tun zu haben.

*

Kurz nach dem Tode meines Vaters und meines Bruders brach mit einer nie da gewesenen Umwälzung eine neue Zeit an. Im Land der prunkvollsten Schlösser und der absoluten Macht des Adels wurde die königliche Familie geköpft.

Und dann kam ein kleiner, grosser Mann von einer Mittelmeerinsel und veränderte alles, denn er verbreitete in allen Ländern die Idee, dass alle Menschen frei, gleich und verbrüdert sein sollen.

Jener Stand, dem mein Vater schmeichelte und zu dem er so gern angehört hätte, wurde in kürzester Zeit so gut wie vernichtet.

Es stellte sich heraus, dass mein Vater ausserordentlich begabt und nicht ein bisschen weise gewesen war.

Das Endresultat dieser äusserst unglücklichen Konstellation seines Wesens war das qualvolle und zum Schluss tragische Leben meines Bruders.

Was mich persönlich anbelangt, erlebe ich jetzt als einsame, fast blinde Witwe die schönste Zeit meines Lebens.

*****

288